기초 한자와 한문 익히기

오길용 저

머리말

　한문고전은 현대에도 여전히 그 가치를 인정받고 있다. 인류의 축적된 문화가 담겨 있어 삶의 지향점을 발견할 수 있는 고전이기 때문일 것이다. 이러한 한문고전을 학습하면 창의력과 사고력을 키우면서 세상을 바라보는 혜안을 얻을 수 있다. 요즘처럼 현대문에 익숙한 학생들에게 한자와 한문을 읽히고 수용하도록 하기까지는 당연히 어려움이 많을 것이다. 그러나 우리 국어 어휘의 70% 이상을 차지하고 있는 우리말을 제대로 이해하기 위해선 한자를 반드시 이해하고 학습해야 한다. 우리말에 대한 이해력과 표현력 발달에 도움이 될 뿐만 아니라, 옛 선인들의 삶과 지혜를 배울 수 있는 과거로의 통로 역할을 하기 때문이다.

　학생들이 한문고전에 관심이 없고, 한자나 한문을 공부하는 학생을 오히려 이상하고 비정상적이라고 생각할 수도 있다. 그렇지만 한문고전은 문학, 역사, 철학 등의 성격을 아우르고 있으며, 조상들의 사상과 감정을 바탕으로 현실을 재조명할 수 있는 훌륭한 고전이다. 한자나 한문의 가치는 단순히 문자나 의미에만 국한된 것이 아니고 동양문화를 대변하는 역사적인 상황과 관련하여 인식하고 접근해야 한다. 단순히 그 실용성을 떠나 한자와 한문이 우리의 문화와 삶의 바탕을 마련해온 점에서 역사적 전통과 문화를 올바로 이해하고 창조적으로 계승해 나가는 초석이 되어야 한다.

　더욱이 21세기 서양은 동양 사상에 대한 인식이 변화하고 있으며 중국이 세계무대에 부상하고 있다. 더 이상 한자와 한문을 중국의 전유물로 생각해서는 안 된다. 한자와 한문은 고조선 시대부터 우리 선조들이 한자를 받아들여 기록한 찬란한 문화가 녹아 있다. 이제 우리는 한자와 한문을 익히고 활용하여 선현들의 창조적 문화유산을 지키고 후손들에게 물려줄 의무가 있다.

　이 책은 대학에서 한문의 기초를 닦는 데 필요한 내용을 중심으로 편찬하였다. 전체적으로 내용과 설명이 산만한 느낌이 있지만, 부족한 부분을 계속 보완해 나갈 것을 약속하며 한문을 공부하는 학생들이 기초한자와 한문을 익힐 수 있으면 한다.

저자 씀

기초 한자와 한문
익히기

**제1편
기 초 편**

제1장 한자의 이해 ··· 9
　　　1. 한자의 기원과 전래 ··· 9
　　　2. 한자의 특징 ·· 12
　　　3. 한자체의 변화 ·· 13
　　　4. 한자의 조자원리 ·· 16
　　　5. 한자의 부수와 필순 ··· 19
　　　6. 한자어의 구조 ·· 24

제2장 한문의 이해 ··· 27
　　　1. 한문(漢文)의 문장성분 ·· 27
　　　2. 漢文 文章의 構造 ·· 28
　　　3. 漢字의 品詞 ··· 30
　　　4. 品詞의 활용 ··· 41
　　　5. 漢文의 文型 ··· 46

차 례

제2편 응용편

제1장 자원으로 이해하는 한자 ···55

제2장 한자어에 담긴 이야기 ···81

제3장 한문 익히기 ···107
    1. 한문 입문서 ···107
    2. 四書 읽기 ··153
    3. 名詩 읽기 ··187
    4. 散文 읽기 ··209

참고문헌 ···225

기초 한자와 한문
익히기

제1편
기초편

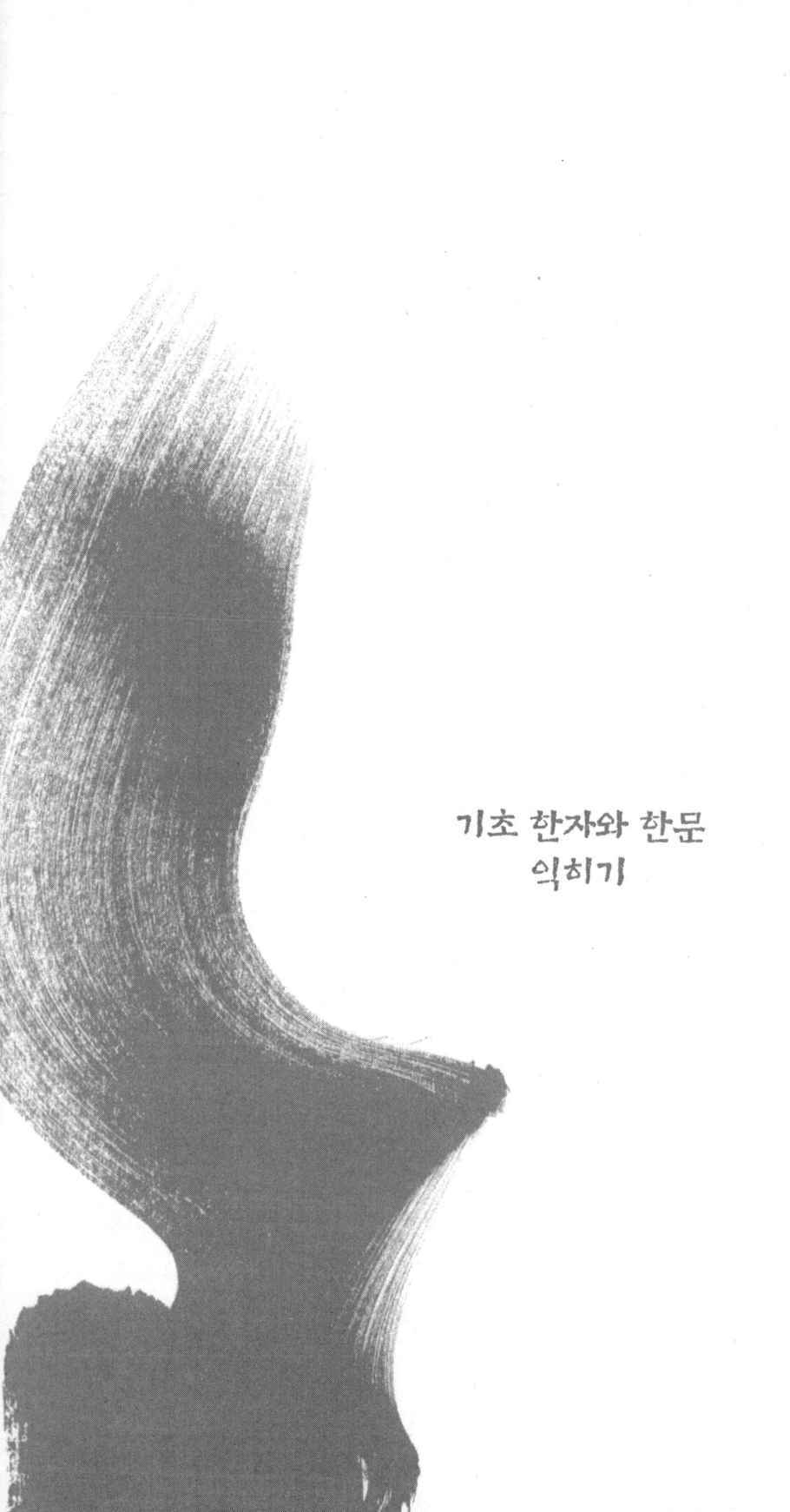

기초 한자와 한문
익히기

제1장

한자의 이해

기초 한자와 한문 익히기

01 한자의 기원과 전래

● 문자의 출발과 발전

언어는 청각적인 부호체계이며, 문자는 시각적인 부호체계이다. 문자는 언어를 기록하는 부호, 즉 음성언어 정보를 전달하여 시각적으로 고착화하는 데 쓰이는 그림부호이다.

인류가 존재한 수만 년 동안 기호, 그림 등 간단한 의사소통의 수단은 많이 있었다. 그러나 문자는 인류역사가 계급사회에 진입한 이후에 발전해오면서 만들어졌다. 현재까지 세계에서 가장 오래된 문자인 고대 이집트 및 성서문자, 아시리아인의 설형문자, 한자 등은 대부분 인류사회가 출현한 이후에 형성된 부호체계이다.

의미를 담은 문자부호가 형성되려면 일정한 사회 조건이 필요하다. 가장 기본적인 사회조건은 첫째, 문자를 사용하는 집단의 생각을 재현할 수 있는 공식적인 기호나 상징체계이다. 이 체계는 여러 사람들 사이에 합의된 것이어야 한다. 둘째, 사회 발전에 따라 역사적 사건을 보존하려는 구체적인 필요 때문에 문자가 만들어진다. 전문적으로 어떤 일을 문자로 정리하고 집필하면서 인류사회는 문자를 만들기 시작하는 것이다. 이 문자부호가 음성언어와 연결되어 음절이나 소리를 기록할 수 있는 서사기호의 기능을 한다.

문자기호는 대개 사물의 모양을 도식화하는 상형과 그림으로 나타낼 수 없는 현상을 해결하기 위해 표의, 그리고 사물이나 현상에 일정한 소리를 나타내는 표음단계로 발전하였다.

한자의 기원

한자가 언제 어떻게 만들어졌는지는 확실하지 않다. 다만 지금까지 연구된 문헌의 기록, 고고학 자료와 갑골문을 통해 한자의 기원을 추정하고 있다. 한자는 중국에서 발생하여 수천 년 동안에 그 자형(字形)을 바꾸고, 발음과 뜻이 변하여 오늘날에 이른 것이다. 한자는 사물의 모양을 그린 그림문자나 사건의 뜻을 나타낸 부호에서 유래된 표의문자(表意文字)에 속하는 문자이다.

한자의 기원에 관한 문헌기록은 후한시대 허신(許愼)이 편찬한 〈說文解字〉의 서문에 기록되어 있다. 하나는 약 5천 년 전 복희씨(伏犧氏)가 역(易)의 팔괘(八卦)를 만들어 문자를 만들었으며, 신농씨(神農氏)가 결승(結繩)에 의해 대소사(大小事)를 기억하는 일이 행해졌다는 전설이 있다. 다른 하나는 중국 고대 전설시대에 황제의 사관인 창힐이 새의 발자국을 보고 만들었다고 한다. 이처럼 한자의 기원에 대해서는 의견이 분분하다. 다만 한 가지 공통적인 것은 복희에서 황제에 이르는 어떤 시기에 인간의 의사를 말이 아닌 기록으로 표시하는 방법이 있었으며, 그 초기 형태는 결승이고 발전된 형태는 서계(書契)라고 할 수 있다.

중국은 4천여 년 전 하(夏)나라 때 노예제의 계급 사회에 진입한 이후, 대략 상(商)나라 전기 혹은 중기에 한자의 부호 체계가 형성되었다. 이 시기에 출토된 고고학 자료에 의하면 한자 부호 가운데 가장 오래된 문자는 상나라의 갑골문자와 청동기에 새긴 금문이다. 상나라 때 갑골문자와 청동기에 새긴 명문은 상당히 완전하며 성숙한 문자 부호 체계이다. 이 한자의 부호 체계는 하나라와 상나라 이전 원시 씨족사회에서부터 오랫동안 천천히 진행되며 끊임없이 창조된 것이다. 다만 그때의 그림 모형이나 부호는 아직 언어와 긴밀하게 결합되지 못하여, 완전한 부호 체계를 형성하지 못했다.

한자 부호 체계가 형성되기 이전의 그림도형, 부호, 기호의 조합에 의해 만들어진 문자자료는 아직 풍부하지 못하다. 이미 출토된 문자자료를 통해 이러한 그림도형, 부호, 기호 조합의 존재와 한자 부호의 기원 등을 설명할 수 있을 뿐이다. 예를 들면, 근대에 계속 출토된 앙소(仰韶)문화와 용산(龍山)문화의 도기에 나타난 그림도형, 부호, 기호는 많은 부분이 갑골문, 금문의 문형과 비슷하여 그들 사이의 발전관계를 추정할 수 있다. 이미 부호

체계를 형성한 갑골문, 금문은 그림 도형, 부호, 기호 등을 조합하여 만든 문자로 직선화, 부호화, 정형화되었으며, 금문에는 명확한 그림 도형 흔적이 혼합되어 있다.

　이와 같이 한자는 그림도형, 부호, 기호를 반복적으로 사용하면서 끊임없이 언어와 결합하여 발전하였다. 이 문자부호를 전문가가 수집, 정리하여 완전하게 언어를 기록할 수 있었으며, 최후에는 원시의 그림도형, 부호, 기호를 조합하여 문자에 적용하는 과정을 거쳐 완성하였다.

한자의 전래

　한반도의 역사적, 지리적 환경으로 보면, 한자는 중국문화와 접촉하는 과정에서 유입되었을 것이다. 한자가 언제, 어떻게 한반도에 전래되었는지 정확하게 단정할 수는 없지만, 많은 학자들은 황하를 중심으로 중국의 사회문화가 형성되고 문자가 정형화되면서 대략 기원전 2, 3세기경에 전래되었을 것으로 추정하고 있다. 이러한 추정은 기원전 2세기경 연나라가 위만조선을 세웠고, 기원전 3세기경 한무제가 한사군을 설치했다는 기록에 근거하고 있다. 연나라의 세력이 한반도 서북 유역으로 확대되면서 한문자를 접촉하기 시작한 것이다. 또한, 한반도에서 발견된 한자가 적혀 있는 청동기 무기 秦戈와 燕나라 明刀錢 등 화폐에 새겨진 한자를 근거로 하고 있다. 화폐가 발굴된 지역과 그 시기를 근거로 한자 접촉은 북부를 중심으로 한반도에 전해졌을 것이다. 이러한 역사적 사실과 고고학 자료를 보면 기원전 3세기경 두 민족의 경제, 문화 교류를 촉진하면서 자연스럽게 한자와 한문을 수용했을 것이다.

02 한자의 특징

기초 한자와 한문 익히기

   한자는 사물의 모양을 그린 그림문자나 사건의 뜻을 나타낸 부호에서 유래된 표의문자이며, 1자가 1음절로 성립된 단음절어(單音節語)이다. 모든 한자는 개성이 있다. 한자의 구조를 학습하면 쉽게 자형을 이해할 수 있다. 표음문자인 한글이나 영어와 달리 접두사, 접미사를 붙여 발음을 변화시키는 형태의 변화나 어미의 변화 없이 句의 낱말이 완전히 고립되어 있다. 그래서 문장의 어순에 의하여 문법적인 관계가 결정되는 고립어(孤立語)이다.

   한자는 각기 그 짜임의 특징에 따라 독립된 글자를 형성했지만, 모든 글자는 형(形: 모양), 음(音: 소리), 의(義: 뜻)의 세 요소를 지니고 있다. 한자의 세 가지 요소인 자형·자음·자의의 관계를 학습하고 그 변천을 과학적으로 연구하는 것이 중요하다.

   세계의 모든 문자는 형, 음, 의의 세 요소를 가지고 있지만, 크게 표의적(表意的) 문자와 표음적(表音的) 문자로 구별된다. 일반적으로 표의적인 한자의 자형을 연구하는 한자학(漢字學), 독음을 연구하는 성운학(聲韻學), 의미를 연구하는 훈고학(訓詁學) 등의 학문적 명칭이 생겼다. 중국은 고대부터 표의문자인 한자를 자신들의 독특한 방법으로 이 세 분야를 연구하여 소학이라고 하였다.

기초 한자와 한문 익히기

03 한자체의 변화

한자의 형체는 오랜 역사의 흐름 속에서 일찍이 여러 차례의 변화를 가져왔다. 은허의 갑골문에서 오늘에 이르기까지 3천 년의 시간이 흐르는 과정에 한자의 형체는 갑골문(甲骨文), 종정문(鐘鼎文; 金文), 전서(篆書), 예서(隷書), 초서(草書), 해서(楷書), 행서(行書) 등 여러 단계를 거쳐 발전하였다.

1) 甲骨文

고대 중국에서는 거북의 껍질(龜甲)이나 짐승의 뼈(獸骨)에 홈을 파서 불로 지져 그 갈라지는 형태에 따라 일의 길흉화복(吉凶禍福)을 판단하는 습관이 있었다. 점을 친 다음 그 결과를 귀갑이나 수골에 새겨 두었다. 이러한 문자가 갑골문이다.

갑골문은 칼로 새긴 것으로 계문(契文)이라고도 하며, 거의 전부가 은대(殷代) 말기 (B.C.1300-1100) 왕실에서 점을 친 결과를 기록하였다 해서 복사(卜辭)라고도 한다. 또한, 은나라 옛 도읍(지금의 河南省 安陽縣)의 폐허에서 발굴되었다 하여 은허문자(殷墟文字)라고도 한다.

그 특징은 형상성이 강하고 필체가 가늘고 길다. 형체구조가 아직 고정되지 않아 한 글자가 여러 가지 형체를 가지고 있다.

2) 金文

금문의 내용은 갑골문보다 다양하다. 금문은 은상(殷商). 서주(西周)를 거쳐 전국시대까지 청동기 안쪽에 주조하였거나 조각한 글이다. 전국시대 이전에는 동(銅)을 가리켜 금(金)으로 불렀으므로, 이러한 글자를 금문(金文)이라 한다. 또한, 고대인들은 동기(銅器)를 총칭하여 종정(鍾鼎)이라 불렀기 때문에 김문을 종정문이라 한다.

많은 부분이 당시 노예 소유자 귀족들의 제사, 전쟁, 명령, 계약 등에 관한 기록으로, 고문자학과 周나라 당시의 사회를 연구하는 데 중요한 사료가 되고 있다.

갑골문자는 동물의 뼈나 거북의 껍질에 칼 모양의 날로 새겨 날카롭고 가는 직선을 조합하여 상형성이 강하다. 이에 반하여 금문의 절대다수는 청동기와 함께 주조하여 낸 것이므로 사전에 글자 모양을 가공하고 미화할 수 있었다. 이 때문에 자획이 굵으며 부드러운 곡선이 많고, 선이 굵어 정연하여 균형이 잡혔다.

결국 갑골문과 금문의 글자체에서 받는 느낌의 차이는 소재와 도구가 다르기 때문이며, 문자의 구조는 거의 같다.

3) 篆文

춘추전국시대 진나라 문자의 자형(字形)과 결구는 대체로 서주(西周)의 사법(寫法)을 보존하면서 서주보다 균형 잡힌 모양으로 변화되었다. 이를 전문(篆文)이라 한다.

진시황은 중국을 통일한 후 여러 방면의 개혁을 단행하였는데, 그 가운데 하나가 문자의 통일이었다. 전국이 통일되어 관료가 나라를 다스릴 때 실제 행정에 많은 문서가 필요하였다. 그런데 각 지방에서 사용하는 글자체가 서로 달라 여러 가지 장애가 생겼다. 그래서 진시황은 은나라가 표준으로 할 수 있는 글자체를 만들도록 이사(李斯)에게 명했다. 이때 이사가 제정한 것이 소전(小篆)인데, 소전은 원래 진나라에서 사용된 대전(大篆)이 복잡하고 불편하여 이사의 주도하에 대전을 개혁하였다. 이것이 소전이다.

소전은 고문자의 마지막 단계로 금문에 비해 상형성이 사라지고, 둥글고 균형 잡힌 선으로 형체를 정연하게 정리하여 한자의 부호성이 더욱 강하게 나타났다. 또한, 이체자가 줄어들고 형체가 고정되어 하나의 글자에 한 가지 형태만이 있으며, 한자의 각 부분의 편방의 위치를 고정하여 임의로 바꿀 수 없게 하였다.

4) 隷書

진대(秦代)에 소전과 함께 예서도 사용되었지만, 예서는 한대(漢代)의 정식 글자체이다. 이 자체는 전서를 보다 간략하게 변화시켜 사용하였으나, 초기의 예서에는 전서의 형태가 아직 남아 있다.

문자는 언어를 기록하는 부호이므로 사람들은 문자를 사용할 때 의미 전달에 영향이 없게 하는 원칙 아래에서 늘 보다 간편하게 쓸 것을 요구하였다. 이는 지금의 사람들도 공문을 쓸 때에 글자를 정자로 쓰지만, 평상시에는 어느 정도 날려 쓰는 것과 같다. 예서가 바로 이렇게 생긴 글자체이다.

예서의 특징은 소전 이전의 상형적인 원칙을 버리고 원래 꾸불꾸불하고 쓰기 힘들던 획들을 곧은 획으로 고쳤으며, 문자를 간편화하였다.

5) 楷書

해서는 예서를 바탕으로 하여 발전된 글자체인데, 당대 이전에는 정서(正書) 또는 진서(眞書)라고 불렀다. 이 글자체는 현대에도 통용되는 자체이다.

해자(楷字)는 법칙, 규범, 본보기라는 뜻으로, 해서라는 의미는 사람들이 본뜰 만한 표준적인 글자체라는 말이다. 이 자체는 필획을 예서보다 직선화하였으며, 위진시대 이후부터 현재까지 표준서체로 통용되고 있다.

6) 草書

초서란 흘려 쓴 글씨를 말한다. 일반적으로 초서에는 장초(章草), 금초(今草), 광초(狂草)의 세 종류가 있다. 초서는 한대에 만들어진 글자체로, 동한대(東漢代)에 장제(章帝)가 이 필체를 즐겼다 하여 장초(章草)라고도 한다. 금초는 장초를 계승하여 해서를 빠르게 쓴 글자체이며, 광초는 금초를 기초로 임의로 필획을 증감하고 자의적으로 쓴 것으로 당대에 성행하였다. 글씨를 빠르게 쓸 수 있는 필기 방식이지만 판독이 어렵다. 현재까지 서예가들은 예술적인 서체로 많이 쓰고 있다.

7) 行書

해서와 초서의 중간 위치에 처한 글자체로, 삼국시대(三國時代)에 형성되어 지금까지 유행하고 있다. 그 특징은 해서에 가까우나 변화의 신축성이 있고, 초서에 가까우나 규범성을 갖는다. 또한 한 글자의 필획이 이어져 있으나 각 글자와 글자 사이가 분명하여 이해하기 쉽다.

04 한자의 조자원리

1) 한자의 3요소 : 形·音·義

한자는 음절(音節)마다 형(形)·음(音)·의(義) 세 가지 요소를 지닌다. 한자는 자형에 따라 뜻이 구별된다. 즉, 자형은 필획(筆劃)과 편방(偏旁)의 결합에 의해 각 글자의 의미를 표현하는 언어표기이다. 자음은 인간의 의사를 전달하는 음성언어와 서사언어를 연결시키는 언어소리이다. 한자에는 자음을 나타내는 형성자와 전주자의 편방이 있지만, 정확하게 자음을 읽을 수 없다. 한자는 표음편방이 없는 약 10%의 상형, 지사, 회의 등의 방법으로 만들어진 문자가 있으며, 고금 한자의 음운변화로 음을 정확하게 나타낼 수 없기 때문이다. 자의는 한자의 의미를 전달하는 작용을 한다. 한자의 이 세 요소는 서로 밀접한 관계를 이루고 있다.

2) 한자의 구성원리 - 六書

육서(六書)는 중국 고대의 문자학자들이 한자의 생성원리에 따라 귀납 정리한 여섯 가지 조자방법을 말한다. 육서라는 말은 주나라의 제도를 기록한 〈周禮〉라는 책에서 처음 보인다. 주례는 주나라 초기 주공(周公)이 제정한 것으로, 이미 주나라 이전에 육서가 있었음을 알 수 있다. 여기에서 육서라는 말을 처음 언급하였지만, 주례는 이 육서가 정확히 무엇을 의미하는지 설명하고 있지 않다. 따라서 주례에서 나타나는 육서라는 말이 문자학에서 말하는 육서를 뜻하는 것인지, 아니면 다른 의미를 나타내는지에 대해서는 알 수 없다. 육서에 대해 보다 구체적으로 언급한 것은 漢代 허신의 〈說文解字〉에서 "周禮八歲入小學, 保氏敎國子, 先以六書. 一曰指事, 二曰象形, 三曰形聲, 四曰會意, 五曰轉注, 六曰假借."라는 기록에서 찾아볼 수 있다. 이처럼 두 자료에 육서의 명칭과 순서가 조금씩 다르게 표현되어 있다. 그러나 후세 사람들은 육서의 명칭은 조자의 특징상 허신이 정한 명칭이 가장 합리적이라 여기고 있다.

① 상형(象形)

구체적인 사물의 모양을 본떠서 만든 글자이다. 즉 객관적으로 존재하는 사물의 외적 특징을 일반화하고 부호화하는 방법으로 만든 문자를 말한다.

日 月 雨 水 禾 木 川 人 母 子 魚 鳥

② 지사(指事)

상징적인 부호를 쓰거나 원래의 상형자에 사물의 특징을 지적하는 방법으로서, 그리기 힘든 객관적 사물이나 추상적 개념을 표시하는 방법을 말한다. 상형문자는 사물의 외적인 특징을 일반화할 수는 있으나, 구체적인 부분까지 일반화할 수는 없다. 사물의 세부적인 부분에 대한 개념도 필요하게 되자, 지사는 상형문자를 토대로 하여 어떤 획이나 점을 더하거나 빼는 방법으로 만들어진 글자이다.

上(위 상)	→	기준선을 긋고 위에 점을 찍어 표시
下(아래 하)	→	기준선을 긋고 그 아래에 점을 찍어 표시
末(끝 말)	→	나무(木)의 끝 줄기에 선으로 표시해 끝이라는 뜻을 표현
本(밑 본)	→	나무(木)의 뿌리 부분에 선으로 표시해 근본이란 뜻을 표현
旦(아침 단)	→	해(日) 아래 지평선(一)을 그어 해가 떠오르는 아침의 뜻을 표현

③ 회의(會意)

둘 혹은 셋 이상의 부호(偏旁)를 조합하여 만든 문자이다. 예를 들면, 林은 木 두 자가 겹쳐져서 '숲'이란 의미를 나타내고, 磊은 石 세 자가 겹쳐 '돌무더기'라는 새로운 뜻을 나타내고, 焚은 林(숲)과 火(불)이 합쳐져서 '숲에 불이 탄다'는 새로운 뜻을 이루었다. 이처럼 모양이 같은 문자가 두 번 내지 세 번 반복하여 다른 문자를 만들거나 서로 다른 문자가 결합하여 새로운 뜻을 나타내는 것이다.

林(수풀 림)	→	木 과 木을 합하여 만든 글자
明(밝을 명)	→	日 과 月을 합하여 만든 글자
看(볼 간)	→	手 과 目을 합하여 만든 글자
轟(시끄러울 굉)	→	車 세 개를 합하여 만든 글자
磊(돌무더기 뢰)	→	石 세 개를 합하여 만든 글자

④ 형성(形聲)

음을 나타내는 부분과 뜻을 나타내는 부분이 결합해서 이루어진 글자이다. 즉, 두 개 이상의 문자가 합쳐져서 새로운 문자를 이루되, 합쳐지는 한 문자는 뜻을, 다른 한 문자는 음을 나타낸다. 대다수가 이 원리에 기초하여 만들었다.

功(공 공) → 工 + 力(工은 음, 力은 뜻)
刊(새길 간) → 干 + 刂(干은 음, 刂는 뜻)
汎(뜰 범) → 水 + 凡(水는 뜻, 凡은 음)
精(세밀하다 정) → 米 + 靑(米는 뜻, 靑은 음)

⑤ 전주(轉注)

이미 있는 글자의 본래의 뜻을 확대하여 다른 뜻으로 전용해서 쓰는 글자이다. 뜻에 따라 글자의 음이 달라지는 이음이의자와 음이 변하지 않는 동음이의자가 있다.

樂 : 풍류 악 → 즐겁다 락 → 좋아하다 요
度 : 자 도 → 헤아리다 탁
惡 : 악하다 악 → 미워하다 오
命 : 목숨 명 → 명령 명

⑥ 가차(假借)

글자의 본래의 뜻과는 상관없이 나타내려는 사물의 모양이나 음이 비슷한 글자를 빌려서 표현하는 응용방법이다. 주로 의성어, 의태어, 외래어 표기에 쓰인다.

아시아(Asia) → 亞細亞
$ (dollar) → 弗(불)
의젓하고 당당한 모양 → 堂堂
Roma → 羅馬

05 한자의 부수와 필순

기초 한자와 한문 익히기

1) 부수의 이해

한자는 더 이상 나눌 수 없는 단일구조와 둘 이상으로 나눌 수 있는 복합구조로 되어 있다. 부수는 부분적으로 공통성이 있는 글자를 한데 묶어 대표자를 내세운 것이다.

부수(部首)의 발생은 기하급수적으로 늘어나는 표의문자를 체계적으로 분류하고 정리할 필요성에서 만들어진 것이다. 최초의 부수의 개념을 창안한 사람은 중국 한(漢)나라 때의 문자(文字)학자였던 허신(許愼)이다. 허신은 〈說文解字〉를 편찬하면서 계통별로 540개의 부수(部首)를 설정, 육서(六書)의 법칙에 따라 9,353자를 체계적으로 분류하여 자원과 자의를 설명했다.

〈康熙字典〉에 이르러 부수는 1획부터 17획까지 총 214개로 감소되었다. 현재 부수의 구조(構造)는 전체 214개 가운데 자원(字源)에 따라 형상을 본뜬 '상형자(象形字)'가 149자, 추상적 상징의 약속인 '지사자(指事字)'가 17자, 두 개 이상의 의미를 결합한 '회의자(會意字)'가 21자, 의미와 발음을 결합한 '형성자(形聲字)'가 27자이다. 여기에 자원(字源)에서 확대되어 '가차(假借)'의 개념으로 설명한 부수들도 있다.

2) 부수의 분류

한자의 부수는 놓이는 위치에 따라 8종류로 분류된다. 부수는 상·하, 좌·우 등 글자의 한 부분에 위치하게 되는데 그 놓인 위치에 따라 일정한 명칭을 갖는다.

① **변(邊)** 글자의 왼쪽에 위치한 자형의 명칭

仁, 冷, 吹, 地, 婚, 往, 快, 防, 時, 植, 牧, 狗, 現, 睦

② 방(傍) 글자의 오른편에 오는 자형의 명칭

　　刑, 功, 形, 郊, 料, 歌, 規, 收, 鳴, 雉

③ 머리(首, 頭) 글자의 위쪽에 쓰이는 자형의 명칭

　　亨, 冠, 安, 家, 爭, 究, 筆, 署, 華, 發, 雲

④ 발(밑 足) 글자의 아래에 쓰이는 자형의 명칭

　　元, 堅, 墨, 娶, 忠, 盟, 製, 貧, 賀

⑤ 엄(엄호 垂) 글자의 위쪽에서 왼쪽 아래로 걸쳐 쓰이는 자형의 명칭

　　厄, 尿, 店, 房, 病, 虎

⑥ 받침(책받침 繞) 글자의 왼쪽 위에서 내려와 아래쪽을 받쳐주는 자형의 명칭

　　建, 近, 超

⑦ 몸·에운담 : 글자의 바깥쪽을 에워싸는 자형의 명칭

　　囚, 間, 鬪, 匠, 匿, 街, 凶, 出

⑧ 제부수 : 글자를 더 이상 나눌 수 없고 그대로 쓰이는 자형의 명칭

　　一, 入, 力, 土, 士, 大, 氏, 牛, 立, 臣, 色, 行, 豆, 辛, 面, 高, 鹿, 麥, 黑, 鼓, 鼠, 齒, 龍

3) 부수의 유형

부수는 모양이 같거나 뜻이 비슷한 한자를 분류하여 214개 대표부수 안에 배열한 것이다. 자전이나 사전 속에 부수의 유형을 분류된 내용을 특성에 따라 나누면 다음과 같다.

- 사람과 관련된 부수

　　人 儿 女 士 己 尸 心 手 毛 氏 父 爪 皮 目 耳 舌 自 血 面 頁 首 骨 齒 臣 身 耂(老) 欠 尢 尸 屮 牙 手 又 寸 頁 首

- 새 이름

　　乙 酉 隹 魚 鳥

- 짐승 이름

　　犬 牛 羊 羽 虫 角 豕 豸 貝 革 韋 馬 鹿 黽 龜 龍 鼠

- 도구 및 물건 이름

　　几 刀 匕 卜 几 卩 巾 宀 戶 斗 玉 瓦 皿 网(罒) 聿 肉 舟 衣 車 鬯 鬼 龠 鼓 糸 衣

- 무기

　　干 弋 弓 戈 矢 耒

- 곡식, 농기구, 식물

　　黍 麥 米 禾 瓜 豆 臼 缶 竹 鼎 鬲

- 자연

　　土 山 日 月 木 水 火 田 石 谷 辰 里 金 門 雨 風 鹵 阜(阝) 邑(阝)

- 동작행위를 나타내는 동사

　　止 曰 歹 比 示 而 采 飛 非 齊 長 行 兩 舛 夂, 夊 又

- 사물의 성질을 묘사한 형용사

　　大 小 辛 甘 幺 玄 白 香 靑

3) 부수의 변형

부수에는 부수의 기능을 하면서 본래의 글자와 모양이 달라지는 경우가 있다. 둘 이상의 글자를 합치면서 한자 모양의 미적·실용적 측면을 고려하여 나타나게 된 현상이다. 예를 들어 '肉'은 변으로 쓰일 때 '月'로 모양이 변한다. '玉'의 경우도 변의 위치에서 부수로 쓰일 때는 '王' 모양이 된다. 이러한 경우 실제 '달'이나 '임금'의 뜻으로 이해하지 않도록 유의해야 한다. 부수 모양이 변형된 예는 다음과 같다.

부수(부수이름)	바뀐 모양	용 례
乙 (새 을)	乚	乳 亂 乾
人 (사람 인)	亻	仙 伐 依 企 今 介 仁 休 信
刀 (칼 도)	刂	別 剖 切 分 利 初
手 (손 수)	扌	持 折 拳 掌 摩 拾 打 抑
心 (마음 심)	忄, 㣺	忙 快 志 忠 慕 情 思 恭
攴 (칠 복)	攵	收 故 改 鼓 政 敎
水 (물 수)	氵	江 池 沙 求 氷 畓 泉 河 流 沐
火 (불 화)	灬	災 炯 烈 熙 照 無 烹 煎
犬 (개 견)	犭	狂 狸 狀 獄 獸 狼 猶 獨
牛 (소 우)	牛	物 牧 牽 牝 牡 特
爪 (손톱 조)	爫	爭 爲 爰
网 (그물 망)	罒, 罓	置 罰 罕 岡 罪 署 羅
老 (늙을 로)	耂	考 者 耆
肉 (고기 육)	月	肋 肩 育 胎 肉 肝 肥 胎
艸 (풀 초)	艹	花 苗 草 英 茂
衣 (옷 의)	衤	表 袋 裂 補 衫 被 裏
玉 (구슬 옥)	王	玟 理 珍 瑩 璗 珥 瑠
示 (보일 시)	礻	神 祜 祿
辵 (쉬엄쉬엄 갈 착)	辶	進 返 送
邑 (고을 읍)	阝(右)	邦 邱 郡 部 郵 鄕
阜 (언덕 부)	阝(左)	防 附 陟 陰 陣 陸 限
長 (길 장)	镸	䵯 䮰 镽
食 (먹을 식)	飠	餘 饑 饌
彐 (터진 가로 왈)	彑, ヨ	彙 彗
足 (발 족)	足	路 跆 踊

4) 한자의 필순(筆順)

한자의 필순은 매우 중요하다. 한자의 구조를 이해하고, 한자 자체(字體)의 균형으로 올바르고 아름답게 쓸 수 있다.

① 한자의 기본 필법은 항상 위에서 아래로 쓴다. 三 工 言 客
② 왼쪽에서 오른쪽으로 쓴다. 川 州 側 外
③ 가로, 세로가 교차될 때, 가로획을 먼저 쓴다. 十 春 支
　(예외) 세로획부터 : 田 角 推
④ 좌우 대칭일 때, 가운데·좌·우 순서로 쓴다. 小 水 樂
　(예외) 가운데를 나중에 : 火 性
⑤ 삐침과 파임이 겹칠 때, 삐침을 먼저 쓴다. 父 交
⑥ 몸과 안이 있을 때, 몸쪽(바깥쪽)을 먼저 쓴다. 內 因 同 司 國
　(예외) 우측이 터진 경우는 다르다 : 區 匹 臣
⑦ 가로획이 길고 왼쪽 삐침이 짧으면 왼쪽 삐침(丿)부터 쓴다.
　右 布 希 有 文 父 人 入 欠 金 九 力 万 方
⑧ 가로획이 짧고 왼쪽 삐침이 길면 가로획(一)부터 쓴다. 左 友 存 在
⑨ 상하를 꿰뚫는 세로획은 나중에 쓴다. 車 中 手 事 平 虫 里 重
⑩ 좌우로 꿰뚫는 가로획은 나중에 쓴다. 女 母 子 舟
　(예외) 가로획부터 쓴다. 世
⑪ 책받침은 나중에 쓴다. 建, 道, 直 (단 起, 題, 勉은 먼저 쓴다)

주의해야 할 획수

2획 : 了, 冂, 凵, 卩, 厶, 几, 刀, 乃, 匚
3획 : 子, 女, 夂, 尢, 尸, 巾, 也, 弓, 幺, 夊, 乞, 刃, 卄
4획 : 水, 及, 片, 母, 爿, 牙, 比, 氏, 辶, 无, 丑, 兮, 幻
5획 : 矛, 皮, 皿, 以, 瓜, 戊, 玄, 凹凸, 瓦, 允, 孕, 阝(地脈 륵), 內, 王
6획 : 考, 臣, 舛, 艮, 衣, 糸, 臼, 匈, 坊, 艾
7획 : 路, 妥, 我, 孛, 延, 把, 迂

06 한자어의 구조

기초 한자와 한문 익히기

1) 漢字와 漢字語

한자는 漢語(중국어)를 표기하기 위해 만들어진 문자이다. 현재까지 사용하고 있는 뜻을 단위로 만들어진 표의문자(表意文字)를 대표하며, 표어문자(表語文字)라고 불리기도 한다. 표어문자는 '단어를 표기하는 문자'라는 뜻이다. 표음문자(表音文字)와는 달리, 한 글자가 곧 한 단위의 뜻을 반드시 나타내고 있고, 그 뜻에 해당하는 소리까지도 아울러 드러낸다. 그리고 한자는 각 글자마다 모양[형(形)]·소리[음(音)]·뜻[의(義)]의 3요소를 갖추고 있다.

한자어는 한자로 이루어진 한국식 발음의 낱말이다. 우리나라에 한자와 한문이 보급, 정착되어 실생활에 활용되면서 한자어라는 개념이 생기게 되었다. 한자어는 생활영역이 넓어지고 지식의 양이 확대됨에 따라 늘어난 사물이나 생각을 표현하기 위하여 필연적으로 증가되어 왔다. 한자어는 조어력(造語力)이 뛰어나 오늘날 우리 국어에서 한자어가 차지하는 비율(比率)이 무려 70% 이상이다. 우리 문화는 오랫동안 한자문화의 영향을 받아왔으며, 한자어로 기록된 문헌에는 우리 조상들의 얼과 지혜가 배어 있고 한자어로 된 문화유산(文化遺産) 속에는 문학(文學)과 역사(歷史)와 철학(哲學)이 담겨 있다. 우리 언어, 문자생활에 쓰고 있는 어휘 속에는 중국어에서 받아들여 쓰이는 한자어(君子·匹夫·聖人), 독자적으로 만든 고유한자어(欌籠·田畓·書房·汽車) 일본에서 들어온 한자어(手配·入口·取扱·相談) 등이 있다.

2) 한자어의 구조(漢字語의 構造)

한자어는 한자를 구성요소로 하여 모두 일정한 구성원리를 갖고 있다. 이 구성원리는 한자와 한자가 서로 결합하여 한 단위의 의미체를 이루도록 하는 것이다. 한자와 한자 사이의 기능상의 관계를 유형별로 살펴보면 다음과 같다.

(1) 병렬관계

① 상대관계(相對關係) : 뜻이 서로 相對되는 글자가 모인 구조

明暗(밝고 어두움), 多少(많고 적음), 喜怒(기쁨과 슬픔), 雌雄(암컷과 수컷), 往來(오고 감)

② 대등관계(對等關係) : 뜻이 서로 對等한 글자가 모인 구조

富貴(부하고 귀함), 草木(풀과 나무), 貴重(귀하고 중함), 桃李(복숭아와 오얏), 魚貝(물고기와 조개)

③ 유사관계(類似關係) : 뜻이 서로 같거나 類似한 글자가 모인 구조

海洋(바다), 存在(있음), 永久(오램), 到達(다다르다), 希望(바람), 樹木(나무)

(2) 수식관계

① 형용사+명사 (관형어)

淸風(맑은 바람), 秋月(가을 달), 恩師(은혜로운 스승), 吉夢(좋은 꿈), 明月(밝은 달), 家事(집안의 일)

② 부사+형용사 (부사어)

至高(지극히 높다), 極甚(극히 심하다)

③ 부사+동사 (부사어)

力走(힘껏 달리다), 高飛(높이 날다), 廣告(널리 알리다), 徐行(천천히 가다)

(3) 주술관계

天高(하늘이 높다), 水明(물이 맑다), 夜深(밤이 깊다), 日出(해가 뜨다), 日沒(해가 지다), 心弱(마음이 약하다), 地震(땅이 흔들리다), 春去夏來(봄이 가고 여름이 오다), 雲流雨止(구름이 흐르고 비가 그치다), 人造(사람이 만들다), 年少(나이가 젊다)

(4) 술목관계

讀書(책을 읽다), 採石(돌을 모으다), 樂山(산을 좋아하다), 受業(학업을 받다), 求職(직장을 구하다), 成功(공을 이루다), 作文(글을 짓다), 失望(희망을 잃다)

(5) 술보관계

登山(산에 오르다), 歸家(집으로 돌아가다), 報國(나라에 보답하다), 難解(풀기 어렵다), 多情(정이 많다), 無情(정이 없다), 有力(힘이 있다)

제2장

한문의 이해

기초 한자와 한문 익히기

01 한문(漢文)의 문장성분

　한문(漢文)은 한문장(漢文章)을 말한다. 즉 한자로 쓰인 문장으로서, '문장'이란 하나의 완결된 생각을 나타낸 언어 단위를 말한다. 한문의 문장은 낱말과 구가 일정한 어법관계에 의해 구성되어 있다. 문장은 일반적으로 주부(主部)와 술부(述部)가 있다. 주부를 이루는 성분이 주어이고, 술부를 이루는 성분에는 서술어, 목적어, 보어가 있다. 문장에서 위치와 의미 관계에 따라 일반적으로 주어, 술어, 목적어의 주요성분이라 하고, 보어, 관형어, 부사어의 부가성분이라 한다.

기초 한자와 한문 익히기

02 漢文 文章의 構造

1) 기본구조

(1) 주술구조 : 주어+서술어

① 주어+서술어(명사) : 孔子聖人也(공자는 성인이다) (~은 ~이다)

② 주어+서술어(동사) : 日出(해가 뜬다), 花開(꽃이 피다) (~이 ~하다)

③ 주어+서술어(형용사) : 山高(산이 높다), 夜深(밤이 깊다) (~이 어떠하다)

(2) 술목구조 : 주어+서술어+목적어 (~이 ~을 ~하다)

仁者樂山(어진 사람은 산을 좋아한다)

臣事君(신하가 임금을 섬기다)

(3) 술보구조 : 주어+서술어+보어

月出於東山之上(달이 동쪽 산의 위로 뜬다) 술어가 동사 (~이 ~에서 ~하다)

學難成(학문은 이루기가 어렵다) 술어가 형용사 (~은 ~이 어떠하다)

2) 확장구조

기본구조에 관형어와 부사어가 첨가되어 확장된 구조이다.

(1) 주술확장구조 : 관 + 주 | 부 + 술

大器晚成(큰 인재는 늦게 이루어진다)

天地者萬物之逆旅(천지라는 것은 만물의 여관이다)

(2) 술보확장구조

父母之恩如大海(부모의 은혜가 큰 바다와 같다)

遠親不如近隣 (먼 친척은 가까운 이웃만 못하다)

(3) 술목확장구조 : 관 + 주 | 술 | 관 + 목

達人觀物外之物(통달한 사람은 사물 밖의 사물을 본다)

忠臣不事二君 (충신은 두 임금을 섬기지 않는다)

(4) 술목보확장구조 : 관 + 주 | 부 + 술 | 관 + 목/관 + 보

唐太宗遣善德女王五言詩(당 태종은 선덕여왕에게 오언시를 보냈다)

高句麗乙支文德與詩於隋將于仲文(고구려 을지문덕이 수나라 장수 우중문에게 시를 주다)

03 漢字의 品詞

기초 한자와 한문 익히기

1) 實辭

(1) 名詞

사람이나 사물(시간·장소를 포함)의 이름을 나타내는 품사를 명사라 한다.

① 보통명사

　天, 地, 山, 川, 草, 木, 水, 人, 男, 女, 牛, 馬, 鳥, 星

② 추상명사

　神, 夢, 心, 意, 忠, 孝, 鬼, 魂, 風, 理想, 歷史

③ 고유명사

　項羽, 荊州, 三國史記, 大韓民國, 白頭山, 楊子江

(2) 代名詞

다른 단어나 구를 대신하여 사물, 행위, 성질, 수량 등을 나타내는 품사를 대명사라 한다.

① 人稱代名詞

　㉠ 1인칭 : 吾, 我, 余, 予 등

　　吾日三省吾身(나는 날마다 여러 번 나 자신을 반성한다)

　　吾妻之美我者,私我也(내 처가 나를 잘생겼다고 하는 것은 나를 편애하기 때문이다)

ⓛ 2인칭 : 女, 你, 而, 乃, 若, 汝, 爾, 子, 君 등

   吾翁卽若翁(나의 아버지가 곧 너의 아버지이다)

   不能更鳴, 東徙, 猶惡子之聲(우는 것을 바꿀 수 없다면, 동쪽으로 이사 가더라도 여전히 너의 울음소리를 싫어할 것이다)

ⓒ 3인칭 : 彼, 其, 之 등

   彼丈夫也, 我丈夫也, 吾何畏彼哉(그도 대장부이고 나도 대장부인데, 내가 어찌 그를 두려워하겠는가)

   愛公叔段, 欲立之(공숙단을 사랑하여 그를 태자로 세우려고 하였다)

② 指示代名詞

ⓐ 近稱대명사 : 此, 茲, 是, 斯, 寔 등

   何故至于斯也(왜 여기에 오셨습니까?)

ⓑ 遠稱대명사 : 夫, 彼, 其 등

   彼一時, 此一時也(저것도 한때이고 이것도 한때이다)

ⓒ 不定稱 : 之, 諸, 夫, 或

   宋人或得玉(송나라 사람인 어떤 이가 옥을 얻었다)

③ 疑問代名詞 : 誰, 孰, 何, 奚, 焉, 安, 惡, 胡, 曷 등

ⓐ 人稱대명사 : 誰, 孰

   且行千里, 其誰不知(또 천리를 가는데 그 누가 모르겠는가?)

ⓑ 物稱대명사 : 何, 奚

   天之所欲者何也(천하가 원하는 것이 무엇인가)

ⓒ 場所대명사 : 焉, 安, 惡

沛公安在?(패공은 어디에 있는가?)

④ 特殊指示代名詞

特殊指示代名詞는 者와 所가 있다. 이것들은 사람이나 사물을 가리킬 수 있지만, "者, 所"는 단독으로 문장성분이 될 수 없으며, 반드시 기타 단어 또는 구와 결합하여 문장성분이 될 수 있다.

知者不惑, 仁者不懷, 勇者不懼(어진 사람은 근심하지 않고 지혜로운 사람은 미혹되지 않으며 용감한 사람은 두려워하지 않는다)

所와 者가 타동사와 결합하여 '...所 + 타동사 + 者'의 형식을 이루었을 때에는 者가 행위의 대상을 가리키게 되며, 역시 명사성 구조이다.

吾所欲者土地也(내가 요구하는 것은 토지이다)

(3) 動詞

동사는 동작, 존재, 변화, 활동(심리활동을 포함)을 나타내는 품사이다.

① 동작, 행위, 有形의 활동을 동반하는 동사
  ㉠ '坐, 起, 生, 死, 去, 行, 亡' 등
  ㉡ '攻, 伐, 殺, 斬, 見, 知, 聞' 등

② 생각을 나타내는 동사
심리활동을 나타내는 동사로 '愛, 惡, 懼, 畏, 恐, 思, 念, 嫉 등

③ 존재를 나타내는 동사 '有, 無, 在'가 있다.

④ 判斷詞 '是, 爲' 등은 동사 자체에는 동작의 의미가 없이, 다만 주어와 목적어를 연계하고 판단하는 작용을 한다.

(4) 形容詞

형용사는 사람이나 사물의 성질과 상태를 나타내는 품사이다.

① 성질을 나타내는 형용사

　　善, 良, 美, 智, 愚, 惡, 邪, 强, 弱, 奇, 巧, 賢, 好 등

② 상태를 나타내는 형용사

　　㉠ 單音節·多音節 형용사
　　　　長, 短, 窄, 寬, 廣, 狹, 薄, 厚, 高, 低, 濃, 淡, 輕, 重, 明, 暗. 大, 小, 衆, 寡, 多, 少 등

　　㉡ 疊音 형용사 : 疊字를 사용하여 만든 형용사
　　　　區區, 眇眇, 堂堂, 元元, 蕭蕭, 滄滄, 皦皦 등

(5) 助動詞

조동사는 동사의 일종이지만, 동작을 표시하는 동사와는 다르다. 동사만으로는 서술이 완전하지 못할 때에 이에 부수되어 그 뜻을 완전하게 해주는 품사를 조동사라고 한다. 조동사는 동사 앞에 위치하여 가능·의지·당연 등을 나타낸다.

① 可能 : 能·可·可以·可用·可而·可得·得·足·足以·克·得·會 등

　　水深可知, 人心難知(물 깊이는 알아도 사람 마음은 알기 어렵다)

　　不足與言(함께 이야기할 수 없다)

　　汝能察之(그대는 그것을 살필 수 있다)

　　田爲王田, 買賣不得(밭은 왕의 밭이므로 매매할 수 없다)

可, 能, 足, 得은 뒤에 以를 덧붙여 可以, 能以, 足以, 得以의 형태로 쓰일 수 있다.

　　學不可以已(학문이란 멈출 수 없다)

② 의지, 희망 : 肯·欲·敢·願·要·要須·忍·屑' 등

我欲育人材(나는 인재를 기르고자 한다)

吾欲之南海, 何如(나는 남해로 가려고 하는데 어떻소?)

③ 당연 : ~하는 것이 마땅하다. 마땅히 ~해야 한다. 응당 ~할 것이다. 當·應·宜·須·合·會須·會當·庸 등

人當愼口(사람은 입을 조심해야 한다)

君自故鄕來, 應知故鄕事(그대는 고향에서 왔으니 마땅히 고향의 일을 알고 있을 것이다)

用人宜取其所長(인물을 등용할 때는 마땅히 그 장점을 취해야 한다)

志須遠且大.(뜻은 반드시 원대할 필요가 있다)

④ 피동 : 被·見·爲, 爲~所, 於(乎) 등

盜爲盜所殺(도둑이 도둑에게 죽은 바 되다)

季子之見侮於其嫂(계자가 그 형수님에게 업신여김을 당하였다)

信而見疑, 忠而被謗(신실한데도 의심을 당하고, 진실을 다하는데도 비방을 받는다)

⑤ 사동 : 使·令·敎·俾·遣 등

使牛聞之(소로 하여금 그것을 듣게 하다)

俾民不迷(백성들이 미혹되지 않게 하다)

令學生鍛鍊心身(학생에게 몸과 마음을 단련하게 하다)

(6) 副詞

부사는 행위나 상태를 나타내는 것으로, 기본적인 기능은 동사나 형용사, 부사를 수식하며, 문장에서 부사는 부사어, 보어가 된다.

① 정도부사 : 最·極·絕·偏·太·已·甚·皆·漸·更加·至·殊·頗·良·尤·稍·益愈·差 등

楚最無罪(초나라는 가장 죄가 없다)

水至淸則無魚(물이 지극히 맑으면 고기가 없다)

② 시간부사 : 昔·嘗·曾·日·往·初·故·早·已·旣·今·將·先·遂·方 등

陽春方來(따뜻한 봄이 바야흐로 온다)

嘗映雪讀書(일찍이 눈에 비추어 책을 읽었다)

歲將暮(한 해가 장차 저물려고 한다)

③ 상태부사 : 實·陰·暗·私·明·公·固·自·空·易·好·更·故·剛·果·幸 등

小人實不才(나는 사실 재주가 없다)

一日行善, 福雖未至, 禍自遠矣(하루 선을 행함에 복은 비록 이르지 아니하지만 재앙은 자연히 멀어진다)

④ 범위부사 : 周·奉·咸·畢·備·鈞(均)·方·悉·皆·凡·總·都 등

人皆以我爲不肖(사람들은 모두 나를 불초하다고 생각한다)

群賢畢至, 少長咸集(여러 현인들이 모두 도착하고, 젊은이 늙은이가 모두 모였다)

⑤ 수량부사 : 屢·數·頻·又·復·更·約·率·可 등

遂去, 不復與言(마침내 가버리고, 다시는 말을 하지 않았다)

⑥ 부정부사 : 不·非·匪·弗·靡·莫·未·亡·無·蔑·釜·沒得·毋·勿·別 등

己所不欲, 勿施於人(자기가 하고 싶지 않은 것을 남에게 시키지 말라)

子非魚, 安知魚之樂(자네는 물고기도 아니면서 어떻게 물고기의 즐거움을 아는가?)

⑦ 의문부사 : 何·曷·胡·奚·惡·安·焉·豈·何以·何如·奈何 등

此何遽不爲福乎?(이것이 어찌 뜻밖에 복이 되지 않겠는가?)

惡能治國家?(어떻게 나라를 다스릴 수 있겠는가?)

⑧ 판단부사 : 必·卽·皆·誠 등

古之學者必有師(옛날에 배우는 사람은 반드시 스승이 있었다)

臣誠知不如徐公美(신은 확실히 서공처럼 잘생기지 못하다는 것을 알았다)

※ 여러가지 副詞

아마 : 蓋·恐
진실로 : 固·眞·誠·良·苟·信
다만 : 但·只·徒·直
본디 : 本·素
일찍이 : 嘗·曾
장아 : 將·且
옛날에 : 昔者
잠시 : 暫·乍·間·頃(경)
도리어 : 反·還·却·顧

감히 : 敢
오직 : 惟·唯·維
마침내 : 遂·竟·終
때마침 : 時·適·會
이미 : 已·旣
지난번에 : 向·嚮
요즈음 : 近者
몰래 : 竊·潛·微·密·陰
다시 : 復·再·重

2) 虛辭

(1) 전치사

전치사는 명사나 대명사를 동사나 형용사에 소개하여 장소·시간·원인·방식을 나타내는 데 사용하는 것을 말한다. 전치사는 명사나 대명사와 결합하여 전치사구를 이루어 문장에서 보어나 부사어 역할을 한다.

① 시간·장소의 기점
  ㉠ 自, 自…(以)至(于)…, 自…及…, 自今以來, 自是以來, 自是(此)之後 등 : 시간이나 공간을 표시하여 '…에서, …부터'로 해석한다.

  自天而降乎(하늘로부터 내려왔는가?)

  心定者言寡, 定心自寡言始(마음이 안정된 사람은 말이 적고, 마음을 안정시키는 것은 말을 적게 하는 것으로부터 시작한다)

ⓒ 由, 由…至于 등 : 시작이나 발원을 끌어내며 '…에서'로 해석한다.

　由堯舜至於湯, 五百餘歲(요와 순으로부터 탕에 이르기까지는 500여 년이다)

ⓒ 於·于·乎 : 동작, 행위의 장소(기점과 종점)·시간을 끌어내며, '…부터', '…에서'로 해석한다.

　亮見權于柴桑(제갈량은 시상에서 손권을 보았다)

ⓒ 以 : 동작, 행위의 시간(기점)을 끌어내며, '…에, …동안, …부터, …에서'로 해석한다.

　文以五月五日生(문은 5월 5일에 태어났다)

ⓑ 方 : 시간을 나타내며, '…에 이르러'로 해석한다.

　方今之務, 莫若使民務農而已矣(오늘의 일에 이르러서는 백성들로 하여금 농업에 힘쓰도록 하는 것보다 중요한 것은 없다)

ⓢ 當 : 시간을 나타내며, '…할 때'로 해석한다.

　當是時, 楚兵冠諸侯(이때 초나라 군대는 각국 제후 중에서 으뜸을 차지했다)

② 대상 : 爲(於·于) : 동작 행위의 대상·목적으로 '…에, …에게, …을 위하여'로 해석한다.

　不足爲外人道也(바깥 사람에게 말할 필요가 없다)

③ 원인·이유 : 於(以)·爲

　而吾以捕蛇獨存(나는 뱀을 잡고 있었기 때문에 혼자 살아 남았다)

④ 수단 방법 : 以

　以子之矛陷子之楯, 何如?(너의 창으로 너의 방패를 뚫어보면 어떻겠는가?)

⑤ 비교 : 於(乎・于)

美於徐公(서공보다 잘생겼다)

⑥ 동반(…와 더불어, …와) : 與

公與之乘, 戰于長勺(장공은 그와 함께 전차를 타고 장작에서 싸웠다)

(2) 접속사

접속사는 단어와 단어, 구, 문장을 연결해 주는 역할을 하는 품사이다.

① 병렬접속사 : 동등한 성분을 하나로 연접하여 이들의 병렬관계를 표시한다. 보편적으로 사용되는 것은 '與・及・而・且' 등이다.

富與貴, 人之所欲也(부와 귀는 사람이 바라는 것이다)

子及女偕亡(내가 너와 함께 망하리라)

② 선택접속사 : 서술구의 선택 접속사로는 '或'자를 자주 썼는데, 上古에는 '若'자를 쓰기도 했다. 의문구의 선택 접속사로는 '抑・將・且・其'자 등이 쓰였고, 비교의 뜻을 지닌 선택 접속사로는 '與其 A ,孰若 B '(A보다 차라리 B가 낫다) 등이 있다.

官之命宜以材也, 抑以姓乎(관리의 임용은 마땅히 재능에 의거해야 하는가, 아니면 성씨에 의거해야 하는가 ?)

與其有樂於身, 孰若無憂於其心(몸에 즐거움이 있는 것보다 차라리 그 마음에 근심이 없는 것이 낫다)

③ 순접접속사 : 순접접속사는 두 가지로 나눌 수 있다. 첫째는 前後 두 가지 일의 상관관계, 즉 어떤 일이 먼저 일어나고 그런 후에 다른 일이 일어난 것을 나타내는 것인데, 이런 접속사로는 '則・卽・斯'가 한 조를 이루고 '乃・遂・于是・然後・而'가 한 조를 이룬다. 두 번째는 사물의 因果 관계를 나타낸다. 원인을 나타내는 것은 '因・以・由・蓋' 등을 쓰고, 결과를 나타내는 것은 '故・是故' 등를 쓴다.

我欲仁, 斯仁至矣(내가 인을 행하려고 하면 곧 인이 이른다)

虎求百獸而食之(호랑이가 여러 짐승을 잡아서 먹다)

④ 역접접속사 : 역접접속사는 '而·顧·抑' 등을 쓰며, 역접의 뜻이 비교적 강한 것은 '然·然而' 등을 쓴다.

美而無子(아름답지만 아들이 없다)

然而不勝者, 是天時不如地利也(그러나 이기지 못한 것은 천운이 땅의 이로움만 못하기 때문이다)

⑤ 양보접속사 : '雖·唯·縱·自' 등

雖有君命, 寡人不敢與聞(비록 임금의 명령일지라도 나는 받아들이지 않겠다)

吾縱生無益于人, 吾可以死害于人乎哉?(내가 비록 살아서 다른 사람에게 이로움이 없을지라도 죽어서 다른 사람에게 해를 끼칠 수 있겠는가?)

⑥ 가설접속사 : '若·苟·如·使' 등

王如知此, 則無望民之多於隣國也(왕께서 만약 이것을 아신다면, 백성들이 이웃 나라보다 더 많기를 바라지 마시오)

苟無民, 何以有君(만약 백성들이 없으면, 무엇으로써 임금을 보전하겠는가?)

(3) 語氣詞

어기사는 전혀 실제적인 의미가 없는 虛辭이다.

① 提示와 정지 : 者·也

其聞道也, 固先乎吾(그 도를 듣는 것이 진실로 나보다 먼저이다)

② 終結과 確認 : 也·耳·爾

富與貴 是人之所欲也(부귀는 사람들이 하고자 하는 것이다)

③ 斷定 : 矣·也

孝 百行之本也(효는 모든 행실의 근본이다)

④ 疑問 : 乎·哉·邪·與(歟)·爲(何爲·奚爲)

事天有盡與(하늘을 섬김에 다함이 있었는가?)

⑤ 制限 : 耳·爾·而已

求其放心而已矣(그 놓쳤던 마음을 찾을 뿐이다)

⑥ 感歎 : 哉·夫, 與(=歟), 乎, 兮, 也哉, 也與, 也夫

逝者如斯夫 不舍晝夜 (가는 것이 이와 같음이여! 낮과 밤을 가리지 않는구나.)

04 品詞의 활용

> 기초 한자와 한문 익히기

품사의 활용은 한 단어가 특정 구문에서 임시기능을 지니는 것으로, 실사에 주로 나타난다.

1) 명사의 활용

(1) 명사가 일반동사로 쓰인 경우

范增數目項王(범증은 여러 번 항왕에게 눈짓하였다)

火燭一隅(불빛이 한 모퉁이를 비추다)

曲肱而枕之(팔을 굽혀 그것을 괴다)

驢不勝怒, 蹄之(나귀는 노함을 참을 수 없어 그를 찼다)

寡人欲相甘茂可呼(과인은 감무의 관상을 보려고 하는데 가능합니까?)

左右欲兵之(좌우는 그를 죽이려 하였다)

今京不度, 非制也(지금 서울은 법도에 맞지 않으니 이는 선왕의 제도가 아닙니다)

晋師軍于廬柳(진나라 군사는 여류에 주둔하였다)

(2) 보통명사가 부사어가 되는 경우

명사 가운데 시간명사와 방위명사는 동사를 수식하여 문장 가운데서 부사어가 될 수 있다.

① 비유를 나타낸다

    豕人立而啼(돼지가 사람처럼 서서 운다)

    四方之民, 獸奔鳥竄(사방의 백성이 짐승처럼 달아나고 새처럼 숨는다)

② 사람을 대하는 태도·도구를 나타낸다.

    君爲我呼入, 吾得兄事之(그대가 나를 대신해 항백을 불러들이면, 나는 그를 형처럼 섬길 수 있다)

    景公欲刀解養馬者(제나라 경공이 칼로 말을 기르는 사람을 가르려 했다)

③ 장소를 나타낸다

    卒廷見相如, 畢禮而歸之(마침내 조정에서 상여를 접견하였으며, 예식을 마치고 그를 돌려보냈다)

    四方之來者, 必朝禮之(사방에서 온 사람들을 반드시 조정에서 예로 대접했다)

(3) 시간명사가 부사어가 되는 경우

고대한어의 시간명사는 현대한어의 시간명사와 마찬가지로 문장에서 상어가 되어 시간을 나타낸다. 여기서 중요한 것은 고대한어의 "歲·月·日"자 등의 용법이다. 이러한 字들은 고대의 언어습관에 따라 흔히 부사어가 되지만, 평소에 나타내는 시간의 의미와 다른 점이 있다. 이들 歲·月·日는 행동을 나타내는 동사 앞에 놓였을 때에는 "해마다, 달마다, 날마다" 등의 의미를 나타내며, "日"자는 동사·형용사 앞에 놓여 "하루하루, 날이 갈수록" 등의 뜻을 내거나 주어의 앞 또는 문두에 놓여 "지난날"의 뜻을 나타낸다.

    吾日三省吾身(나는 날마다 나 자신을 세 번 반성한다)

    良庖歲更刀割也, 族庖月更刀折也(훌륭한 요리사는 해마다 칼을 바꾸는데, 보통의 요리사는 달마다 칼을 바꾸어 끊는다)

(4) 명사의 사동용법

고대한어에서는 명사가 일반동사로 활용될 수 있을 뿐 아니라, 사역의 뜻을 가진 동사로도 활용될 수 있다. 명사의 이러한 용법을 한어에서는 명사의 사동용법이라 한다. 명사가 사동용법으로 쓰인 문장은 주어 + 술어(명사) + 목적어의 형식을 이루어 목적어가 나타내는 사물이 그 명사가 나타내는 사물이 되게 한다.

先生之恩, 生死而肉骨也(선생님의 은혜는 죽은 사람을 다시 살아나게 하고, 백골에 살이 돋아나게 하는 것과 같습니다)

縱江東父兄憐而王我, 我何面目見之？(설사 강동의 부모형제들이 나를 동정하여 나를 왕이 되게 한들 내가 무슨 면목으로 그들을 보겠는가？)

(5) 명사의 의동용법

고대한어의 명사는 의동용법으로도 쓰일 수 있는데, 意動動詞란 인정함을 나타내는 동사를 말한다. 명사의 이런 용법을 한어에서는 명사의 의동용법이라 한다. 명사가 의동용법으로 쓰인 문장은 주어 + 서술어 + 목적어의 형식을 이루어 목적어가 나타내는 인물이나 사물이 바로 그 명사술어가 나타내는 인물 또는 사물이라고 인정함을 나타낸다.

不如吾聞而藥之也(내가 듣고 그것을 약으로 삼기보다 못하다)

孟嘗君客我(맹상군은 나를 식객으로 여긴다)

2) 動詞의 활용

(1) 동사가 명사로 쓰이는 경우

동사가 명사로 활용될 경우 동사의 의미는 더 이상 동작 행위를 표시하지 않고 어떤 동작이나 상태의 명칭 또는 그 동작행위와 관련 있는 사람이나 사물을 나타낸다.

陳相見許行而大悅, 盡棄其學而學焉.(진상은 허행을 만나보고 매우 기뻐하여, 자기가 배운 것을 다 버리고 허행을 따라 배웠다)

夫大國難測也, 懼有伏焉(무릇 대국의 작전은 짐작하기 어려우니, 복병이 있을까 두렵다)

(2) 동사가 부사어로 쓰이는 경우

고대한어에서는 동사가 직접 부사어로 쓰이는 경우는 많지 않지만, 일반적으로 자동사는 부사어로 쓰이는 경우가 있다.

兒懼, 啼告母(아이가 두려워하며 울면서 어머니에게 말했다)

(3) 동사의 사동용법

고대한어에서는 일반동사가 문장 가운데서 사역동사로 쓰일 수 있는데, 이런 용법을 동사의 사동용법이라고 한다. 동사가 사동용법으로 쓰인 문장은 '주어 + 술어(동사) + 목적어'의 형식을 이루어 목적어가 대표하는 사람이나 사물이 표시하는 동사가 표시하는 동작을 수행하게 한다.

項伯殺人, 臣活之(항백이 사람을 죽여 붙잡히게 되었는데, 신이 그를 살려주었다)

雖大風浪不能鳴也(큰 풍랑이라 해도 그것을 울릴 수 없다)

3) 形容詞의 활용

(1) 형용사가 일반동사로 활용되는 경우

형용사가 일반동사로 활용되는 경우는 명사가 동사로 활용될 때와 비슷하다. 즉 형용사가 뒤에 목적어를 동반하여 동목관계를 이룰 때 동사로 쓰인다.

卒使上官大夫短屈原于頃襄王(끝내 상관대부로 하여금 경양왕에게 굴원의 단점을 말하게 하였다)

(2) 형용사가 명사로 활용되는 경우

형용사의 앞에 놓인 대명사, 수사, 명사가 관형어로 쓰인 경우, 형용사는 그 관형어의 수식을 받는 중심사가 되는데, 이때 형용사는 명사처럼 쓰인다.

老吾老, 以及人之老(우리 집안의 어른을 어른 대접하는 것에서부터 다른 사람의 어른을 어른 대접하는 것으로 확대해 간다)

將軍身披堅執銳, 伐無道, 誅暴秦(장군은 몸소 견고한 옷을 입고 예리한 병기를 들고 무도한 자들을 징벌하고 난폭한 진 왕조를 주살했다)

小學而大遺, 吾未見其明也(조그만 문제는 스승을 좇아 배우면서, 오히려 큰 문제는 버려 두고 배우지 않으니, 나는 그의 지혜로움을 볼 수 없다)

05 漢文의 文型

기초 한자와 한문 익히기

1) 부정형

無, 不, 弗, 未, 非 등의 부정사를 사용하여 어떤 동작, 상태, 사물을 부정하는 문장이다.

(1) 단순부정

仁者無敵(어진 사람은 적이 없다)

積功之塔不墮(공을 들여 쌓은 탑은 무너지지 않는다)

未見羊也(양을 보지 못했다)

弗食不知其旨也.(먹어보지 않으면 그 맛을 모른다)

貧且賤非所羞(가난하고 천한 것은 부끄러워할 것이 아니다)

(2) 이중부정

非不, 無不, 莫不, 無非, 莫非, 不可不, 不得不, 不能不 등은 이중부정을 나타낸다. 이중부정은 부정사를 두 번 사용하여 예외 없이 전체를 표현하는 강한 긍정을 나타낸다.

無遠不至(멀다고 이르지 아니함이 없다)

不爲不多矣(많지 않다고 할 수 없다)

莫不知愛其親(그 어버이를 사랑할 줄 모르는 이가 없다)

吾矛之利於物, 無不陷也(내 창의 날카로움은 사물을 뚫지 못함이 없다)

不能不學(배우지 않을 수 없다)

(3) 부분부정

不必(반드시 …하다고 볼 수 없다)·不常(언제나 …하다고는 볼 수 없다)과 같이 부정사 뒤에 부사 必, 常 등을 사용해 사실이나 상황을 부분적으로 부정한다. 위치를 바꾸어 부사 + 부정사의 구조를 만들면 전체를 부정하여 완전부정이 된다.

千里馬常有而伯樂不常有(천리마는 항상 있으나 백락은 항상 있지는 않다)

勇者不必有仁(용감한 사람이 반드시 어질지는 않다)

家貧不能常得.(집이 가난해서 항상 술을 얻을 수 있는 것은 아니다)

2) 금지형

莫, 勿, 無, 毋 등을 동사 앞에 사용하여 금지의 뜻을 나타내는 문장으로, 명령의 의미도 있다.

非禮勿視, 非禮勿聽(예가 아니면 보지 말며, 예가 아니면 듣지 마라)

無道人之短(남의 단점을 말하지 마라)

勿謂今日不學而有來日(오늘 배우지 아니하고 내일이 있다고 말하지 마라)

過則勿憚改(잘못이 있으면 고치는 것을 꺼리지 마라)

毋友不如己者(자기만 못한 사람을 벗하지 마라)

3) 의문형

何·孰·誰·安·惡·焉·胡·奚·曷·如何(奈何)·何如 등과 조사 乎(耶·哉·與·邪·歟) 등을 사용하여 "언제, 어느, 얼마나, 무슨, 무엇을, 어디에, 누가, 어느 쪽이, 어느 것을, 어떻게, 어찌하여… ?" 등 의문의 뜻을 나타낸다.

子行三軍則誰與?(선생님께서 삼군을 통솔하신다면, 누구와 함께 하시겠습니까?)

禮與食孰重?(예와 먹는 것과는 어느 것이 중요합니까?)

客何好?(손님은 무엇을 좋아하오?)

沛公安在?(패공은 어디에 있습니까?)

子非三閭大夫與?(그대는 삼려대부가 아닌가?)

是何意耶?(그것이 무슨 뜻인가?)

客亦知夫水與月乎?(손님도 또한 그 물과 달을 아는가?)

4) 반어형

의문부사 豈, 焉, 惡, 寧, 何, 庸, 胡 등과 호응되는 의문종결사 乎, 哉, 耶, 也, 與 등을 붙인다. 어떠한 사실을 단정 또는 강조하기 위하여 의문형을 빌려 반어의 뜻을 나타낸다.

百姓足, 君孰與不足?(백성들이 풍족하면 임금이 누구와 부족하게 지내겠습니까?)

吾何愛一牛?(내가 어찌 한 마리의 소를 아끼겠습니까?)

王侯將相, 寧有種乎?(왕후장상이 어찌 종자가 있었겠느냐?)

初豈樂爲哉?(어찌 처음부터 즐겨 하겠는가?)

安得此辱乎?(어찌 이러한 욕을 당하겠는가?)

焉得爲大丈夫乎?(어찌 대장부라고 할 수 있겠는가?)

君子去仁, 惡乎成名?(군자가 인을 버리면 어디에서 명성을 얻겠는가?)

5) 비교형

어떠한 사물을 다른 것과 비교하여, 그 상태나 성질의 정도나 우열을 나타내는 문장이다.

(1) 개사 '於, 于, 乎' 등을 써서 비교의 대상을 나타낸다.

苛政猛於虎也(가혹한 정치는 호랑이보다 더 사납다)

靑出於藍, 靑於藍(청은 쪽에서 나왔으나, 쪽빛보다 푸르다)

生乎吾前, 其聞道也固先乎吾, 吾從而師之(나보다 먼저 나서, 도를 듣는 것이 진실로 나보다 먼저라면, 나는 그를 좇아 스승으로 삼을 것이다)

天下莫柔弱于水(천하에 물보다도 더 유약한 성질의 것은 없다)

(2) 부정사 "莫如, 莫若, 不若, 不如, 無如, 無若" 등을 사용하여 부정형을 만든다.

不若, 不如(…만 못하다, …하는 편이 낫다), 莫如, 莫若, 無如, 無若(…가 제일 좋다, …에 미치는 것은 없다)· A(形)於B(…보다 더 …하다)·A莫(形)於B·A與其B寧C(…보다는 …한 편이 낫다)

百聞不如一見(백 번 듣는 것이 한 번 보는 것만 못하다)

至樂莫如讀書(지극한 즐거움은 독서만한 것이 없다)

遠親不如近隣(먼 친척은 가까운 이웃만 못하다)

不若投諸江而忘之(그것을 강에 던져 잊는 것만 못하다)

苛政猛於虎也(가혹한 정치는 호랑이보다 더 사납다)

6) 사역형

어느 한 사물이 다른 사물에게 동작을 시키는 뜻이 있는 문장이다. 사역의 뜻을 가진 動詞 '使, 令, 敎, 俾, 遣, 命, 勸' 등을 사용하여 '…으로 하여금 …하게 한다'의 뜻으로 해석한다.

使人視之(사람을 시켜 그것을 살펴보게 하였다)

賢婦令夫貴(어진 아내는 남편을 귀하게 한다)

天帝使我長百獸(천제가 나에게 온갖 짐승을 거느리게 하였다)

俾予從欲治(나로 하여금 다스리고자 하는 대로 따르게 하였다)

遣婢買肉而來(노비를 보내 고기를 사오게 했다)

命善射者射之(활을 잘 쏘는 사람에게 명하여 그것을 맞히게 했다)

7) 피동형

다른 사물에 의해서 어떤 동작을 받게 되는 문장이다. 피동의 뜻을 나타내는 見, 爲, 被, 爲…所, 見…於 등을 사용하여 "…에게 …당하다"의 뜻으로 해석한다. 또한, 문장 자체에서 피동의 의미를 나타낼 수 있다.

　　言而見用, 終身無難(충언을 하여 받아들여지면, 종신토록 환난이 없습니다)

　　卒爲天下笑(마침내 천하의 웃음거리가 되었습니다)

　　信而見疑, 忠而被謗(미덥게 해도 의심을 받고, 충성을 해도 비방을 받는다)

　　太祖爲流矢所中(태조가 흐르는 화살에 맞았다)

　　先則制人, 後則爲人所制(앞서면 남을 제압하고, 지면 남에게 제압당한다)

　　今西面而事之, 見臣於秦(이제 서쪽을 향하여 그를 섬기면, 진나라의 신하 대우를 받게 될 것입니다)

8) 가정형

어떤 사실이나 상황을 가정하여 예상되는 결과를 서술하는 형태의 문장이다. 가정형에서 앞의 分句에 가정의 뜻을 나타내는, 若, 如, 苟, 雖, 則, 假令, 使, 若使, 如使, 假使 등의 접속사가 쓰이면, '만약에 …한다면, 가령 …한다면, 비록 …일지라도'로 해석된다.

　　如不可求, 從吾所好(만약에 구할 수 없다면, 내가 좋아하는 바를 따르겠다)

　　王若隱其無罪而就死地, 則牛羊何擇焉?(왕께서 만약에 그 소가 죄 없이 사지에 가는 것을 측은하게 여기신다면, 소와 양이 무슨 구별이 있겠습니까?)

　　若賢士在位, 能者在職, 則國家閑暇(만일 어진 선비가 벼슬자리에 있고 능력 있는 사람이 관직에 있으면, 나라의 정사가 한가롭다)

　　欲速則不達(빠르고자 하면 도달하지 못한다)

　　國雖大, 好戰必亡(나라가 비록 크더라도, 전쟁을 좋아하면 반드시 망한다)

9) 억양형

文의 한 편의 뜻과 비교하여 상대적으로 다른 문장을 드러내는 것이다. 抑揚形에는 '況, 何況, 況於, 況乎, 而況' 등의 접속사가 뒤의 分句에 쓰인다. 그리고 앞의 分句에는 '尙, 且, 猶' 등의 副詞가 呼應하는 경우가 많고, 문장 끝에는 대개 어기사 乎가 쓰이며, '하물며 ~' 등으로 해석한다.

    布衣之交尙不相欺, 況大國乎?(백성들이 사귈 때도 오히려 서로 속이지 않는데, 하물며 대국이야?)

    大罪輕且督深, 而況有重罪乎?(죄는 가벼운데 또한 벌은 심하니 하물며 중죄는 말할 것도 없다.)

10) 한정형

사물이나 행동의 범위나 정도를 한정하는 뜻을 나타내는 문장이다. 限定形에는 '唯, 惟, 但, 獨, 特, 徒, 只, 直' 등 限定의 뜻을 가지는 副詞를 사용하는 경우와 '耳, 已, 爾, 而已, 也已, 耳矣, 而已矣' 등이 문장 끝에 쓰여 '…일 뿐이다'로 해석한다.

    道之不行, 已知之矣(나의 학설이 통하지 못함을 이미 알았다)

    夫子之道, 忠恕而已(선생님의 도는 충과 서일 뿐이다)

    寡人之於國也, 盡心焉耳矣(과인은 나라에 대해서 마음을 다할 뿐입니다)

    直不百步耳, 是亦走也(다만 백 보가 아닐 뿐이지 이것도 역시 도망친 것이다)

    孟嘗君 特鷄鳴狗盜之雄耳(맹상군은 다만 계명구도의 영웅일 뿐이다)

    子誠齊人也, 知管仲晏子而已矣(그대는 진실로 제나라 사람일지니, 단지 관중과 안자를 알 뿐이다)

11) 감탄형

 感歎詞를 사용하여 讚美, 憎惡, 歡喜, 悲哀 등의 감정을 표현하는 문장이다. 감탄형에는 '嗚呼, 嗟, 嗟呼, 嗟哉, 嗟夫, 噫' 등의 感歎詞를 쓰거나 語氣詞 '哉, 與, 乎, 夫, 矣' 등을 써서 사물에 대한 놀라움이나 감탄을 나타낸다.

  嗚呼！老矣！是誰之愆？(아아！ 늙었구나！ 이 누구의 허물인고？)

  嗟呼！燕雀安知鴻鵠之志哉？(아아！ 연작이 어찌 홍곡의 뜻을 알리오？)

  嗟夫！使六國各愛其人, 則足以拒秦(아아！ 만약 육국이 각기 그 백성들을 사랑했다면, 족히 진나라를 물리칠 수 있었을 텐데)

  噫！菊之愛, 陶後鮮有聞(아！ 국화를 사랑하는 것은 도연명 이후에는 거의 들은 적이 없도다)

제2편
응용편

기초 한자와 한문
익히기

제1장

자원으로 이해하는 한자

 집 가

갑골문과 금문에는 고대에 사람과 돼지가 한 집에 같이 생활한 모습을 나타냈다. 집(宀)과 돼지(豕)로 구성된 '家'자로 보아 오래전부터 집안에서 돼지를 길러 사람들과 가깝게 생활한 것으로 보인다. 오늘날 돼지와 함께 있는 집은 가족의 상징으로 '한 집안', '가족'의 기본적인 의미로 쓰이고 있다. 또한, 家는 접미사로 쓰여 儒家, 墨家, 道家, 法家, 農家, 敎育家, 藝術家, 美食家, 事業家 등 다양한 어휘들이 있다.

 사이 간

갑골문에 間자는 月(달)과 門(문)으로 이루어져 있다. 갑골문에 戶는 문 한쪽만 달려 있고, 門은 양쪽 기둥에 문이 달려 있는 모양이다. 間은 두 개의 여닫이 문짝 사이로 비치는 달빛을 뜻한다. 열린 창문이나 대문의 틈으로 햇빛이 들어와 밝게 비춰주는 것을 형상화한 글자이다. 오늘날 '두 개의 여닫이 문짝 사이의 간격'이라는 기본적인 의미를 나타내며 '사이의 공간' 또는 '중간'이라는 의미로 파생되었다. 동사로 사용될 때에는 '갈라지게 하다', '둘 사이를 나쁘게 하다', '간섭하다'의 의미를 나타낸다.

 각각 각

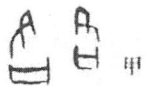

갑골문과 금문에 各은 원시인이 거주하는 움집(口)에 발이 내려 오는 모습으로 형상화였다. 위의 뒤집혀진 발(止)은 밖에서 들어오는 것을 뜻한다. 아래의 움집(口)은 '집에 도착하다' 등의 의미를 갖고 있다. 본래는 '도착하다', '이르다', '도달하다'라는 뜻이었으나, 오늘날 지시대명사로 차용되어 '각종', '각자'라는 의미로 파생되었다. 반대로 出은 움집 밖으로 나가는 모양이다.

開 열다 개

門은 반쪽 문인 戶가 두 개인 모습이다. 금문과 고문에서 開자는 두 손으로 빗장을 빼서 문을 여는 모습이다. 본뜻은 "문을 열다"를 의미한다. 오늘날 의미가 파생되어 '펴다', '개통하다', '개방하다', '개발하다', '분리하다', '시작하다', '수행하다', '실행하다'의 의미로 쓰인다.

犬 개 견

갑골문과 금문에 犬자는 개의 모습이다. 개는 집을 지키거나 사람들이 사냥을 하면서 일찍부터 기른 가축인 것 같다. 뒷발을 땅에 버티고서 앞발을 쳐들어 짖는 개의 형상이다. 갑골문과 금문에서 犬과 豕(돼지)자는 매우 유사하다. 豕(돼지)는 '토실토실 살찐 배'와 '아래로 처진 모양의 꼬리'로 그려진 반면, 犬은 '바짝 마른 배'와 '위로 올라간 꼬리'로 표현했다.

見 볼 견

見자는 사람의 머리 부분에 큰 눈을 그린 모습이다. 사람이 두 눈을 크게 뜨고 무엇인가를 응시하고 있는 것을 연상시킨다. '본다'는 동작은 감각적으로 눈에 보이는 것을 바라보는 것이 아니라, 대상의 본질, 현상을 깊이 본다는 의미이다. 見은 또한 피동의 의미로 쓰이기도 한다.

京 서울 경

갑골문과 금문에 京자는 세 개의 나무 기둥 위에 지붕이 있는 건축 모양이다. 땅에서 조금 높은 언덕 위에 지은 궁실의 모습처럼 보이기도 한다. 본뜻은 '흙무더기'였으며, '높다', '크다'라는 의미를 나타낸다. 고대에 도성이나 군주의 집은 일반적으로 높은 언덕 위에 크게 지었다. 京은 언덕 위에 지은 커다란 '궁성, 왕실, 京都'를 의미하며, 주변에 사람이 모여 살면서 오늘날 수도를 뜻한다.

監 볼 감

갑골문과 금문에 監자는 거울이 발명되기 이전에 물에 반사되는 자신의 얼굴을 보는 모습이다. 갑골문에서 '監'자는 무릎을 꿇고 왼쪽의 대야(皿)를 쳐다보고 있는 모습으로, 그릇의 물에 자신의 얼굴을 비추어 보고 있는 것이다. 따라서 '監'의 원래 의미는 물에 자신의 얼굴을 비추어 보는 것이었다. 그래서 다른 사람이나 사물을 살펴보다, 관찰한다는 뜻이 생겼다. 이후 監視하다, 監督하다는 뜻으로 쓰이기도 한다.

農 농사 농

갑골문에서 農자는 농작물 사이에 있는 잡초를 조개껍데기(辰)로 제거하는 모습이다. 辰은 蜃(무명조개 신)자의 초기 형태이다. 조개껍데기는 날카롭고 휴대하기 편리하여, 풀이나 이삭을 자르는 도구로 사용하였다. 갑골문에 農자는 숲을 형상화한 林 사이에 금문에서 田자를 넣어 '토지를 경작한다'라는 의미가 더욱 명확하게 표현된다. 원뜻은 '경작하다', '경작을 하는 사람'을 뜻하였다. 즉 농부의 의미이다.

教 가르칠 교

고대에도 교육할 때 체벌이 있었던 모양이다. 갑골문과 금문을 보면 아이 옆에 회초리를 가지고 있는 모습이다. "매질을 아끼면 자식을 망친다."라는 말이 있듯이, '敎'자는 이 의미를 반영한 것으로 보인다. 고대의 문자 체계에서 오른쪽은 회초리를 잡고 있는 사람처럼 보이고, 왼쪽은 아이와 두 개의 산가지를 교차하여 더하기와 빼기를 하는 산수의 의미를 형상화한 것이다. 그래서 초기에 '敎'의 의미는 '학생에게 공부를 가르치다'라는 의미였으나, 오늘날 '지도', '교육', '가르침'이라는 뜻으로 파생되었다.

器 그릇 기

'器'자는 '犬'과 네 개의 '口'로 구성되어 있다. 개의 주변에 많은 그릇을 개가 지키고 있는 모습이다. 초기에는 오직 '도기'의 뜻으로 쓰였다. 예를 들면, 노자는 "어떤 사람이 단지를 만들기 위해서 물로 흙을 섞는다."라고 말했다. 후에 그것의 의미는 넓어져서 어떤 기구나 도구를 나타낼 수 있게 되었다. 「논어」에서도 "일을 잘하려면 반드시 먼저 좋은 도구가 필요하다"라고 하였다. 그러나 추상적인 관념인 '道(길, 방법)'과 반대인 실체적이고 구체적인 어떤 의미로 사용되었다. 그래서 「역경」에서 "형이상의 것이 도(道)이고, 형이하의 것이 기(器)이다."라고 표현하였다.

戈 창 과

'戈'는 고대 무기의 한 종류로 상나라에서 널리 사용되었다. 머리 부분에 손잡이와 수평으로 된 칼날을 가지고 있어서, 치거나 갈고리로 거는 데 사용되었다. 갑골문과 초기 금문에서 '戈'자는 독체상형자로, 무기의 모양을 나타낸다. 긴 손잡이 위에 칼날이 있는 고대 중요한 무기 중의 하나이다. 예를 들면, 순자는 "고대에 戈, 矛, 弓, 矢 이외의 무기는 없었다."라고 말했다. 戈가 들어간 글자는 거의 무기, 전쟁, 싸움과 관련이 있으며, 戟(창), 武(군대), 戎(육군), 戒(경계하다), 戍(방어하다), 伐(공격하다) 등이 그렇다.

鬼 귀신 귀

고대 사람들은 죽은 뒤에 영혼이 된다고 믿은 것으로 보인다. 갑골문에서 '鬼'자의 아랫부분은 사람의 형상이다. 윗부분인 머리는 기괴하고 불균형하게 크니, 죽은 사람이 변한 머리가 큰 유령을 표시하고 있다. 鬼자의 초기 의미는 죽은 사람의 유령이었다. 지하 세계에서 살고 고정된 형태가 없는 영혼이기 때문에 '鬼'자는 또한 '신비한', '교묘한', '비상한'의 뜻으로 파생되어 쓰인다. 구성요소로써 '鬼'가 들어간 글자는 거의 유령이나 영혼과 관련 있으니, 魂(영혼), 魄(넋), 魔(악마), 魅(도깨비) 등이 있다.

旦 아침 단

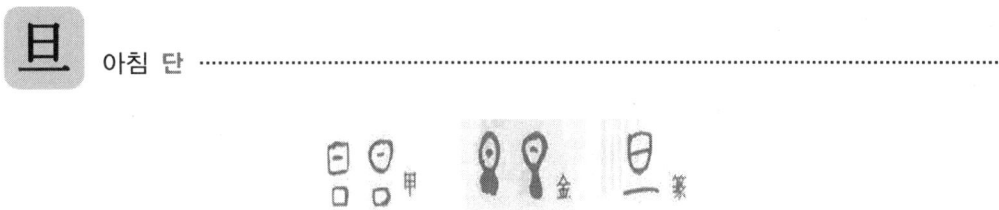

'旦'은 원래 형성자였다. 갑골문과 금문에서 '旦'자는 윗부분에 부수 '日'자와 아래에 사각형이나 점으로 햇빛이 반사되는 모습이 보인다. 또한, 소전에는 태양이 지평선 위로 떠오르는 모습을 형상화한 것으로, 아침, 새벽의 뜻으로 쓰인다.

島 섬 도

'島'는 바다 가운데 산 위에 새가 앉아 있는 "섬"의 모습이다. '山'과 '鳥'로 구성된 '島'자는 새들이 그들의 휴식공간으로서 머무를 수 있는 바다에 있는 섬을 표시한다.

命 목숨 명

갑골문에서 '命'자는 사람이 머리를 덮고 웅크리고 있는 모습이다. 금문에서 입(口)은 신의 명령이 입에서부터 나온다는 것을 표시한다. 원뜻은 '명령'이다. 옛날에는 노예의 운명이 주인의 명령에 의해 결정이 되었기 때문에 '命'자가 '생명'과 '운명'의 뜻으로 파생되었다.

樂 즐길 락

고대의 현악기는 매우 단순했던 것으로 보인다. 전설에 따르면, 순임금이 남방에서 음악을 연주하기 위해 5개의 줄을 뜯어 연주하는 악기를 만들었다고 한다. 그리고 주나라의 문왕과 무왕이 각각 그것에 줄을 더하여 오늘날의 7개의 줄을 뜯어 연주하는 악기를 만들었다고 한다. 갑골문과 금문에는 樂자가 나뭇가지 위에 두 개의 실을 연결하여 만든 악기 모양이다. 白은 손가락으로 현악기를 연주하는 형상으로, 악기를 나타낸다고 여기고 있다. 오늘날 이 글자는 '음악'을 의미한다. 음악은 귀에 즐겁고 사람들에게 만족을 주기 때문에 글자 樂은 동사로 사용되고, '행복한', '쾌활한', '기쁨'의 뜻으로 파생되었다.

料 헤아릴 료

料자는 말로 쌀을 담는 모습이다. 쌀, 곡물의 양을 말로 헤아린다는 의미이다. 米(쌀)과 斗(측정하는 기구)로 구성된 합체회의자이다. 갑골문의 斗는 술을 푸는 국자 모양이다. 반면에 전문에서는 斗의 형체가 변하여 특징을 찾아볼 수 없다. 斗는 일반적으로 측정하는 의미로 사용되고 '계산', '추정', '예언', '추측'의 의미로 파생되었다. 또한 '돌보다', '정돈하다'를 의미하기도 한다.

利 이로울 리

고대에 利자는 칼로 곡물을 자르는 것을 나타내는 禾(곡물)와 刀(칼)로 구성되어 있다. 곡식을 자르려면 그 칼은 날카로워야 한다. 그래서 利자는 본래 '날카로운', 그리고 '예리한'을 의미한다. 오늘날 '이익(利益)', '편리한(便利)', '운이 좋은 것(吉利)'의 의미로 파생되었다.

旅 군사 려

옛날에는 군인들이 전쟁에 나갈 때, 깃발 아래에 모여서 먼저 명령을 들었다. 갑골문과 금문의 旅자는 깃발 아래 많은 사람들이 모여 있는 모습이다. 旅는 주로 군사 500명의 군단을 의미한다. 일반적으로 군대는 혈연관계가 없고, 명령에 따라 옮겨 다니기 때문에 旅자는 '사람들의 무리, 여객, 여행'의 의미로 파생되었다.

民 백성 민

옛날에 노예 주인은 노예들이 반역을 일으키지 않게 하기 위해 매우 잔인한 방법들을 사용했다. 예를 들어 무거운 금속체인을 채워 그들의 목을 줄로 함께 묶고, 그들의 다리

중 하나를 잘라내거나 송곳으로 눈을 멀게 하는 것이 있다. 갑골문과 금문에서 '民'자는 송곳으로 눈이 찔린 모습이다. 본래 죄를 범한 노예를 나타내는 의미로 쓰였는데, 점차 의미가 넓혀져 현재는 일반 백성을 뜻한다.

 불사를 분

원시 사회에서 농업은 낮은 단계에서 발달했고, 몇몇 사람들은 베고 불태우는 경작법을 사용했다. 이를 '焚'이라는 글자의 모양에 반영한 것으로 보인다. 갑골문자에 '焚'자는 숲의 윗부분은 불이고, 밑부분은 횃불을 손에 들고 있는 사람의 모습이다. 따라서 원래의 뜻은 '숲을 불태우다'이다. 오늘날은 '불태우다', '불로 태워버리다'의 의미로 파생되었다.

豊 풍년 풍

豊자는 둥근 발이 달린 제기(豆)에 벼나 밀 이삭 등을 가득 담은 형상으로 보인다. 곡식을 추수한 후에 제기에 제물을 올려놓은 모습이다. 조상에게 풍년을 알리는 의식을 형상화한 것이다. 오늘날은 '풍작'의 의미가 파생되어 '풍부한', '큰', '넉넉한'을 의미한다.

筆 붓 필

筆자는 글을 쓰기 위한 도구를 형상화한 것으로 보인다. 초기 형태는 聿자이다. 갑골문과 금문에서 筆자는 한 손으로 붓을 잡고 있는 모습이다. 최초의 붓은 나무 자루로 진나라 몽념이 만들었다고 전하나, 후에 대나무로 붓을 만들었기 때문에 竹자가 글자에 추가된 것이다.

華 빛날 화

華는 꽃 화(花)자의 원래 모양이다. 갑골문에서 華자는 꽃이 만개한 나무처럼 보인다. 나무에 핀 꽃이 華자이다. 오늘날 華자는 모든 종류의 꽃을 의미하는 일반적인 용어로 쓰인다. 꽃이 만개한 풀밭과 나무는 아름답고 무성하기 때문에 華는 '아름다운', '훌륭한', '번영하는'의 의미로 파생되었다.

聲 소리 성

갑골문에서 聲자는 사람이 손에 작은 타구봉을 들고 석경을 치는 것처럼 보인다. 이 글자는 耳(귀 이)를 성분으로 해서, 귀를 통하여 석경에서 나오는 소리를 들을 수 있는 것을 나타낸다. 聲의 원래 의미는 '소리, 소음'이지만, 또한 '음악, 언어, 전언'을 뜻하기도 한다. 이것에서 '여세, 명성'의 뜻으로도 파생되었다.

豕 돼지 시

豕는 돼지를 나타내는데, 지금은 '猪(돼지 저)'자로 불리며, 일찍부터 사람이 기르던 가축 중의 하나이다. 갑골문에서 豕자는 긴 입과 짧은 다리, 둥근 배와 떨어지는 꼬리를 가진 돼지로 보인다. 그러나 고대에는 豕와 猪 사이에 차이가 있었다. 일반적으로 豕는 다 큰 돼지를, 猪는 새끼 돼지를 나타냈다.

朝 아침 조

금문에서 朝는 두 부분으로 구성되어 있다. 왼쪽은 두 식물 사이에 있는 태양의 모습처럼 보이고, 오른쪽에는 강이 있다. 아침에 태양이 강가에 있는 식물들 사이에서 떠오르는 모습이다. 소전에서 이 글자는 모양이 여러 번 변화하면서 본래 형상은 남아 있지 않다.

지탱할 지 ──────────────────────

支는 본래 "가지"를 뜻하는 枝의 모습이다. 소전에서 支자는 한 남자가 손에 나무의 가지를 들고 있는 모양으로 보인다. 오늘날 '튀어나오다', '기르다', '버티다', '지지하다', '명령하다'라는 의미로 파생되었다.

 아내 처 ──────────────────────

妻는 한 남자의 부인을 가리킨다. 妻는 한 남자가 한 여자의 머리카락을 붙잡고 있는 것으로 보인다. 고대에 한 남자가 다른 종족에 가서 한 여자를 그의 아내로 삼기 위해 납치하는 형상이라고 주장하기도 한다. 또는, 여자는 성인이 되어 다른 사람의 아내가 되면 비녀를 꽂는다. 그래서 부녀자가 꿇어앉아 머리를 단장하는 모습으로 보기도 한다.

陟 오를 척 ──────────────────────

고문에서 陟은 두 발로 나무사다리를 올라 높은 곳을 향하는 모습이다. 이것은 본래 '높은 곳을 오르다'라는 의미이다. 반면에 降자는 내려가는 모양이다. 阝(阜)는 사다리 모양으로, 오른다는 의미를 나타낸다. 陟자가 파생되어 '사회적으로 출세하다'라는 의미로도 사용된다.

敗 깨뜨릴 패

갑골문에 敗는 막대기로 솥이나 조개껍데기를 치는 모습이다. 일상생활과 제사에서 중요한 기구였던 청동 솥과 당시의 화폐였던 조개껍데기는 둘 다 귀중한 물건이었다. 이 귀중한 물건을 막대기로 친다는 것은 곧 파괴하다는 의미이다. '파괴하다'가 바로 敗의 본래 의미였으나, 파생되어 '썩다', '무너지다', '깨지다' 등의 여러 의미로 쓰인다.

皇 임금 황

금문에서 皇자는 장식관 아래 王이 있는 왕관을 의미한다. 〈예기〉에 "有虞氏皇而祭"(유우 씨는 왕관을 쓰고 제사지낸다)라는 구절이 있다. 본래는 왕이나 황제 같은 지배자를 가리켰으나, 왕관은 장식이 화려하기 때문에 皇은 '화려한, 훌륭한, 위대한, 거룩한'이란 의미로 파생되었다.

香 향기 향

갑골문에서 香자는 좋은 냄새가 나는 음식으로 꽉 차 있는 긴 다리가 달린 솥이다. 이것은 처음에 음식 냄새를 가리키다가, '고약한 냄새'(臭: 냄새 취, 구린내 취)에 반대되는 '향기로운 냄새'라는 쓰임이 파생되었다. 전서에서 香자는 때때로 기장 서(黍)와 달 감(甘)으로 구성되어 '음식 맛이 좋다'라는 뜻이 있다. 香은 향기나 향료를 뜻한다.

聽 들을 청

갑골문의 聽은 귀와 입으로 구성되어 있다. 귀를 사용해서 다른 사람의 이야기를 받는 것을 의미한다. 聽의 본뜻은 귀를 사용하여 소리를 듣는 것을 의미하고, 파생되어 '따르다, 접수하다, 결정하다, 다스리다'라는 의미가 있다.

祝 빌 축

고문의 祝자는 사람이 무릎을 꿇고 제사상 앞에서 기도하는 모양을 형상화한 것이다. 기원한다는 뜻이 있으며, 귀신에게 빌고 복을 받는다는 의미이다. 파생된 뜻으로 '축복하다, 축하하다, 경축하다'라는 뜻이 있다. 이외에 사당을 담당하며 제사를 지내고 기도하는 사람을 일반적으로 祝이라고 불렀다. 후대에 축씨 성을 가진 사람은 그 선조들이 제사장이나 무당과 같은 직업과 관계되어 있다.

 고기잡을 어

갑골문에 낚시는 손으로 하는 것, 그물로 하는 것, 낚싯대로 하는 세 가지 방법이 보인다. 漁자는 이 방법들 중 하나인 낚싯대를 사용하는 것으로 보인다. 이것의 원래 의미는 '낚시하다'의 의미였으나, 파생되어 '약탈하다, 속여서 얻다'의 의미로 쓰인다.

 기를 양

갑골문과 금문에 養은 손에 막대기를 쥐고 양을 모는 사람 모습이다. 원래 의미는 牧과 같이 '몰다'이다. 후기 전서에서 이것은 양에게 먹이를 주는 것을 나타내는 양과 식량으로 구성되어 있다. 羊 부분은 음성표기에 의한 것으로 보인다. 이런 의미에서 養 또한 음성표기의 복합어이다. 오늘날 養자는 '낳게 하다', '훈련하다', '건강을 회복하다', '교육시키다'라는 의미로 파생되었다.

異 다를 이

고대에 주술 행위는 일반적이었다. 주술사가 나쁜 악령을 내쫓기 위해 무섭게 치장해 만든 가면을 쓰고 춤을 추었다. 갑골문에 異자는 가면을 쓰고 손을 휘둘러 춤을 추고 있는 모습이다. 가면을 써서 보통 때의 얼굴과 달리 무섭게 보여 이상한 사람이다. 異자는 '이상한, 유별난, 다른, 특별한'의 의미로 파생되었다.

雲 구름 운

갑골문과 금문에 云자는 하늘에 떠다니는 구름 모습이다. 원래 의미는 '구름'이다. 가벼운 물방울인 구름이 비가 되어 땅에 떨어지듯 云자는 후기 전서에서 비와의 연관성을 나타내기 위해 雨자가 더해졌다.

寒 찰 한

금문에 寒자는 지푸라기(따뜻하게 하기 위한 것)로 가득 찬 방에 있는 사람 모습이다. 남자 밑에 있는 두 개의 점은 얼음 덩어리를 의미한다. 원래의 의미는 '춥다'이다. 추운 계절에 사람이 떠는 것처럼 보여 '떨다'라는 의미로 파생되었다. 또한, 寒자는 '가난'이란 의미로 사용되기도 한다.

 배울 학 ··

갑골문에 學자는 아이가 두 손으로 계산하는 것을 배우는 모습이다. 또는 두 손으로 끈을 묶는 동작을 표시한다. 금문에서 子는 계산하는 것을 배우는 아이를 분명히 하기 위해 더해졌다. 원래 의미인 '배우다'에서 '이론, 지식' 등으로 의미가 파생되었다. 또한, 학교처럼 무엇을 배우는 장소의 의미로도 사용된다.

 칠 벌 ··

갑골문의 戈는 가늘고 긴 자루가 있는 병기의 모습이다. 긴 창을 휘두르는 힘을 이용하여 적의 머리를 베는 살상 무기이다. 갑골문과 금문에 伐은 창(戈)으로 적의 목 부위를 베는 모습이다. 상나라 시대 사람의 목을 베어 제사의 희생물로 바치는 행위이기도 하다. 초기 의미는 '베다, 찍다'였지만, 파생되어 '치다, 공격하다'라는 의미로 쓰인다. 또한, '승리, 성취, 자랑하다'라는 의미로도 쓰인다.

父 아비 부

父의 초기 형태는 斧이다. 금문의 父자는 돌도끼를 손에 쥐고 있는 모습이다. 원시 사회에서 돌도끼는 가장 중요한 무기이며 도구였다. 그리고 성인 남자들은 적과 맞서 싸우고 들판에서 일할 책임이 있었다. 父는 성인남성을 부르는 호칭이 되었다. 점차 父는 오늘날에 이르러 '아버지'를 의미하게 되었다.

步 걸음 보

갑골문과 금문에서 문자 步는 두 개의 발가락인 것 같기도 하고, 앞으로 나아가는 두 개의 발처럼 보인다. 따라서 이것은 주로 '걷다'를 의미한다. 步는 걸을 때 간격을 언급하는 명사로 사용되기도 했다. 그러나 이 거리가 얼마나 긴가에 따라 그 사용되는 단위도 바뀐다. 일반적 단위에 따르면 한 걸음으로 알고 있는 跬에 비해 步는 두 걸음과 같다. 그러므로 순자가 말하길 "한 걸음의 축적 없이는 천 리를 갈 수 없다."고 하였다. 주왕조의 일반적 단위에 步는 팔 척과 같고, 그에 반하여 태왕조에서 步는 육 척 정도의 길이고, 300步는 1里에 해당된다. (당시의 1里는 약 500미터였다)

伏 엎드릴 복

금문에서 伏은 개가 사람의 발아래에 엎드린 것처럼 보인다. 초기의 의미는 '드러눕다' 또는 '엎드리다'라는 뜻이었다. 이후 의미가 파생되어 '숨다', '잠복(매복)하다', '복종시키다', '길들이다', '압도하다'라는 뜻으로도 쓰인다.

富 부자 부

금문에서 富는 집안에 있는 포도주 항아리처럼 보인다. 가정에서 포도주를 소유하고 있다는 것은 부의 상징이었다. 富의 주된 의미는 '부유하다'를 의미했으며, 오늘날 '부, 재산, 풍족한, 풍부한'을 의미하기도 한다.

思 생각할 사

고대에 생각, 관념, 느낌은 마음(心)과 연관이 있다고 생각한 것으로 보인다. 소전에는 글자 思가 囟과 心으로 이루어져 있고, 전자는 뇌 부분을, 후자는 심장을 나타낸다. 생각하는 것은 뇌와 심장이 함께 움직여야 한다고 본 것이다. 오늘날 思는 田과 心으로 이루어져 있는데, 잘못된 파생의 결과이다. 思의 초기 의미는 '생각하는 것, 기억을 간직하는 것, 생각'이다.

死 죽을 사

갑골문자에 死의 왼쪽은 사람이 무릎을 꿇고 머리를 떨어뜨리고 있는 모습이고, 오른쪽에 歹는 죽은 사람의 해골을 나타낸다. 이것은 산 사람이 죽음에 대해 무릎을 꿇고 슬퍼하는 모습이다. 의미는 '죽음'이다. 죽음은 아무것도 움직일 수 없기 때문에 死板(확고한), 死氣沉沉(생명력 없는) 등으로 사용되기도 한다. 파생된 의미로 '결심하다'(死心塌地)가 있다.

受 받을 수

갑골문자와 금문에 受는 두 손 사이에 배 모양의 그릇이 있는 형상이다. 한쪽에서 어떤 것을 제공하고 다른 한쪽에서 받는 것을 형상화한 것이다. 그래서 본래 주고 받는 것 둘 다를 의미하였다. 후에 글자 手가 受에 더해져 새로운 글자 授를 형성하여 '제공하다, 주다'의 의미를 나타내었다. 受는 '받는 것'의 한정적인 의미로 쓰게 되었다.

新 새로울 신

新은 薪의 원래 형태였다. 갑골문자와 금문에 薪자는 오른쪽의 도끼(斤), 왼쪽의 나무 조각을 합친 것이다. 新자는 도끼로 나무를 쪼개는 것을 의미하는 쪼개진 나무 즉, 장작이다. 그러나 新은 종종 '오래되다'와 반대되는 '새로운'이라는 의미로 파생되었다.

先 먼저 선

고대에 先은 사람의 머리 위에 발이 있는 모양이다. 다른 사람보다 먼저 발을 내디딘 것을 나타낸다. 先의 초기 의미는 '앞'을 뜻했다. 파생되어 '앞선 시간, 이전'을 의미한다.

雙 쌍 쌍

전문에서 雙은 새 두 마리를 손으로 잡고 있는 모습이다. 초기에 '둘, 쌍'의 의미가 홀수와 반대되는 '짝수'의 의미로 파생되었다. 隹(새 추)자는 새의 윤곽을 그린 것이다. 갑골문에 隻자는 상나라 시대에는 獲(얻을 획)자로 사용하였다. 손에 새 한 마리를 잡고 있어 '포획한다'는 뜻이 있다.

年 해 년

年은 원래 수확한 곡식의 양을 의미했다. 곡식이 다 익으면 사람들이 수확하여 1년이 지나가는 것이다, 갑골문와 금문에서 年자는 남자가 수확한 곡식을 머리에 이고 옮기는 모습이다. 예전에는 곡물을 1년에 한 번 수확했기 때문에, 年은 '1년', 12달, 봄·여름·가을·겨울의 사계절을 의미하게 되었다. 이 의미에서 사람의 나이를 언급하는 뜻으로 파생되었다.

 동녘 동 ··

갑골문과 금문에서 東이라는 글자는 양쪽 끝을 묶은 자루의 모습이다. 이 글자는 원래는 자루 안에 물건을 넣는 것을 의미했다. 오늘날 해가 뜨는 방향인 '동쪽', 즉 '서쪽'의 반대 뜻으로서 위치를 나타내고 있다. 태양이 동쪽의 扶桑木에서 목욕을 하고 있거나 떠오른다는 신화에서 뜻을 취했다고 한다.

莫 **저물 모 / 없을 막** ···

"莫"자는 "暮"자에서 유래됐다. 갑골문에서 莫자는 "日"과 "木"의 합하여 해가 지는 모습이다. 해가 지고 숲 속으로 들어가 밤이 온다는 뜻이다. 다시 日을 더하여 暮(저물다)자가 만들어졌다. 지금은 '없다', '-하지 마라는 부정부사로 파생되었다.

買 살 매

갑골문에서 보면 "買"자는 그물로 조개를 잡는 모습이다. 조개껍데기는 물건을 사거나 교환하는 화폐로 쓰였다. 그래서 "賣"(팔다)는 뜻과 반대인 물건을 '사다', 얻기 위한 물건과 화폐를 '교환하다'라는 뜻으로 쓰인다. 買는 貝(패)와 罒(그물)을 합하여 만든 글자로, 그물로 조개를 떠내듯이 물건(物件)을 '사 모으다'라는 뜻이다. 갑골문의 得자도 사람들이 지나다니는 길에서 조개를 손으로 주워 소득을 얻다는 뜻을 나타낸다.

牧 칠 목

"牧"자는 사람이 한 손에 막대기를 들고 소를 모는 모습이다. 그래서 원래 뜻은 가축을 '방목하다'라는 동사였지만, 나중에는 '방목하는 사람'이라는 명사로 바뀌었다. 갑골문를 보면 길(行)을 더하였는데, 상나라 시대 방목은 산자락이나 초원에서 대규모로 한 것이 아니었음을 알 수 있다. 또한, 고대 지배자들은 자신을 방목하는 사람으로 보고, 백성을 소나 말 등의 동물로 봤기 때문에 백성을 다스리는 것을 "牧民"으로 표현했다. 그래서 어떤 지방에서는 지방 장관이나 지도자를 "牧"이나 "牧伯"이라 칭한다.

眉 눈썹 미

갑골문과 금문에서 "眉"자는 사람 눈 위에 눈썹 모양을 특별히 강조해서 형상화했다. 원래 '눈썹'이라는 뜻으로 쓰였으며, 전문 이후 눈썹의 모양이 조금 약해졌지만, 뜻은 여전히 '눈썹'으로 쓰이고 있다.

美 아름다울 미

양은 고대 유목민족의 중요한 가축이다. 羊자는 아래로 굽은 뿔의 머리 부분을 상형화한 것이다. 고대에는 사냥을 할 때 사람들이 동물의 뿔이나 깃털로 머리에 장식하였다. 크고(大) 살찐 양(羊)이라는 뜻이 합(合)하여 보기 좋다는 데서 '아름답다, 훌륭하다' 등의 의미를 표현한다. 그러나 시간이 지남에 따라 사냥하기 위해서가 아니라 단순히 머리 장식으로 사회적 지위를 표현하기도 하였다. 나중에 뿔이나 깃털을 머리에 장식하는 것이 아름다움의 상징이 되었다. 갑골문과 금문에서 美자는 원래 머리장식을 한 아름다운 사람을 나타냈다. 그래서 외모, 능력, 미덕이 뛰어난 '훌륭하다'는 말로 발전하였으며, 맛있는 음식을 나타내는 말로도 확장되어 쓰인다.

기초 한자와 한문
익히기

제2장 한자어에 담긴 이야기

文化 글월 문 | 될 화 ································ 본디 德治를 뜻하는 정치 용어

    문화의 概念은 19세기 말 일본어에서 비롯되었다. 메이지 유신(明治維新) 이후 西洋 學文을 收用하면서 飜譯한 라틴어 culture에서 나온 단어이다. 원래는 '耕作하다, 栽培하다'의 의미였으나, 18세기 이후 智識, 敎養 등을 內包한 인간의 精神活動, 社會活動의 의미로 擴大되었다. 19세기 말 人類學, 社會學, 文化學 등이 興起하면서 현재 중국어에서는 智識, 敎育, 文化, 禮節 등을 의미한다. 그러나 지금까지 문화의 정의에 대하여 160여 가지로 의견이 紛紛하며 통일된 見解가 없다.

    고대 중국인은 문화를 '以文敎化, 文治敎化'(왕이 文德으로 百姓을 다스리며 敎化함)의 준말로 西漢 時代부터 通用하던 말이었다. 그 反對 의미가 武斷이다. 鐵權, 强壓 政治인 것이다. 嚴密히 말하면 文化란 一種의 統治 方法을 뜻하는 政治 用語라 할 수 있다. 그러나 일본인은 東西洋의 概念이 다르고 收用할 만한 마땅한 말이 없자 窮餘之策으로 끌어다 飜譯한 말이 많다. 自然히 旣存의 漢字 單語와 意味가 附合되지 않은 境遇가 생기게 되었을 것이다.

    우리말, 우리글은 매우 所重하다. 그러나 우리말로 적당한 表現이 없을 때는 外國語 또는 外來語라고 무조건 排斥할 것이 아니라, 그것을 收用하는 柔軟한 姿勢가 必要하다. 특히 '世界化, 創意力'을 話頭로 하는 요즈음 자칫 '내 것만이 最高'라는 發祥은 困難하기 때문이다.

偏見　치우칠 편 | 볼 견 …………………………… 공정하지 못하고 한쪽으로 치우친 의견

扁은 문(戶)이 책(册)처럼 작고 넓적하다는 뜻이다. 사람이 작은 이익에 잘 치우쳐 公正하지 못하다고 생각하여 偏을 만든 것 같다. 이렇게 바라보는 것이 편견이다.

　사회가 混亂하면 偏見을 낳기 쉽다. 이러한 상황에서는 恐怖心이나 不滿, 敵意 등이 강해지고 보다 약한 集團에 대해 자기 防衛와 利益을 圖謀하고자 하기 때문이다. 戰爭이나 災害와 같은 경우에는 그것이 보다 顯著하게 나타난다. 巨大한 국가나 宗敎에서 少數民族이나 異敎徒에 대해서 평상시에는 생각하지 못하는 殘酷한 행위가 발생하는 경우가 있다. 또한, 지배자의 煽動이나 輿論造作 등에 의해 국가적인 規模의 偏見이 나타나는 경우도 있다. 이처럼 편견은 부정적인 의미로 생각할 수도 있는데, 긍정적인 의미도 많다. 편견을 가지지 않고 상대방의 意見, 생각을 무조건 따라서 행동한다면 思想과 論爭이 필요 없으며, 사회는 成長 動力을 잃어버리게 된다. 전국시대에 諸子百家가 등장한 것도 사실 편견을 지닌 학자들이 일어나 論爭을 한 것이라 말할 수 있다. 論爭은 정확한 資料와 論點을 가지고 熱情的으로 討論에 참여해야 한다. 孔子와 墨子, 孟子가 주장하는 사상이 달랐기 때문에 學術的인 硏究가 가능한 것이다. 임어당이 세상에 公論이란 있을 수 없고 편견이 진정한 사상이라고 主張하였다. 자기 자신의 편견을 披瀝하는 것이 중요하고 討論이나 연구할 價値가 있다는 것이다.

　편견을 抑壓하는 사회는 希望이 없다. 부정적인 觀點으로 편견을 致富해서도 안 된다. 創造性, 公正性이 缺如된 생각은 삼가고 적극적으로 가치 있는 편견을 披瀝해야 한다. 편견을 勸奬하는 사회는 希望이 있다.

賂物　선물 뢰 | 물건 물 …………………………… 몰래 건네주는 선물

賂는 조개 貝와 각기 各의 結合이다. 貝가 옛날 貨幣로 使用되었으므로 漢字에서 貝로 이루어진 많은 글자가 돈이나 財貨를 뜻한다. 貴賤, 販賣, 賃貸 등의 單語가 있다. 역시 賂의 '各'은 公的으로 流通되는 財貨가 아니라, 몰래 제각기 私的으로 流通되는 財貨, 곧 '膳物'의 뜻이 있다. 직위가 높은 사람을 매수하여 개인의 목적달성에 이용하기 위하여 권력자에게 넌지시 건네는 부정한 돈이나 물건을 賂物이라고 한다.

현대 中國人은 뇌물을 주는 방법이 다양하다. 뇌물을 주는 사람이 마작판을 벌여 돈을 잃어 준다. 당연히 관리는 돈을 딸 수밖에 없다. 中國에서 이러한 방법은 事業의 成敗를 決定짓는 關鍵이다. 또는 귀중한 骨董品을 購入하여 뇌물을 준다. 관리가 骨董品을 收集하는 趣味가 있는 것이 아니다. 골동품의 價格이 몇 배로 오를 수 있는 가치가 있기 때문이다. 이러한 不正腐敗가 중국에서 사회문제가 된 지 오래되었다. 부정부패를 剔抉하지 못하는 原因은 중국이 법대로 執行되지 않는다는 데 있다. 뇌물을 받는 사람이 있으면, 주는 사람이 있다. 法典에도 뇌물 受賂罪와 뇌물 供與罪가 있다. 하지만 중국법정에서 뇌물수뢰죄를 判決하면서, 뇌물공여죄는 다루지 않는다. 뇌물을 누가 주었는지 묻지 않고, 提供한 사람을 처벌하지 않는다. 중국인은 뇌물을 提供한 사람은 處罰하지 않는 것이 근본을 다스리는 일이라고 말한다. 뇌물을 받는 사람만 처벌하면 뇌물수수는 없어진다는 생각한 것이다. 하지만 중국은 法規를 違反한 고위관리를 처벌하는 것은 상당히 어렵다. 告訴를 해도 勝訴할 確率은 없다. 그래서 權力을 가지고 있는 사람에게 뇌물을 주지 않으면 자기가 원하는 것을 얻을 수 없다고 생각한다. 아니면 뇌물을 바치도록 脅迫을 당할지도 모르는 일이다.

覇權　으뜸 패 | 권세 권　　　　　　　　　　　힘이나 강력한 권세

權는 황새가 나무에 앉아 하늘과 땅을 살피며 의젓하고 권위 있게 보이는 모습, 또는 먹이를 찾듯 눈으로 저울질하는 모습이다.

傳統的으로 中國 사람들은 國家를 다스리는 데 두 가지 方法이 있다고 보았다. 하나는 人道的인 道德을 實行하여 百姓을 敎育하고, 戰爭없이 百姓들을 服從하게 만들어 太平聖代를 이루는 것을 王道政治라 한다. 君主는 백성에 대한 사랑을 바탕으로 정치를 해야 한다. 또 하나는 仁政을 假裝하여 百姓을 軍士化하고 武力에 依存하여 覇權을 차지하겠다는 사상으로 覇道政治라 한다. 왕도 정치 사상으로, 공자나 맹자의 유가 사상이 있다. 覇道政治로 法家 사상이 이에 속한다. 패도는 그 勢力을 넓히고 복종을 강요하지만 실제로 民衆은 마음으로부터 굴복하지는 않는다.

春秋戰國時代에 諸侯들이 混亂한 機會를 틈타 天下를 손에 넣으려는 野心이 있었다. 이러한 인물들에게 자주 사용하는 단어가 覇權, 覇業, 覇者이다. 春秋時代 2백50년 동안

齊 桓公, 宋 襄公, 晉 文公, 楚 莊公 등 다섯 명의 霸者가 나왔으니(春秋五霸) 天下가 얼마나 混亂스러웠겠는가. 맹자가 말한 '以力假仁'하는 霸君들이다. 孔子는 이 時代末期에 태어난 것이다. 戰國時代만큼 사회의 변화가 심하지 않았지만 약 2백 50년 동안 전쟁이 계속되었다. 정치가들은 모두 힘으로 정치를 하며 富國强兵을 政策으로 하였다. 그래서 제후들은 覇權을 잡기위해 熾烈하게 戰爭을 하였다. 예를 들면 齊나라의 管仲과 鄭나라의 子産, 越나라의 범려, 魏나라의 李悝, 楚나라의 吳起, 秦 나라의 商鞅, 韓나라의 申不害 등은 모두 覇道政治가 들이었다. 吳越同舟, 臥薪嘗膽는 覇權을 追求하는 過程에서 나온 故事成語이다. 戰國時代에 이르러 戰爭은 더욱 熾烈하게 擴張되어 巨大한 戰場으로 뒤덮인다. 强大國 일곱 나라가 서로 覇權을 다투다(全國七雄) 마침내 秦始皇에 의해 統一이 된다. 진정한 覇權을 차지한 사람이 秦始皇이었던 것이다. 그가 覇權을 爭取하기 위해 치러야 했던 對價는 너무도 컸다. 무려 數百萬名의 人名을 犧牲시켰던 것이다. 그런 秦나라도 不過 16年萬에 亡하고 만다.

이러한 시대적 背景에서 孔子는 주나라의 제도로 되돌리려 하였다. 윤리적으로 孝悌, 정치적으로 仁의 정치, 즉 윤리적 정치를 主唱하였고, 混亂한 사회를 바로 잡기 위하여 正名主義를 標榜하였다.

寒心 찰 한 | 마음 심 ·················· 기가 막혀 할 말을 잃음

寒은 집 안에 사람이 있는데, 풀이 위아래를 덮고 있으며 밑에는 얼음이 놓여 있다. 얼음처럼 차가워 춥다는 의미를 나타낸다. 冫(얼음 빙 '氷')은 얼음, 즉 '차다, 춥다'는 뜻이다.

心은 心臟과 두 動脈의 모습을 본뜬 象形文字다. 甲骨文을 보면 左右의 心房, 심실처럼 그렸다. 心의 본디 뜻은 '心臟'이며, 心思의 뜻으로도 사용한다. 사람들은 心臟이 思考를 主管한다고 생각하여 心은 '생각', '마음'의 의미로 파생되었다.

따라서 寒心이라면 본디 '차가운 心臟'이 된다. 사람은 極度의 추위를 느끼거나 恐怖를 느끼게 되면 心臟이 뛴다고 여겼다. 그래서 寒心은 추위 때문에 心臟이 마구 뛰거나 몹시 두려워 몸을 떠는 것을 뜻했다. 心臟은 크게 3개의 心臟血管(冠狀動脈)에 의해 酸素와 營養分을 받고 활동한다. 이 3개의 冠狀動脈 중 어느 하나라도 혈전증이나 혈관의 빠른 收縮 등에 의해 急性으로 막히는 경우, 심장의 전체 또는 일부분에 酸素와 營養 공급이 급격하게 줄어들어서 심장 筋肉의 조직이나 細胞가 죽는 상황을 醫學用語로 心筋梗塞症이라 한다. 心臟의 혈관이 너무 收縮하면 피의 흐름을 막아 生命이 危殆롭게 된다. 사람들이 寒心하고 氣가 막힌다는 말을 자주 사용한다. 심장이 차니 意慾이 없어질 것은 당연하다. 조금 더 심해지면 기가 막혀 말도 안 나오게 된다. 한심한 사람이나 한심한 일 처리를 보면 도무지 일할 맛이 안 난다. 이 말은 '정도가 너무 지나쳐 氣가 막히고 말이 나오지 않는 경우'를 뜻한다. 사람은 늘 常識의 範疇에서 살아간다. "네가 하는 일이 하도 한심스러워 말이 안 나온다."는 정도를 벗어나 하는 일이 寒心하다는 것이다.

如意 같을 여 | 뜻 의 ·· 마음 먹은 대로 됨

如는 '옛날 여자(女)는 어려서는 부모 말씀(口), 결혼해서는 男便의 말(口), 남편이 죽은 뒤에는 자식의 말(口)을 좇아야 한다'는 여자(女子)가 따라야 할 세 가지 도리를 三從之道라 한다. 지금은 시대가 변했지만, 과거 선조들은 '順從하며' 잘 따르는 것을 미덕으로 삼았음을 알 수 있다. 부모, 男便, 자식의 말을 자기 뜻과 같이 따른다는 의미로 볼 수 있다. 如實, 如此, 如何間이 있다.

意는 音과 心의 結合이다. 사람의 心理 狀態는 마음(心)에서 비롯되어 말소리(音)로 나타나거나, 말소리를 듣고 마음에 뜻을 새기는 法이다. 그래서 意는 '뜻, 기분'의 의미이고, 意見, 意思, 意志, 故意, 任意가 있다. 따라서 如意라면 '일이 뜻대로 되다. 생각대로 되다. 모든 분별이 끊어진 깨달음의 지혜'의 뜻을 나타낸다.

중국 4대 기서(奇書) 중 하나로 우리나라에서 가장 잘 알려진 『西遊記』가 있다. 명나라 때에 吳承恩이 지은 『서유기』는 三藏法師 현장이 인도를 여행하며 일어난 역사적 사실을 쓴 작품이다. 당나라 말기에는 그 모험담이 이미 전설화되어 사람들에게 널리 퍼져 있었으며, 그러한 이야기와 전설들을 集大成한 것이었다. 『서유기』에는 여러 가지 보물이 登場한다. 일격으로 산을 부수는 무기, 바람보다 더 빠르게 하늘을 나르는 탈것, 악한 요괴를 봉인하는 부적 등 여러 가지이다. 그중 주인공 손오공이 겪는 여러 가지 冒險에서 휘두르고 다닌 武器가 如意棒이다. 여의봉을 지닌 주인공 손오공 당시 중국 사회의 官僚 제도를 암암리에 비판하고, 인간의 努力과 忍耐를 寓話的으로 표현한 소설이다.

명나라 때의 중국은 대중을 위한 문학이 발전했던 시대였다. 그중 특히 인기가 있었던 것은 피와 살이 튀는 싸움을 그린 활극, 예를 들면 요괴나 신선들이 요술·선술(仙術)을 구사하면서 서로 싸우는 '신마소설(神魔小說)'이다. 신마소설 중에서도 가장 잘 알려지고 또한 가장 사랑받은 것이 바로『서유기』였다.

電擊 번개 전 | 칠 격 ·················· 번개가 내리치듯 순식간

電은 雨와 申의 結合이다. 옛날 여러 가지 氣候 形態중 農作物과 密接한 關係를 갖는 것은 비였다. 그래서 氣候를 뜻하는 글자에는 모두 '雨'자가 붙어 있다. 雲(구름), 霜(서리), 霧(안개), 雹(우박 박), 霞(노을 하), 雷(천둥 뢰) 등 여기서 申(펼, 납 신)은 양손을 허리에 대고 기지개를 켜는 모양, 또는 섬광(閃光)이 하늘에서 四方으로 퍼진다는 납을 뜻한다. 그런데 번개는 一種의 電氣的 現像이므로 電은 後에 電氣를 뜻하기도 하여 電力, 電線, 發電, 充電 등의 말이 나왔다.

擊은 전쟁이 일어나 마차가 서로 부딪치며 손(手)에 창이나 막대기 따위를 잡고 적군을 공격하는 模襲이다. 또는 바퀴의 間隔이나 굴대를 調節하기 위해서인데, 後에는 모든 '치는 동작'을 擊이라 했다. '치다'라는 의미를 담은 한자어에는 擊滅, 擊墜, 擊退, 擊破, 攻擊, 襲擊, 爆擊, 突擊, 反擊, 打擊, 目擊이 있다. 電擊이라면 마치 '번개가 급작스럽게 내리치듯' 눈 깜짝할 사이에 處理하는 것을 뜻하거나 '강한 전류를 갑자기 몸에 느꼈을 때의 충격'으로, 본디 軍事 用語에서 자주 사용하는 말이다. 殷의 마지막 王 暴君 紂를 토벌한 이는 희발(姬發-후의 周 武王)이다. 엄청난 劣勢에도 不具하고 戎車라는 新武器를 使用해 마침내 紂王의 軍隊를 潰滅 시킬 수 있었다. 一種의 가벼운 戰車로 워낙 機動力이 뛰어나 縱橫無盡 敵陣을 蹂躪할 수 있었기 때문이었다.

後에 六韜三略에서는 이를 두고 飛虎 같다고 했는데 電擊은 그것보다 더 빠른 境遇를 가리킨다.

管轄 피리 관 | 굴대빗장 할 ·················· 관리하여 통할함

管은 본디 대나무로 만든 여섯 구멍의 피리를 뜻했다. 管絃樂器라는 말이 있다. 그런데 피리는 가운데가 텅 비어 있으므로 後에는 대롱이나 속이 뚫린 '파이프'를 모두 管이라 했다. 鐵官, 試驗管, 血管 등의 말이 있다.

그러나 管은 '자물쇠, 관리하다'라는 말도 있다. 옛날에는 대롱처럼 생긴 자물쇠가 많았다. 그 模襲이 마치 피리와 같았으므로 管이라고 불렀다. 자물쇠는 物件을 잘 保管하고 團束하는 機能을 하는 뜻하거나, 피리 구멍을 잘 조정하여 불 듯이 잘 관리하다는 뜻이기도 하다. 이처럼 管을 '자물쇠'로 뜻으로 管理나 管掌, 移管, 保管 등의 單語를 이해할 수 있다.

轄은 車와 害의 合成語이다. 轄은 수레와 關係가 있다. 害는 '損傷', '傷處를 내다'라는 뜻이 있다. 轄은 '수레(車)에 상처(害)를 낸 것'이 된다. 수레를 보면 두 바퀴가 하나의 굴대에 박혀 있다. 그대로 두면 바퀴가 빠져나가므로 그것을 防止하기 위해 굴대의 양쪽 끝 부분에 上下로 구멍을 뚫어 쇠로 만든 쐐기를 박아두는데 그것이 轄이다. 멀쩡한 굴대에 구멍을 뚫었으므로 傷處를 낸 것이나 다름없다.

이제 管轄이 意味하는 바가 분명해진다. 管理하여 統轄한다는 뜻이다. 마치 자물쇠가 없으면 倉庫속의 物件이 흩어지게 되고, 轄이 없으면 바퀴가 빠져 나가듯 管과 轄은 매우 重要한 機能을 遂行한다.

人質　사람 인 | 바탕 질 ················· 사람을 저당 잡음

質은 '바탕'과 '抵當 잡히다'란 뜻이 있다. 도끼로 재물을 나눌 때 드러나는 바탕, 본심이나, 물건을 잘라 저당 잡히다의 뜻으로 생각할 수 있다. 質權, 質問, 質疑 등 많은 단어가 있다. 고대에 物件을 빌리거나 去來할 때는 지금처럼 文書가 아니라 나무판을 잘라 한쪽씩 나눠 가짐으로써 信用을 確保했는데 이것을 質劑라고 했다. 人質은 나무 대신 사람을 質劑로 使用했다는 뜻이다. 대체로 諸侯國間에 盟約을 締結할 때에 相對方에서 要求하던 사람을 交換했던 데서 由來한다. 人質의 交換은 春秋時代부터 있었던 것 같다. 좌전(左傳)에 보면 周나라와 鄭나라가 각기 人質을 交換했다는 이야기가 있다. 後에 人質의 交換은 茶飯事가 되다시피 했는데 그만큼 天下가 混亂했고 또 信義가 없어졌다는 뜻이기도 하다.

人質은 可信性을 確保하기 위해 相對國의 世子나 王子 같은 主要 人物로 決定하는 수가 많다. 물론 그들의 生活은 고달프기 그지 없다. 그러다 보니 人質을 利用해 出世를 꿈꾸는 者도 있었다. 戰國時代 巨商 呂不韋가 當時 趙나라에 人質로 와 있던 秦의 王子 子楚

에게 愛妾을 바치고 온갖 歡待를 아끼지 않았던 것이 그 例다. 당시 愛妾은 이미 姙娠中이었다. 後에 子楚가 歸國해 秦의 王이 되었다가 일찍 죽자 그 아들이 繼位하니 이가 바로 後의 秦始皇이다. 알고 보면 秦始皇은 呂不韋의 아들이자 妾의 소생인 셈이다.

憲法 법 헌 | 법 법 ─ 국가 최고의 법

憲은 害(해칠 해)에서 口(입) 대신 目과 心이 들어 있는 모습이다. 目에는 '그물'을 뜻하는 羅의 의미도 있다. 또는 집(宀)이나 나라가 어지러운 일을 법망(罒)으로 다스리기 위해 마음을 다하여 만든 법, 憲은 해로운 것(害)을 눈(目)으로 보고, 마음(心)으로 判斷한다는 뜻 등을 생각할 수 있다. 관련 어휘는 憲兵, 憲章, 憲政, 國憲, 違憲, 入憲, 制憲節 등 다양하다.

法은 惡한 사람을 물처럼 自然스럽게 除去한다는 뜻이 보인다. 中國에서 '憲法'의 起源은 무려 3천 년이 넘는다. 그렇다고 中國이 일찍부터 民主主義를 實施했던 것은 아니다. 당시 憲이나 法은 모두 一般的인 法律을 指稱하는 것이었을 뿐이다. 그것이 國家의 統治組織과 國民의 基本權을 保障하는 '最高의 法'을 意味하게 된 것은 17, 18世紀 西洋의 市民革命 이후 일이다.

최근 중국에서 '헌법이 최고의 권위를 가진다'는 至憲黨이 6일 창립됐다. 부패 혐의로 무기징역형을 받고 복역 중인 薄熙來를 지지하는 정당을 결성한 것이다. 보시라이는 重慶시 당서기를 지내는 동안 '창훙다헤이'(唱紅打黑·사회주의노선 견지 및 범죄·부패 척결)와 공평한 분배정책을 실시해 신좌파 '영웅'으로 떠오르며 최고 지도부 진입을 눈앞에 두고 실각되었다. 중국은 헌법상으론 다당제 국가이다. 그러나 1949년 집권한 공산당은 다른 정당의 창당을 국가전복 시도로 간주해 사실상 금지하고 있다. 집권 이전에 설립된 8개 정당만이 법적 지위를 인정받고 있다. 중국 정부가 至憲黨의 활동을 허용해줄 가능성이 매우 낮다.

紛糾 나눌 분 | 살필 규 ─ 실이나 노끈이 어지럽게 얽혀 있음

紛에는 실타래가 나뉘어 풀려 있는 模襲이다. 자연히 실은 헝클어져 複雜하게 엉키게 된다. 그래서 '어지럽다'는 뜻이 있다. 이 의미로 紛亂·紛紛·紛爭·內紛 등이 있다. 糾는 실(멱)로 만든 넝쿨, 노끈을 뜻한다. 具體的으로 말하면 세 가닥의 실로 꼬아 만든 노끈이다. 노끈은 여러 가닥의 실을 모아 만든 것이므로 糾는 '모으다'라는 뜻도 있다(糾合). 또 포승줄로 罪囚를 묶어 問招했기 때문에 糾는 '꾸짖다, 바로잡다'는 뜻도 가지고 있다(糾明·糾察·糾彈 등).

분규(紛糾)는 실이나 노끈이 풀려 어지럽게 얽혀 있다는 뜻이다. 얽힌 실로는 천을 짤 수 없고 얽힌 노끈으로는 묶을 수 없다. 곧 紛糾는 일을 그르치게 하는 無用之物일 뿐이다. 그것보다는 실마리(端緒)가 잘 整頓되어 있어야 한다. 그것이 一絲不亂이다. 물론 얽히고설킨 실을 풀기 위해 마구 잘라내는 方法도 있다. 소위 快刀亂麻가 그것이다. 그러나 시원스럽기는 하지만 이 역시 아무 쓸모 없는 실가닥만 量産할 뿐이다. 紛糾를 解決하는 唯一한 方法은 '실마리'를 찾아 하나하나 풀어나가는 것뿐이다. 그러기 위해서는 忍耐와 努力이 必要하다.

요즘 사회와 職場에서 노사 간에 紛糾가 자주 일어나고 있다. 과거에는 노동조합이 노동대중의 자주적인 단체로 사회의 耳目을 받았으나, 요즘은 노사 간의 분열, 분규문제 등을 보면 정치세력화되어가는 모습을 볼 수 있다. 21세기 사회는 勞使가 함께 실마리를 풀어 가는 姿勢로 임해야 할 것이다. 그러지 않고 서두르다가는 자칫 國家와 社會, 家庭을 危殆롭게 할 수 있다.

輻輳 바퀴살 폭 | 바퀴살 주 ······ 한꺼번에 한곳으로 몰림

간혹 '業務가 輻輳하여…'라는 말을 때가 들을 때가 있다. 輻輳란 한꺼번에 한곳으로 集中되는 것을 말한다. 輻과 輳는 車가 있으므로 '수레'와 관계있음을 알 수 있다. 福은 '滿'의 뜻이 있다. 一例로 鬼神(示)이 加護를 내려주어 사람을 滿足시켜 주는 것이 福자다. 輻이라면 수레(車)가 가득 찼다(福)고 볼 수도 있다. 그러나 여기서는 수레의 바퀴살을 뜻한다. 옛날의 수레바퀴에는 都合 30개의 바퀴살이 있어 바퀴를 가득 채웠다(福)고 해 만들어진 글자다. 곧 輻은 수레의 바퀴살인 셈이다.

한편 輳의 奏는 '아뢸 주'로, 百姓이나 臣下가 임금에게 意見을 改進하는 것을 말한다. 흔히 上奏라고 한다. 專制君主時代의 임금이란 天上天下 唯我獨尊적인 存在였으므로 뭇

의견이 오직 임금 한 사람에게 集中되었다. 그래서 湊는 '集中되다'라는 뜻을 가지고 있다. 輳는 수레가 한 곳에 集中되는 '駐車場'이라고 볼 수 있겠지만, 여기선 '수레 중에서 集中이 되는 부분'이라고 봄이 옳겠다. 자전거 바퀴를 보면 여러 개의 살이 가운데에 있는 굴대축을 향해 한 지점으로 합쳐져 있다. 그 부분이 輳다.

곧 輻輳라면 수레의 바퀴살이 굴대 부분에 集中된다는 뜻이다. 輻輳의 反對는 바퀴살이 가운데의 굴대에서 바깥의 바퀴를 향해 뻗어 나간 狀態가 되겠는데 그것이 輻射이다. 이때 '輻'은 '복'으로 읽는다. 輻射熱이라면 中央의 한 점으로부터 四方으로 뻗어나오는 熱을 말한다.

崩壞 산 무너질 붕 | 흙 무너질 괴 ·················· 산과 흙이 무너짐

崩은 山과 벗 붕(朋)의 結合이다. 形聲字로 山이 무너져내린다는 의미이다. 山이 무너지면 轟音과 함께 그곳의 돌이나 나무, 풀도 함께 埋沒된다. 崩은 天子, 임금의 죽음을 象徵하는 의미로 확대되어 쓰이고 있다. '무너지다'의 의미로 土崩, 崩落, 崩城之痛의 어휘가 있으며, 임금의 죽음을 崩御, 崩殂라고 한다.

여기서 나온 말에 諸葛亮이 蜀의 後主 劉禪(劉備의 아들)에게 올린 出師表를 보면, 그 첫머리에 劉備의 죽음에 대해 언급한 대목이 나온다.

"先帝께서 創業하신 뒤 半도 이루지 못하고 도중에 돌아가셨습니다."

壞는 土와 裏(품을 회)의 결합으로 흙이 갈라져 무너져내린다는 뜻이다. 壞에는 '옷'을 뜻하는 衣가 있는 것에서 알 수 있듯이 물건을 몰래 훔쳐 옷 속에 감춰두고 있는 形狀이다. 그래서 '품다', '간직하다'라는 뜻을 가지고 있다. 마음속에 간직하고 있는 것이 懷(생각할 회, 품을 회)다. 그런데 물건을 잃은 쪽에서는 허전하기 이를 데 없다. 그래서 懷는 '망치다', '텅 비다'는 뜻도 함께 가지고 있다. 흙이나 땅이 텅 비어 있는 것이 壞다. 그 땅은 무너질 수밖에 없다. 그래서 壞 역시 '무너지다'라는 뜻을 가지고 있다. 壞死, 破壞, 壞滅, 壞裂 등의 말이 있다. 따라서 崩壞의 본디 뜻은 '산이나 흙이 무너져 내리는 것'이다.

요즘 '멘붕'이라는 말이 사회적 유행어가 되었다. 멘붕의 뜻은 영어와 한글이 합쳐진 단어로 영어의 멘탈(mental)과 한자어 崩壞가 조합된 말이다. 精神, 靈魂, 個人이나 集團의 사고방식을 뜻하는 영어 멘탈리티(mentality)와 무너지고 깨어진다는 뜻의 한자어 壞가 결합된 말이다. 精神이 崩壞되었다 내지 정신이 무너졌다로 표현할 수 있다. 이 밖에 한자어가 외래어와 결합된 어휘는 많다. 예를 들면 가스관(gas管), 고시텔(考試tel), 깡통(can筒), 깡패(gang牌), 머그잔(mug盞), 휴대폰(携帶phone) 등이 있다.

籠絡 새장 농 | 얽을 낙 ·· 제 마음대로 주무름

籠은 竹과 龍의 結合으로 흙을 담는 삼태기에서 '새장', '틀어박히다', '대그릇'의 의미로 확대되었다. 龍은 원래 吉祥과 富貴의 象徵으로 중국인이 崇拜하는 동물이다. 갑골문의 龍자는 뿔이 있고 턱이 길며 몸을 마음대로 구부릴 수 있는 모양이다. 대(竹)는 梅花·蘭草·菊花와 함께 四君子로 일컬어져 왔고, 특히 사철 푸르고 곧게 자라는 성질로 인하여 志操와 切開의 상징으로 인식되었다. '대쪽같은 사람'이라는 말은 不義나 不正과는 일절 妥協하지 않고 지조를 굳게 지키는 사람을 의미한다.

곧게 하늘로 뻗어 마음대로 나는 龍을 잡아 대나무로 새장을 만들고 가두어 부리고 싶은 마음을 표현했는지는 모르겠다. 후에는 대나무가 아니어도 얽어서 만든 것으로 물건을 담고 가두는 機能을 가진 것이라면 모두 籠이라고 했다. 새장처럼 한 공간에 줄곧 머물며 버티는 일을 籠城이라고 한다.

絡은 헌 솜의 의미인 명주에서 후에 '얽다', '脈絡'으로 뜻이 파생되었다. 흩어져 있는 물건을 얽어맨 것이다. 連結하여 얽어매는 것이 聯絡, 一脈相通하도록 얽혀 있는 것이 脈絡, 五臟六腑에 거미줄처럼 얽혀 있는 것이 經絡이다. 따라서 籠絡은 '가두고 얽매여 놓는 것', 곧 구속이나 制限의 뜻을 가지고 있다. 여기서 籠絡은 '제 마음대로 주무르는 것'을 뜻하게 되었다. 대체로 天子가 얄팍한 技巧로 臣下나 百姓을 속이고 놀리는 것을 말했다.

方孝孺는 明나라 초기의 大文章家이자 忠臣이었다. 惠帝에게 有名한 深盧論을 써 治國策을 밝혔다. 그에 의하면 훌륭한 統治者는 德을 닦고 天心을 닦기 위하여 努力해야지 얕은 잔꾀로 百姓을 籠絡해서는 안 된다고 했다. 그런 만큼 그는 남으로부터 籠絡당하는 것도 極度로 싫어했다. 후에 燕王이 惠帝를 죽이고 登極하니 이 왕이 成祖-永樂帝이다. 成祖는 民心을 收拾하기 위해 그의 文章을 빌리고자 했으나 그는 단호하게 拒絕했다. 결국 本人은 물론 三族을 滅하는 慘酷한 罰을 받고 말았다. 籠絡에 對抗한 對價는 그만큼 무서웠다.

波紋 물결 파 | 무늬 문 ·················· 한 가지 일이 다른 데 영향을 미침

波는 水와 皮의 結合으로 물이 湧出하였다가 급히 낮아져 水面에 일렁이는 '물결'을 뜻한다. 波及, 波濤, 波瀾萬丈, 短波, 餘波, 電波가 있다. 參考로 돌의 껍질을 벗기는 것이 破(깨뜨릴 파), 옷의 껍질이 被(입을 피), 疾病이 들어 가죽만 남은 것이 疲(피폐할 피), 손으로 가죽을 틀어내는 것이 披(흩을 피)다.

紋은 실과 文의 結合인데, 文이 '교차된 무늬'에서 나온 만큼 그 자체가 본디 '무늬'를 뜻했다. 그것이 後에 文章, 文字의 뜻으로 轉用되어 하는 수 없이 새 글자를 만들어야 했는데, 옛날 무늬는 주로 五色 실을 사용하여 비단에 넣었으므로 실을 덧붙여 紋자를 만들었다. 따라서 이것 역시 '무늬'다. 紋樣, 指紋이 있다. 따라서 波紋은 '물결의 무늬'다.

唐의 詩人 白樂天이 초겨울의 어느 날 연못가에 앉아 깊은 思索에 잠겨 있었다. 연못에는 살얼음이 얼어 있었고 초겨울 微風에 버드나무가 하늘거렸다. 돌을 던지자 물결이 일면서 일제히 얼음이 깨지는 것이 아닌가. 문득 詩興이 일어 한 수 적었다.

　　柳無氣力枝先動(유무기력지선동) - 버드나무는 힘없이 하늘거리고
　　池有波紋氷盡開(지유파문빙진개) -연못에 파문이 이니 얼음이 깨지네.

'府西池'라는 詩다. 이처럼 波紋은 번지게 되어 있다. 그래서 一波萬波란 말이 있다. 말은 恒常 愼重해야 한다.

解體 풀 해 | 몸 체 ·················· 몸체를 풀어 헤쳐 뜯어냄

解는 칼(刀)로 소(牛)의 뿔(角)을 자르는 데서 나온 글자로 '소를 잡다'는 뜻이다. 그것은 몸의 각 부분을 풀어헤치는 것과 같으므로 '풀다'는 뜻을 가지게 되었다. 解決, 解答, 解放, 解釋, 分解, 誤解 등 많다.

莊子에 나오는 庖丁은 文惠君의 廚房長으로 소를 잡는 데 達人의 境地에 든 사람이었다. 무려 19년간이나 소를 잡아 눈으로 보지 않고 마음으로 잡으며 뼈마디를 건드리지 않고 틈새로 칼날을 놀리므로 그동안 한 번도 칼을 갈지 않았을 정도다. 莊子는 소 잡는 것을 '解牛'라고 表現했다.

體는 骨(뼈 골)과 豊(풍성할 풍)의 結合이다. 豊은 祭器 위에 가득 담긴 祭物의 模襲으로 '豊富하다, 具備하다'는 뜻을 가지고 있다. 곧 體는 '뼈를 充分히 갖추었다'는 뜻이 된다. 옛사람들은 우리 人體를 12部分으로 나누었는데, 하나같이 뼈에 連結되어 있다고 믿었다. 곧 體는 본디 人體를 뜻했는데 後에 오면 動物, 事物의 몸체도 뜻하게 되었다. 體軀, 體力, 體育, 物體, 身體, 全體, 形體 등 많다.

따라서 解體라면 소를 잡듯 '몸체를 풀어헤친다'는 뜻이 된다. 지금은 '뜯어내다'라는 뜻으로 使用하고 있다. 옛 朝鮮總督府 建物이 解體, 撤去되어 歷史의 뒤안길로 사라지게 되었다. 贊反 與論이 있지만 이를 契機로 民族 精氣는 물론 다시 한번 國權의 所重함을 認識해야 할 것이다.

菽麥 콩 숙 | 보리 맥 ·············· 콩과 보리조차 구별 못 하는 우둔한 사람

콩을 뜻하는 菽자는 본디 叔이라 했다. 금문에서 콩을 뽑기 위해 손으로 쥐고 있는 模襲에서 나온 글자다. 서주시대 귀족의 칭호로 사용되거나 후에는 叔자가 叔父, 叔母의 뜻으로 轉用되었다. 다시 콩을 뜻하는 글자를 새로 만들게 되었는데 그것이 菽자이다. 전국시대에는 다른 콩보다 커서 두(豆)라고 하였다. 한대에는 大豆라고 불렀다. 대두는 가뭄에 강한 식물로, 栽培하기 쉬워 흉작에 대비해 산등성이에 심었다. 대두는 營養分이 높아 사람들에게 필요한 蛋白質을 제공해 준다.

한편, 麥은 來자와 비슷하게 생겼음을 알 수 있다. 事實 본디 보리는 來라고 했다. 後에 來자가 다시 往來, 將來 등 '오다'라는 뜻으로 轉用되자 새로 麥자를 만들었다. 麥은 來에 久를 더한 것으로 久는 '느리다'는 뜻을 지니고 있다. 보리는 다른 穀食과는 달리 成長期間이 길어 북방의 중요한 救荒식물이다. 벼를 심을 만한 충분한 물이 없는 곳에서 심었으며, 중국 화북地域에 보리가 기장을 대체하는 穀物이었다. 즉 가을에 심어 겨울을 나서 이듬해 여름에 거둔다. 이처럼 천천히 자랐으므로 久자를 덧붙인 것이다.

위에서 보듯 菽麥이라면 '콩과 보리'를 뜻하는 말이다. 둘 다 밭에다가 심는다는 점에서 같지만, 생긴 模樣이나 낟알의 模樣이 전혀 다르다. 따라서 누구나 그 程度는 區別할 줄 안다. 따라서 그것도 區別 못하는 사람이라면 문제가 많은 사람이라 하겠다. 그래서 菽麥이라면 '콩과 보리조차 區別 못 하는 사람'이라는 뜻으로 바보, 愚鈍한 者를 뜻하게 되었다. 漢字로는 菽麥不辨(콩과 보리조차 구별 못 함)이라고 한다.

寸志 마디 촌 | 뜻 지 ·············· 작은 정성

寸은 「手」(又·손)밑에 점(')을 찍어 손목의 맥이 뛰는 特定 部位를 가리키고 있다. 名醫 편작(扁鵲)은 診脈의 達人이었다. 그의 맥서(脈書)에 의하면 손목 아래 2~3㎝ 되는 곳이 診脈의 適所다. 이곳을 '寸口'라고 하는데, 寸은 바로 그 '寸口'를 가리킨다. 손가락 '한 마디'쯤 됐으므로 寸은 '마디'도 뜻하게 됐다. 또, 규칙적으로 맥박이 뛰므로, 옛날 사람들은 이것을 시간을 헤아린다는 뜻으로도 사용했다.

그런데 자(尺)가 귀했던 옛날에는 身體 部位를 使用해 길이를 재곤 했다. 尺자는 길이의 뜻이다. 10촌을 1척, 10척을 1장이라 하며, 고대에는 길이의 단위는 사람의 신체부위를 기준으로 삼았다. 대체로 '짧은 길이'에 속했으므로 寸은 '짧다'는 뜻도 가지게 됐다. 寸刻·寸劇이니 寸陰·寸鐵殺人 등은 모두 그런 뜻을 담고 있다.

志는 士(선비 사)와 心(마음 심)의 結合인 것처럼 보여 '선비의 마음'으로 해석하기 쉽지만, 사실은 之와 心의 結合으로 '마음이 가는 것'을 뜻한다. 마음이 동(動)하는 것이 뜻·意志이다. 그래서 志는 '뜻'이 된다. 志望·志願·同志·意志·初志一貫 등 志자가 들어 있는 어휘가 많다.

寸志라면 '극히 작은 뜻', '작은 精誠'이라는 뜻이다. 대체로 過多하지 않은 謝禮라고 보면 될 것이다. 그럼에도 不具하고 요즘 寸志는 부정적인 뜻으로 자주 使用되고 있다. 一部 初等學校에서 敎師의 寸志가 問題가 되는 消息을 자주 접할 수 있다. 촌지를 받는 측에서 負擔을 느낀다면 이미 寸志의 範圍를 벗어난 셈이다.

膺懲 칠 응 | 징계할 징 ·············· 못된 자를 치는 것

膺은 膺(응)이 變形된 글자이다. 膺은 '매'를 意味한다. 매가 새의 살(肉-月)을 마구 쪼아 먹는 것이 膺으로, '공격하다', '치다'라는 뜻이다. 懲은 徵과 心의 結合인데 徵에는 '거두다'

는 뜻(徵收, 徵發, 追徵) 외에 '徵驗', '效驗'의 뜻도 있으므로 懲은 '마음'으로 相對의 잘못을 바로잡는다는 뜻이다. 그래서 '꾸짖다'가 된다. 懲戒, 懲役, 勸善懲惡이 있다. 그러니까 膺懲은 相對方을 '쳐서 꾸짖는 것'이다. 본디 異民族을 쳐서 잘못을 悔改토록 하는 것을 뜻한다. 中國은 일찍부터 中華思想에 젖어, 바깥은 모두 오랑캐로 보았다. 그래서 所謂 東夷, 西戎, 南蠻, 北狄이라는 夷觀이 나타나는데, 이 때문에 고대에 우리나라를 東夷族이라고 하였다. 이런 고약한 생각은 孟子같은 聖人도 가지고 있었다. 하지만 그 尺度가 種族이 아닌 文化에 있었던만큼 一端 中國의 文化를 받아들이면 같은 中華로 格上시켜 주었다.

그러나 끝까지 中國의 文化를 拒否하면 武力으로 쳤는데, 그것이 바로 '膺懲'이었다. 곧 膺懲은 본디 野蠻人을 罰주는 한 方法이었던 것이 지금에 와서는 '못된 者를 치는 것'을 뜻하게 된 것이다.

元氣 으뜸 원 | 기운 기 ·· 마음과 몸의 활동력

元자의 본뜻은 사람의 머리이다. 초기 갑골문의 元자는 옆으로 서 있는 사람의 모습을 그렸다. 사람의 머리 부분을 특별히 불룩하게 그렸다. 그 머리 부분의 모양은 갑골문과 금문에서는 一로 간소화하였다. 一 위에 한 점을 더하여 사람 몸에 있는 머리의 위치를 표시하였다. 元자는 사람의 머리를 뜻하였으나, 引伸되어 처음, 시작, 제일의 뜻으로 쓰이고 있다.

원기는 마음과 몸의 활동력, 본디 타고난 기운 등을 이르는 말이다. 한자어에서 氣를 어근으로 하는 어휘가 많다. 현재 血氣, 生氣, 勇氣 士氣, 神氣, 氣力, 活氣, 氣分 등 광범위하게 쓰인다. 西周 말기에 '氣'로 자연 현상을 설명하는 데에서 시작된다. 춘추전국시대에 秦나라 의사인 和는 病勢를 보며 '하늘에는 六氣가 있어 이것이 땅으로 내려오면 다섯 가지 맛을 나타내고, 다섯 가지 색을 발하며 다섯 가지 소리를 나타냅니다. 이것이 지나치면 여섯 가지의 병이 생깁니다. 六氣란 '음, 양, 풍, 우, 회, 명'으로서 나뉘어 네 季節이 되고, 順序가 생겨 오행의 節度가 됩니다. 그러나 지나치면 災殃이 됩니다. 음이 지나치면 寒疾이 생기고, 양이 지나치면 熱病이 생기며, 풍이 지나치면 手足病이 생기고, 우가 지나치면 복병이 생기며, 회가 지나치면 心亂症이 생기고, 명이 지나치면 心病이 됩니다. 여자는 남자 양물의 상대자로서 어두운 때 곧 밤에 관계하므로 지나치게 속에 열이 나고 흘리는 병이 생깁니다. 지금 임금님께서는 조절도 아니하시고 때도 잘 맞추시지 않으셨으니 이런 병에

걸리시지 않으셨겠습니까."(降生五味, 發爲五色, 徵爲五聲, 淫生六疾, 六氣曰陰陽風雨晦明也. 分爲四時, 序爲五節, 過則爲菑. 陰淫寒疾, 陽淫熱疾, 風淫末疾, 晦淫惑疾, 明淫心疾. 女陽物而晦時, 淫則生內熱惑蠱之疾. 今君不節不時, 能無及此乎)라고 말하였다.

고대 중국의 醫學은 '氣가 변화하여 그 形態가 몸에 나타난다'(氣化形生)고 생각하였다. 그래서 인체에 나타나는 각종 疾病은 '氣'와 관련이 있다.

요즘 理性과 感性을 잘 調節하지 못하는 젊은이들이 많다. 자신의 진정한 삶과 자유를 누리며 건강하게 인생의 목적지를 찾아가는 데 원기를 쏟아 부어야 한다는 진리를 일깨워 준다.

精神 정할 정 | 귀신 신
········· 육체나 물질에 대립되는 영혼, 사물을 느끼고 생각하며 판단하는 능력

정신은 인간의 생명을 뜻하는 정기와 관련이 있다. 정기의 氣를 어근으로 하는 한자어는 하늘과 땅, 인체의 근원, 사람의 생리현상, 사람의 정신과 감정의 특징 등을 설명한다. 정기는 〈관자〉에 처음 나온다. 精과 氣를 결합하여 인간의 생명을 설명하였다. 〈管子〉에 '사람의 생명은 남녀의 정기가 합쳐져 물이 흐르는 것이다.'(凡人之生也, 男女精氣合而水流行)라고 하였다. 또한 〈太平經〉에는 '氣가 精을 낳고 精이 神을 낳으며 神이 明을 낳는다. 神, 明, 精, 氣가 몸에서 떠나지 않으면 늙는 것도 모르고 죽음도 모른다.'(氣生精, 精生神, 神生明. 神明精氣不得去離其身則不知老, 不知死矣)라는 말이 있다. 精神이라는 한자어는 이런 의미로 만들어진 것 같다. 사람은 정기가 있기 때문에 살 수 있다. 죽으면 정기는 자연계의 원기로 돌아간다. 정기를 만들 수 있는 것은 혈맥이다. 그래서 자연의 風水地理를 보고 혈맥이 이어져 있는 명당을 찾으며, 한의학에서 혈맥이 막힌 곳을 찾아 처방한다. 현대 의학에서 생명이 탄생하는 원자를 精子, 사람이 죽으면 정기가 하늘로 돌아가 귀신이 되는 것을 의미하는 精靈이라 한다.

精 또는 精氣는 정신과 물질 두 방면을 포함하고 있다. 한자어에는 精, 精氣의 본뜻에서 제련을 거쳐 정화되었음을 의미하기도 한다. 이와 관련 있는 精髓, 精練, 精銳, 酒精 등 精과 관련된 많은 한자어를 만들어 냈다.

鐵面皮 쇠 철 | 낯 면 | 가죽 피 ·················· 뻔뻔스럽고 염치가 없는 사람

王光遠이라는 자가 있었다. 學識도 豊富하고 才能도 많아 進士 試驗에도 及第한 바 있다. 그런데 이 사람은 出世를 위해서는 手段 方法을 가리지 않는 사람이다. 出世와 關係 있는 勢道家의 집에는 잦은 出入을 하며 阿諂하였다. 그것도 사람이 있건 없건 가리지 않았다. 權勢가 있는 사람이 詩를 지으면 그는 極口 讚揚하였다.

"이런 훌륭한 詩는 저 같은 놈은 도저히 지을 수 없습죠. 과연 人品 그대로 神韻이 한없이 감도는 글이옵니다. 李太白도 어림없습지요." 이런 식이다.

옆 사람이 어떻게 생각하겠는가는 조금도 개의치 않았다. 한번은 어떤 權勢가 높은 분이 술에 취해서 매를 들고는, "貴公을 때리겠다. 어떤가?" 라고 말하니, "貴下의 매라면 기꺼이." 하고는 등을 내밀었다. "그렇다면 좋아." 하더니 마구 매질을 하였다.

그 자리에 있던 사람이 나중에, "자네는 어찌 羞恥를 모르나? 어떻게 그런 侮辱을 당하고서도 가만히 있었는가?" 하며 핀잔을 주니 王光遠은 平素와 다름없는 얼굴로 말했다.

"하지만 그런 사람에게 잘 보이면 나쁠 거야 없지 않아?" 하는 것이었다.

이후부터 '光遠의 얼굴은 두껍기가 열 겹의 鐵甲과 같다'라는 말이 생겨났다.

彌縫策 꿰맬 미 | 꿰맬 봉 | 꾀 책
·················· 임시로 꾸며대어 눈가림만 하는 임시적인 계책

말이나 행동에 잘못이 있으면 인정하고 수정하는 것이 도리이다. 리더는 직장에서 직원의 잘못으로 큰 손실이 발생하면 원인을 정확히 파악해서 대책을 세워야 한다. 문제점을 발견하고도 대충 꿰매는 방법으로 넘어가는 것은 책임을 回避하는 것이다. 그때만 미봉하여 책임을 덮어주고 빠져나가면 나중에 조직원 사이의 불신은 걷잡을 수 없다. 이런 임시변통 식의 문제 해결 방식을 彌縫策이라 한다.

春秋時代 周의 桓王은 周의 勢力을 강화하려고 하였다. 그 때 鄭의 莊公은 강대한 自己 勢力을 믿고 桓王을 無視하는 態度였다. 이에 桓王은 莊公을 쳐서 名譽를 回復하려 하였다. 그 첫 措處로 王朝의 卿士로서의 實權을 剝奪하고, 두 번째로는 軍士를 일으켜 陳, 蔡, 衛 등 諸侯에게 參戰을 命令하고 桓王은 陳頭에서 鄭을 攻擊하였다. 莊公은 桓王의 討伐

軍과 맞서 싸웠다. 桓王 自身이 中央軍을 거느리고 左右翼軍을 두어 陳을 치고 있는 것을 본 鄭의 公子 元은 莊公에게 眞言하였다.
"陳은 國內 事情이 어지러워 戰意를 잃고 있으므로 먼저 陳을 치면 꼼짝 못할 것입니다. 그러면 中央軍은 어지러워지고, 蔡·衛의 右翼軍도 支撐할 수 없어 退却하게 될 것입니다. 그 틈을 타서 中央軍을 集中 攻擊하면 勝戰은 틀림없습니다."
莊公은 이 計劃을 받아들여 軍士를 配置하였다. 곧 圓形의 진을 만들어 戰車를 先頭에 세우고 步兵을 後尾에 두었다. 그런데 둘 사이의 거리가 멀어 일부 병력을 보내 그 사이를 채우게 하였다. 즉 步兵으로 戰車의 間隔을 彌縫하였다. 이것이 터진 부분을 메우는 계책으로 彌縫策이라고 하였다.
이 미봉책을 써서 환왕의 군대를 물리칠 수 있었다. 하지만 오늘날 미봉책이라는 의미는 본질적인 문제를 덮어둔 채 순간순간 눈가림식의 해결로 대충 넘어가는 태도를 말한다. 미봉책으로는 당장의 危機를 모면할 수는 있지만, 얼렁뚱땅 넘어간 문제는 또다시 더 큰 문제를 일으키게 마련이다.

口舌數 입 구 | 혀 설 | 셈 수 ·········· 말을 잘못해 곤욕에 빠짐

특별한 재능이 없어도 말을 잘하면 성공할 수도 실패할 수도 있다. 말은 富貴榮華·生死與奪을 決定할 만큼 엄청난 威力을 지니고 있다. 말조심해야 한다는 것은 세 치 혀(三寸舌)를 잘 관리하라는 말이다. 張儀는 세 치 혀로 一躍 出世를 할 수 있었지만, 司馬遷은 혀를 잘못 놀려 宮刑의 恥辱을 맛보아야 했고, 韓非子는 혀가 敏捷하지 못해 死藥을 받고 죽었다. 말은 듣는 것보다 하는 것이 더 重要함을 일깨워 준다. 무측천이 관리에게 다음과 같이 말했다. "말을 하는데 제일 신중한 사람은 마음을 닫고, 그다음으로 신중한 사람은 입을 닫고, 말을 신중하게 하지 못하는 사람은 家門을 닫는다." 가문을 닫는다는 말은 敗家亡身한다는 뜻일 것이다. 하지만 기업체에서 무측천의 사고방식으로 직원들을 관리하고 요구한다면 파산할 것이다. 현대는 무측천의 시대가 아니지만, 말을 조심해야 한다는 것은 예나 지금이나 중요하다.
말을 잘못해 困辱을 당하는 運數가 口舌數다. 周易에서 兌卦는 口舌과 女子를 同時에 뜻한다. 예나 지금이나 아무래도 수다스러운 것은 女子였던 模樣이다. 특히 女子가 말이 많은 것은 禁物로 「七出」(七去之惡)의 하나가 되기도 했다. 男子의 境遇도 마찬가지다. 「男兒一言 重千金」이란 말이 있다. 적어도 男子의 한마디 말은 千金의 무게와 價値를 지녀야 한다는 뜻이다. 社會 指導層이거나 公人의 位置에 있다면 더 말할 나위가 없다.

座右銘   자리 좌 | 오른 우 | 새길 명 ·········· 반성의 자료로 삼는 격언이나 경구

座右銘이란 자리 오른쪽에 붙여 놓고 反省의 資料로 삼는 格言이나 警句이다. 그러나 原來는 文章이 아니라 술독을 사용했다고 한다. 齊나라는 春秋五覇의 하나였던 桓公이 죽자 廟堂을 세우고 各種 祭器를 陳列해놓았는데 그중 하나가 이상한 술독이었다. 텅 비어 있을 때는 기울어져 있다가도 술을 반쯤 담으면 바로 섰다가 가득 채우면 다시 엎어지는 술독이었다. 하루는 孔子가 弟子들과 함께 그 廟堂을 찾았는데 博識했던 孔子도 그 술독만은 알아볼 수 없었다. 擔當 官吏에게 듣고 나서 그는 무릎을 쳤.

"아! 저것이 그 옛날 齊桓公이 椅子 오른쪽에 두고 가득 차는 것을 警戒했던 바로 그 술독이로구나!" 그는 弟子들에게 물을 길어와 그 술독을 채워보도록 했다. 과연 비스듬히 세워져 있던 술독이 물이 차오름에 따라 바로 서더니만 나중에는 다시 쓰러지는 것이 아닌가. 孔子가 말했다.

"공부도 이와 같은 것이다. 다 배웠다고 驕慢을 부리는 者는 반드시 禍를 당하게 되는 法이니라." 집에 돌아온 그는 똑같은 술독을 만들어 椅子 오른쪽에 두고는 스스로를 가다듬었다고 한다.

似而非   같을 사 | 말이을 이 | 아닐 비 ·········· 옳은 것 같지만 그렇지 않은 것

似而非는 似是而非의 준말로서 얼핏 보면 옳은 것 같지만 알고 보면 그렇지 않은 것을 뜻한다. 일종의 表裏不同이다. 따라서 예나 지금이나 似而非는 歡迎받지 못한다. 특히 名分과 實質을 함께 重視했던 孔子는 似而非를 싫어했다. 겉 다르고 속 달라 싫고, 또 하나는 混亂에 빠뜨려 是非나 眞僞를 가릴 수 없게 만들므로 싫었다. 공자는 말하기를 "惡似而

非者(나는 같고도 아닌 것을 미워한다)'라고 하셨다. 가라지를 미워하는 것은 그것이 穀食을 어지럽게 할까 두려워함이요, 鄕原을 미워하는 것은 그것이 덕을 어지럽게 할까 두려워함이다……." 겉으로 보면 같은데 실상은 그것이 아닌 것이 僞善者이다. 일찍이 論語에서 공자는 향원을 덕을 해치는 盜賊이라고 욕한 적이 있다. 향원은 덕이 있는 체하나 덕이 없는 사람이다. 사이비 군자이다. 공자는 피(稊)를 얼핏 보아 벼같이 생겼지만 사실은 벼가 아니다. 그래서 穀食을 混亂에 빠뜨린다. 또 말을 잘 둘러대는 사람을 似而非라 하였다. 그런 사람들은 義를 混亂에 빠뜨리며 信用을 어지럽힌다. 그러나 가장 典型的인 似而非는 시골의 선비이다. 그 地方에서는 德을 갖춘 선비라 하여 稱頌과 尊敬을 한몸에 받고 있지만 사실은 正道를 걷지 않고 時流에 迎合이나 하는 者들이라고 酷評했다. 겉으로는 君子인 척하지만 사실은 似而非 君子이다. 이런 사람들은 道德과 人倫을 混亂에 빠뜨린다고 했다. 似而非는 本分을 다하지 않는 사람을 뜻한다. 先生이 先生답지 않고 學生이 學生답지 않다거나 軍人이 軍人답지 못하다면 그 역시 似而非이다.

이 사이비라는 말은 ≪孟子≫ 盡心下에 보면, 맹자는 제자 萬章과 다음과 같이 대화했다. "온 고을이 다 그를 원인이라고 하면 어디를 가나 원인일 터인데, 孔子께서 덕의 도적이라고 하신 것은 무슨 까닭입니까?" "비난을 하려 해도 비난할 것이 없고 공격을 하려 해도 공격할 것이 없다. 시대의 흐름에 함께 휩쓸리며 더러운 세상과 呼吸을 같이하여, 그의 태도는 忠實하고 信義가 있는 것 같으며, 그의 행동은 淸廉하고 潔白한 것 같다. 모든 사람들도 다 그를 좋아하고 그 자신도 스스로 옳다고 생각하고 있다. 그러나 그와는 함께 참다운 성현의 길로는 들어갈 수가 없다. 그래서 덕의 도적이라고 말하는 것이다.

百年偕老

일백 백 | 해 년 | 함께할 해 | 늙을 로

부부의 인연을 맺어 평생을 같이 지낸다는 말

漢字에서 百은 숫자 '100' 외에 '많다'는 뜻을 나타낼 때가 더 많다. 따라서 百年이라면 굳이 '100년'이라기보다 '오랜 세월', '영원히'라는 뜻이다. 百年偕老는 '영원토록 함께 늙어가면서 사이좋게 살자'는 뜻이다. 夫婦間의 多情함을 뜻한다.

詩經의 擊鼓는 아내를 그리는 한 戰士의 애달픈 心情을 읊은 詩다.

「죽거나 살거나 함께 고생하자던(生死契闊)

당신과의 굳고 굳은 언약 있었지(與子成說)

섬섬옥수 고운 손 힘주어 잡고(執子之手)

단둘이 오순도순 백년해로 하자고(與子偕老)」

언제 죽을지도 모르고 고향에 돌아갈 때만 손꼽아 기다리는 병사의 심정을 그대로 그린 시이다. 전장에서 처량한 신세를 한탄하면서 하염없이 남편이 오기만을 기다리는 아내를 생각하니 억장이 무너지며, 생이별을 참고 견디어야 하는 병사의 심정이다.

요즘 젊은 夫婦의 離婚率이 높다고 한다. 그러나 본디는 '검은 머리 파뿌리가 되도록 '百年偕老하는 것이 美德이었다. 다만 女子로서 品德을 喪失한 경우 일곱 가지를 두어 그것을 犯했을 때만 離婚이 可能하도록 했는데 '七出'이니 '七去之惡'이 그것이다.

그러나 여기에도 세 가지의 例外 '三不出'을 두어 함부로 女子를 내쫓지 못하도록 했다. 離婚을 좋지 않게 여겼던 만큼 '糟糠之妻'라는 말이 相對的으로 강조되었다.

「生則同室, 死則同穴(살아서는 한 방을 쓰고, 죽어서는 한 무덤을 쓰네)」. 百年偕老의 또 다른 表現이다.

兎死狗烹

토끼 토 | 죽을 사 | 개 구 | 삶을 팽

토끼가 죽어 쓸모 없어진 사냥개를 팽개침

劉邦을 도와 항우(項羽)를 물리치는데 決定的인 功을 세운 이는 韓信이다. 그는 背水陣의 古事로도 잘 알려져 있다. 일등공신 한신을 楚王으로 봉하였으나, 그의 세력이 언젠가는 자신에게 挑戰하지 않을까 念慮하였다. 그러던 차에 유방과 패권을 다투었던 項羽의 부하 鐘離眛가 옛 친구인 한신에게 몸을 依託하였다.

일찍이 戰鬪에서 종리매에게 괴로움을 당하였던 유방은 종리매가 초나라에 있다는 사실을 알고 그를 逮捕하라는 명령을 내렸으나, 한신은 옛친구를 背反할 수 없어 命슈을 따르지 않았다. 이 사실을 상소한 자가 있어 유방은 陳平과 상의한 뒤, 그의 책략에 따라 초나라의 雲夢에 순행한다는 구실로 제후들을 초나라 서쪽 경계인 陳나라에 모이게 하였다.

한신은 자신에게 아무런 잘못이 없다고 생각하여 자진해서 拜謁하려고 하였는데, 부하들이 종리매의 목을 베어 가지고 가면 황제가 기뻐할 것이라는 計策을 진언하였다. 한신이 종리매에게 이 일을 전하자 종리매는 "유방이 楚를 침범하지 못하는 것은 자네 밑에 내가 있기 때문이네. 그런데 자네가 나를 죽여 유방에게 바친다면 자네도 얼마 안 가서 당할 것일세. 자네의 생각이 그 정도라니 내가 정말 잘못 보았네. 자네는 남의 장(長)이 될 그릇은 아니군. 좋아, 내가 죽어주지"하고는 스스로 목을 베어 自決하였다.

한신은 종리매의 목을 가지고 가서 유방에게 바쳤으나 유방은 한신을 捕縛하였으며, 謀反의 眞相을 조사한 뒤 嫌疑가 없자 초왕에서 淮陰侯로 降等되어 두 사람의 사이는 급속히 멀어지게 되었다. 이에 한신은 "과연 사람들의 말과 같도다. 교활한 토끼를 다 잡고 나면 사냥개를 삶아 먹고, 새 사냥이 끝나면 名弓도 감추어지며, 적국이 打破되면 謀臣도 망한다. 천하가 평정되고 나니 나도 마땅히 '팽' 당하는구나(果若人言. 狡兎死良狗烹, 飛鳥盡良弓藏. 敵國破謀臣亡. 天下已定, 我固當烹)"라고 恨歎하며 유방을 怨望하였다고 한다.

이 고사는 《史記》의 〈淮陰侯列傳〉에 보인다. 여기서 유래하여 토사구팽은 토끼 사냥이 끝난 뒤 사냥개를 삶아 먹는 것과 마찬가지로 필요할 때는 쓰다가 필요 없을 때는 야박하게 버리는 경우를 빗대어 이르는 고사성어로 사용된다.

우리말에 「헌신짝차 버리듯 한다」는 것이 있다. 利用할 대로 이용하고 價値가 없어지면 내팽개친다는 말이다.

政經癒着

정사 정 | 글 경 | 병나을 유 | 입을 착

.... 정치와 경제가 병적으로 달라 붙음

유(癒)는 「병이 나았다(愈)」는 뜻이며(治癒·快癒), 著은 본디 옛날 中國 殷나라 때의 술독 이름이다. 그런데 이 술독에는 다리가 없었으므로 바닥은 늘 땅에 닿아 있다. 게다가 술을 채우면 술독이 꿈쩍도 하지 않고 땅에 달라붙게 되므로 著은 「붙다」는 뜻도 가지게 되었다(接著·密著). 흔히 著을 「着」으로도 쓰는데 俗字다. 그러니까 癒著은 「병이 나으면서 달라붙는다」는 뜻이 아닐까. 본디 人體의 器官은 서로 접해 있으면서 붙지는 않는다. 그러나 일단 缺損이 생기거나 厭症을 일으키면 接觸面에 纖維素가 形成되면서 붙게 되는데 그것을 癒著이라고 한다. 곧 癒著은 일종의 病的인 結合狀態라 하겠는데 深刻한 副作用을 불러일으킬 수도 있다니까 좋은 뜻은 아닌 것 같다.

요즘 따라 政經癒著이라는 말이 많이 들린다. 政治와 經濟는 分離돼야 좋은 법인데(政經分離), 兩者가 癒著되면 자연히 여러 가지 副作用이 생기는 模樣이다. 하지만 政經癒著이 어제오늘의 이야기는 아니다. 重商主義者였던 사마천(司馬遷)은 다음과 같이 말했다. 「千金을 모은 者는 郡守와 相對하고 萬金을 모은 者는 天子와 相對한다」. 곧 옛날의 政經

癌著은「돈」이라는 接着劑를 통해 富와 權力을 탐했던 것인데, 지금은 權力이 아닌 利權으로 바뀌었다. 제 돈을 제가 쓴다면야 할 말이 없겠지만 문제는 그 被害者가 全體 國民이라는 事實이다. 一身上의 癌著은 自身의 건강에 致命傷을 주게 되며 政經癌著은 國家나 社會까지 뒤흔들게 되기 때문이다.

信賞必罰

믿을 신 | 상줄 상 | 반드시 필 | 벌줄 벌

상을 주고 벌을 주는 데 엄중함

공이 있으면 稱讚하여 상을 주고 죄를 지으면 벌을 내린 것이 信賞必罰이다. 상벌의 구분을 확실히 하는 것이 묵가의 核心 사상 중 하나이다. 공을 세우고도 그에 합당한 보상을 받지 못하면, 실망감을 느끼게 된다. 열심히 하려는 意慾을 喪失하고 만다. 잘못은 반드시 처벌받아야 한다. 특히 조직의 규율을 바로 세우는 데 중요한 것이다. 優柔不斷하거나 사적인 감정으로 인해 상벌을 구분하지 못하면 조직을 效率的으로 끌고 갈 수 없다. 戰國時代 상앙(商鞅)은 본디 衛의 庶公子였다. 法家의 學을 익혀 信賞必罰을 信奉하고, 秦의 孝公을 遊說하여 마침내 登用됐다. 그는 信賞必罰의 原則에 立脚, 엄한 法을 만들었다(商鞅의 變法). 하지만 法이 完成되자 孝公은 머리를 설레설레 흔들었다. 너무 苛酷했기 때문이다. 商鞅은 妙案을 짜냈다. 장대를 市長의 南門에 세워놓고 北門으로 옮기는 자에게는 10金을 주겠다고 했다. 그러나 아무도 옮기는 자가 없자 50金으로 올렸다. 그러자 웬 거지가 장난삼아 옮겼다. 商鞅은 그 자리에서 50金을 주었다.「한다면 한다」는 것을 보여주기 위해서였다.

百姓들로부터「確信」을 얻은 그는 法令을 公布했다. 물론 다들 아우성이었다. 한번은 太子가 法을 어기자 그는 太子 대신 그의 스승을 斬刑에 처했다. 이렇게 하기를 10년. 마침내 秦은 强國으로 浮上하게 됐으며 이를 바탕으로 후에 秦始皇은 天下를 統一할 수 있었다.

信賞必罰은 어딘지 苛酷한 느낌이 든다. 하지만 일을 잘하면 상으로 激勵하고, 잘못하면 벌로 처벌하는 것이 조직을 融和할 수 있는 비결이기도 하다. 商鞅은 자신이 만든 法에 걸려 車裂刑에 처하고 말았지만.

伏地不動
엎드릴 복 | 땅 지 | 아닐 부 | 움직일 동

땅에 납작 엎드려 움직이지 않음

복(伏)은 낯선 사람(人)을 보고 개(犬)가 덤벼들기 위해 잔뜩 몸을 「엎드리고」 있다는 뜻이다. 伏兵·伏線·哀乞伏乞·潛伏이 있다. 지(地)는 흙(土)과 뱀의 모습(也)의 結合이다. 뱀이 기어가는 模襲은 제멋대로다. 여기서 也는 '자유분방', '제멋대로'의 뜻도 가지게 됐다. 一例로 말(馬)을 제멋대로 놔둔 것이 말 달릴 치(馳), 활(弓)을 제멋대로 놔둔 것이 시위 느슨해질 이(弛)다. 한편, 불(不)은 「아니다」는 뜻이며, 동(動)은 重과 力, 곧 各種 武器를 動員해 일으키는 「戰爭」을 뜻했다. 戰爭을 하기 위해서는 수많은 軍士와 말이 움직이지 않으면 안 되었으므로 後에 動은 「움직이다」는 뜻을 가지게 됐다.

따라서 伏地不動은 「땅에 납작 엎드린 채 움직이지 않는다」는 뜻이다. 개가 땅에 엎드리는 目的은 도둑이나 낯선 사람에게 달려들기 위해서다. 그럼에도 몸만 잔뜩 움츠리고 움직이지 않는다면 보통 일이 아니다. 그것은 개로서의 본디 義務를 抛棄하는 것이나 다름없다. 개구리가 몸을 웅크리는 것도 멀리 뛰기 위해서다.

삶은 각기 다른 役割을 擔當한다. 어떤 역할을 하고, 어떤 행동을 하는 사람이건 서로 맡은 責任을 지고 살아간다. 이것이 사회의 法則이고, 道德과 倫理의 법칙이다. 어려움을 견뎌내고 평정을 維持하며, 絕望에 빠져도 다시 일어서는 것이 責任이다. 복지부동은 공무원 사회에서 자주 사용하는 단어이다. 公務員은 國民의 公僕이다. 자기 가족을 위해 봉사하는 것뿐만 아니라 사회 전체를 위한 일이다. 伏地不動은 國民에 대한 義務가 아니다. 마땅히 立地活動(땅을 딛고 일어나 힘차게 움직임)해야 할 것이다.

身土不二
몸 신 | 흙 토 | 아닐 불 | 두 이

몸과 땅은 둘이 아닌 한 몸뚱이

身土는 몸과 땅, 不二는 「둘이 아니다」는 뜻이다. 간혹 옛날 책의 맨 뒷면을 보면 「不二價」라고 적혀 있는 것을 볼 수 있다. 책값이 「정찰제」라는 뜻이다. 비슷한 말에 無二가 있다. 「둘이 없다」는 뜻이므로 「오직 하나」라는 뜻과 같다. 唯一無二라는 말이 있다. 身土不二란 몸과 땅은 둘이 아닌 한 몸뚱이라는 뜻이다. 옛사람들은 사람이란 父母의 肉身을 빌려 태어날 뿐, 본디는 흙에서 나서 平生토록 흙을 딛고 살다가 죽게 되면 다시 한 줌의 흙으로 돌아간다고 여겼다. 그것은 비단 사람뿐만 아니고 萬物이 다 그러하다. 나무도 그렇고 풀도 그렇다. 물론 穀食도 예외가 아니다. 그런데 땅이 다르면 그 結實도 달라지게 마련이다. 그래서 江南의 귤도 江北에 옮겨 심으면 탱자가 된다는 말이 있다. 자연히 한 땅에서 태어나 한 땅에서 자란 사람과 穀食은 같은 性質을 지닐 수밖에 없다. 그것은 漢藥材에서도 證明된다. 中國産 漢藥材가 제아무리 값싸고 다양해도 우리 땅에서 난 漢藥材에 비해 藥效가 많이 떨어진다. 요컨대 「우리 몸에는 우리 農産物이 좋다」는 이야기다.

竹馬故友
대 죽 | 말 마 | 옛 고 | 벗 우
......어릴 때부터 같이 놀며 자란 친구

晋의 殷浩는 溫厚博學한 人物로서 老子나 易經을 즐겨 읽었다. 그러나 벼슬을 싫어하여 십여 년씩 祖上의 무덤만 지키고 있었다. 당시 簡文帝는 연거푸 功臣을 읽고서 現身을 찾던 중, 殷浩에게 懇請하여 건무장군 양주자사로 任命하였다. 이는 蜀을 平定하고 돌아와 勢力을 펴가고 있는 桓溫을 牽制하려던 簡文帝의 政策이었다. 이로 인해 殷浩와 桓溫은 서로 反目하게 되었다. 王羲之가 和解시켜보려 했으나 殷浩가 拒絶하였다.

그 무렵 後趙의 王 石季龍이 죽고 胡族 사이에 內分이 일어나자 晋은 이 機會에 中原을 回復하려고 殷浩를 五州軍事에 任命하였다. 그런데 出發에 앞서 落馬하였기 때문에 사람들은 祥瑞롭지 못하다고 하였다. 과연 殷浩는 慘敗하고 돌아왔다. 桓溫은 좋아서 날뛰었고, 晋에서는 殷浩를 罪狀을 糾彈하는 上訴가 빗발쳐, 結局 殷浩는 庶人으로 降等된 후 귀양을 떠나게 되었다.

殷浩가 귀양을 간 後, 桓溫은 사람들에게 다음과 같이 이야기했다.

"나는 어려서 殷浩와 竹馬를 타고 놀았는데, 내가 竹馬를 버리면 그가 언제나 가지고 갔다. 그래서 그가 내 밑에 있게 된 것은 당연한 일이다."

현재 竹馬故友는 '어릴 적부터 같이 놀며 자란 친구'의 의미로 넓게 사용되고 있다.

靑出於藍
푸를 청 | 날 출 | 어조사 어 | 쪽 람
......제자가 스승보다 뛰어남을 일컫는 말

이 말은 戰國時代 筍況의 用語로서, "學文은 繼續 努力하여야 하며 중도에서 쉬어서는 안 된다(學文可以已). 푸름은 쪽빛에서 나오지만 쪽빛보다도 더 푸르다(靑出於藍 而靑於

藍). 이와 같이 스승보다 나은 학문의 깊이를 가진 弟子도 있는 것이다." -筍子 勸學篇-

　이 句節 곧 '靑出於藍而靑於藍'을 줄여서 '靑出於藍'이라고 하며, 이런 재주있는 사람을 '出藍之才'라 하게 되었다.

　中國에 李諡이란 선비가 있었다. 그는 처음에 孔璠에게서 배웠는데, 學文의 發展 速度가 매우 빨랐다. 몇 년 後에 가서는 스승 孔璠보다 앞설 정도가 되었다. 이에 孔璠은 이것을 認定하고 스스로 李諡의 弟子로 들어갔다. 孔璠은 훌륭한 인물이다. 자기 學文에 驕慢하거나 倨慢하지 않고 謙遜하고 率直한 사람이었다. 俗說에 '스승만한 제자 없다'는 말이 있지만, 그래서야 어찌 學文이 發展할 수 있으며 文化暢達이 되겠는가. 退步만이 있을 뿐이다.

　우리 俗談에 "나중 난 뿔이 우뚝하다"(後生角兀)는 말이 '靑出於藍'과 같은 뜻을 含蓄하고 있다.

無用之用
없을 무 | 쓸 용 | 갈 지 | 쓸 용
……………………… 세상에 쓰여지지 않는 것이 도리어 크게 쓰여짐

　《莊子》山木篇에는 이러한 이야기기 니온다. 장자가 산길을 가노라니 가지와 잎이 무성한 큰 나무가 있었다. 바라보고 있노라니 그 옆에 나무꾼이 있는데도 베려 하지 않는다. 장자가 그 까닭을 물으니 "아무짝에도 소용이 없기 때문에"라고 대답했다. 그러자 장자는 말했다. "이 나무는 좋지 못하기 때문에 그 타고난 天壽를 다하게 된다."

　'無用之物'이란 아무 데도 쓸모없는 물건을 말한다. 그 무용지물이 때로는 有用之物이 되는 경우가 있다.

　"선생님은 有用한 것과 無用한 것 중 어느 쪽을 택하시렵니까?"

　"有用, 無用의 中間이라 할까? 道의 世界는 稱讚도 욕도 먹지 않고 順應하여 다투지 않고 사는 것이도, 物을 統制하더라도 物에 制御되지 않는 것이다. 그러면 아무 累도 끼치지 않을 것이다."

　세속 사람들이 생각하고 있는 그 반대쪽에 항상 진리가 있다고 주장하는 道家의 생각에서 나온 말이다. 莊子는 逆說的으로 무용지용에 대해 말했다. 우리나라 속담에 "굽은 나무가 선산 지킨다"는 말이 있는데 무용지용의 의미와 符合한다.

제3장

한문 익히기

기초 한자와 한문 익히기

01 한문 입문서

1) 千字文

중국 梁나라의 周興嗣가 지은 것으로 전하며, 四字(四言) 一句로 된 모두 250句의 1,000자에 이르는 古詩로 예로부터 漢字·漢文 학습의 入門書로 널리 익힌 책이다.

- 天地玄黃하고 宇宙洪荒이라.

  하늘은 검고 아득하며 땅은 누렇고, 우주는 넓고 크다.

  어구풀이
  하늘 천 | 땅 지 | 검다, 아득하다 현 | 누렇다 황
  집, 하늘 우 | 집, 하늘 주 | 크다, 넓다 홍 | 거칠다, 크다 황

● 寒來暑往하고 秋收冬藏이라.

추위가 오면 더위는 가고, 가을에는 거둬들이며 겨울에는 저장한다.

> 어구풀이

춥다, 차다 한 | 오다 래 | 덥다 서 | 가다 왕
가을 추 | 거두다 수 | 겨울 동 | 저장하다 장

● 雲騰致雨하고 露結爲霜이라.

구름이 오르면 비가 되고, 이슬이 맺혀 서리가 된다.

> 어구풀이

구름 운 | 오르다 등 | 이루다, 이르다 치 | 비 우
이슬 로 | 맺다 결 | 하다, 되다 위 | 서리 상

● 恭惟鞠養하니 豈敢毁傷이리오.

공손하게 부모가 길러주심을 생각하니, 어찌 감히 훼손하고 손상하리오.

> 어구풀이

공손하다 공 | 오직, 생각하다 유 | 기르다, 치다 국 | 기르다 양
어찌 기 | 감히, 굳셀 감 | 헐다 훼 | 상하다 상

● 知過必改하고 得能莫忘하라.

허물을 알면 반드시 고치고, 능함을 얻으면 잊지 마라.

> 어구풀이

알다 지 | 허물 과 | 반드시 필 | 고치다 개
얻다 득 | 능하다 능 | 말다 막 | 잊다 망

● 罔談彼短하고 靡恃己長하라.

다른 사람의 단점을 말하지 말고, 자신의 장점을 믿지 마라.

제3장 한문 익히기

어구풀이
없다 망 | 말씀 담 | 제[삼인칭] 피 | 짧다, 잘못 단
말다, 없다 미 | 믿다 시 | 자기 기 | 길다, 장점, 어른 장

● 禍因惡積이요 福緣善慶이라.

재앙은 악한 일이 쌓인 것에서 생기고, 복은 착하고 경사스러운 일에서 생긴다.

어구풀이
재앙 화 | 인연, 말미암다 인 | 악하다, 나쁘다 악 | 쌓다, 모으다 적
복 복 | 인연 연 | 착하다, 좋다 선 | 경사, 즐겁다 경

● 孝當竭力하고 忠則盡命하라.

부모께 효도할 때는 마땅히 힘을 다해야 하고, 나라에 충성할 때는 곧 목숨을 다 바쳐야 한다.

어구풀이
효도 효 | 마땅하다, 당하다 당 | 다하다 갈 | 힘, 능력 력
충성 충 | 곧, 바로 칙 | 다하다 진 | 목숨, 명령 명

● 臨深履薄하고 夙興溫凊하라.

(부모님 섬기기를) 깊은 물가에 임한 듯이, 얇은 얼음을 밟듯이 하고, 아침 일찍 일어나 부모님 거처의 따뜻하고 서늘함을 살펴야 한다.

어구풀이
임하다 임 | 깊다 심 | 신, 밟다 리 | 엷다, 얇다 박
이르다 숙 | 일어나다 흥 | 따뜻하다 온 | 서늘하다, 차다 청

● 容止若思하고 言辭安定이라.

행동거지는 생각하는 듯이 하고, 말은 안정되어야 한다.

어구풀이
얼굴, 모양 용 | 그치다, 거동 지 | 같다 약 | 생각하다 사
말씀 언 | 말씀 사 | 편안하다 안 | 정하다, 그치다 정

● 篤初誠美하고 愼終宜令이라.

처음에 돈독하게 하는 것은 진실로 아름다운 일이고, 끝마무리를 잘 하도록 삼가는 것은 마땅히 좋은 일이다.

어구풀이

돈독하다 독 | 처음 초 | 정성, 진실로 성 | 아름답다, 예쁘다, 좋다 미
삼가다 신 | 마치다, 끝, 마침내 종 | 마땅하다 의 | 좋다, 명령, 하여금 령

● 樂殊貴賤하고 禮別尊卑라.

풍류는 사람의 귀천을 다르게 하고, 예절은 사람의 높고 낮음을 구별한다.

어구풀이

풍류, 음악 악 | 다르다 수 | 귀하다, 높다 귀 | 천하다 천
예절 례 | 다르다, 분별하다 별 | 높다, 공경하다 존 | 낮다, 천하다 비

● 上和下睦하고 夫唱婦隨라.

윗사람이 화목하면 아랫사람도 화목하고, 남편이 선창하면 아내는 거기에 따른다.

어구풀이

위, 높다 상 | 화하다, 사이좋다 화 | 아래, 낮다 하 | 화목하다 목
지아비, 남편 부 | 노래하다 창 | 아내, 지어미 부 | 따르다 수

● 外受傅訓하고 入奉母儀라.

집 밖에 나가서는 스승의 가르침을 받고, 집에 들어와서는 어머니의 행동을 본받는다.

어구풀이

바깥 외 | 받다 수 | 스승 부 | 가르치다 훈
들어오다 입 | 받들다 봉 | 어머니 모 | 거동, 동작 의

● 仁慈隱惻을 造次弗離라.

어질고 사랑하고 불쌍하게 여기는 마음을 잠시라도 떠나서는 안된다.

어구풀이
어질다 인 | 사랑하다 자 | 측은히 여기다, 숨다 은 | 슬프다 측
짓다, 갑자기 조 | 버금, 갑자기 차 | 아니다, 말다 불 | 떠나다 리

● 節義廉退는 顚沛匪虧라.

절개와 의리와 청렴함과 물러남은 넘어지고 자빠지는 상황에서도 없어서는 안된다.

어구풀이
마디, 절개, 절제하다 절 | 옳다, 의리 의 | 청렴하다, 맑다 렴 | 물러나다 퇴
엎어지다, 넘어지다 전 | 자빠지다 패 | 아니다 비 | 이지러지다 휴

2 四字小學

옛날 書堂에서 어린이들에게 漢字·漢文을 가르치기 위하여 엮은 기초교육용 교재로, 人間의 倫理道德에 입각하여 朱子의 『小學』과 기타 經典에서 교육적인 내용을 모아 만든 책이다.

● 父生我身하시고 母鞠我身이로다.

아버지는 내 몸을 낳으시고, 어머니는 내 몸을 기르셨도다.

어구풀이
아버지 부 | 낳다 생 | 나 아 | 몸 신
어머니 모 | 기르다 국 | 나 아 | 몸 신

● 恩高如天하시고 德厚似地하시니

은혜는 높기가 하늘과 같고 덕은 두텁기가 땅과 같으니.

어구풀이
은혜 은 | 높다 고 | 같다 여 | 하늘 천
덕 덕 | 두텁다 후 | 비슷하다 사 | 땅 지

● 爲人子者거늘 曷不爲孝리오.

사람의 자식된 자가 어찌 효도를 하지 않으리오.

> 어구풀이

되다 위 | 사람 인 | 자식, 아들 자 | 놈 자
어찌 갈 | 아니다 불 | 하다, 되다 위 | 효도 효

● 昏定晨省하고 冬溫夏凊하라.

저녁에는 잠자리를 정하여 드리고 새벽에는 문안하며 살피고, 겨울에는 따뜻하게 해 드리고 여름에는 시원하게 해 드려라.

> 어구풀이

어둡다 혼 | 정하다 정 | 새벽 신 | 살피다 성
겨울 동 | 따뜻하다 온 | 여름 하 | 서늘하다 청

● 出必告之하고 反必面之하라.

밖에 나갈 때는 반드시 알리고, 돌아와서는 반드시 갔다 왔다고 인사드리며 뵈어라.

> 어구풀이

나가다 출 | 반드시 필 | 아뢰다, 알리다 고 | ~의, 이것, 가다 지
돌아오다 반 | 반드시 필 | 뵙다, 만나다, 얼굴 면 | ~의, 이것, 가다 지

● 父母責之하시면 反省勿怨하라.

부모님께서 꾸짖으시거든, 반성해야 하고 원망하지 마라.

> 어구풀이

아버지 부 | 어머니 모 | 꾸짖다 책 | ~의, 이것, 가다 지
돌이키다 반 | 살피다 성 | (~하지)마라 물 | 원망하다 원

● 事必稟行하고 無敢自專하라

일을 할 때는 반드시 (먼저) 여쭤보고 행하고, 감히 자기 마음대로 하지 마라.

어구풀이

일 사 | 반드시 필 | 여쭈다, 받다 품 | 행하다 행
없다 무 | 감히 감 | 스스로 자 | 마음대로 하다, 오로지 전

● 一欺父母면 其罪如山이니라.

한 번이라도 부모님을 속이면, 그 죄가 산과 같으니라.

어구풀이

한 일 | 속이다 기 | 아버지 부 | 어머니 모
그 기 | 허물 죄 | 같다 여 | 산 산

● 兄弟有難이면 悶而思救하라.

형제간에 어려운 일이 있으면, 같이 걱정해주고 도와줄 것을 생각하라.

어구풀이

형 형 | 아우 제 | 있다 유 | 어렵다 난
근심하다 민 | 말 잇다 이 | 생각 사 | 구원하다 구

● 事師如親하여 必恭必敬하라.

스승 섬기기를 마치 어버이 섬기는 것 같이 하여, 반드시 공경해야 한다.

어구풀이

섬기다 사 | 스승 사 | 같다 여 | 어버이 친
반드시 필 | 공경하다 공 | 반드시 필 | 공경하다 경

● 夙興夜寐하여 勿懶讀書하라.

아침에는 일찍 일어나고 밤에는 늦게 자서, 독서를 게을리하지 마라.

어구풀이

일찍 숙 | 일어나다 흥 | 밤 야 | 잠자다 매
~마라 물 | 게으르다 라 | 읽다 독 | 책, 글 서

● 長者慈幼하고 幼者敬長하라.
어른은 어린이를 사랑하고, 어린이는 어른을 공경하라.

  어구풀이

  어른 장 | 놈, 사람 자 | 사랑하다 자 | 어리다 유
  어리다 유 | 놈, 사람 자 | 공경하다 경 | 어른 장

● 我敬人親이면 人敬我親이니라.
내가 다른 사람의 어버이를 공경하면, 다른 사람도 내 부모를 공경하느니라.

  어구풀이

  나 아 | 공경하다 경 | 사람 인 | 어버이 친
  사람 인 | 공경하다 경 | 나 아 | 어버이 친

● 以文會友하고 以友輔仁하라.
글로써 벗을 모으고, 벗으로써 인을 도와라.

  어구풀이

  (~으로)써 이 | 글, 책 문 | 모으다, 만나다 회 | 벗 우
  (~으로)써 이 | 벗 우 | 돕다 보 | 어질다 인

● 朋友有過이거든 忠告善導하라.
친구에게 잘못이 있으면, 충고하고 착한 쪽으로 잘 인도하여라.

  어구풀이

  벗 붕 | 벗 우 | 있다 유 | 허물, 잘못 과
  충고, 정성, 충성 이 | 알리다, 말하다 고 | 착하다 선 | 인도引導하다 도

● 面責我過면 剛直之人이니라.
내 앞[面前면전]에서 나의 허물을 꾸짖으면, 그는 마음이 굳세고 곧은 사람이다.

> **어구풀이**
> 낯, 얼굴 면 | 꾸짖다 책 | 나 아 | 허물(과
> 굳세다 강 | 곧다 직 | ~한, ~의 지 | 사람 인

● 見善從之하고 知過必改하라.

착한 것을 보면 그것을 따르고, 허물을 알면 반드시 고쳐라.

> **어구풀이**
> 보다 견 | 착하다 선 | 좇다, 따르다 종 | 그것[대명사] 지
> 알다 지 | 허물 과 | 반드시 필 | 고치다 개

● 元亨利貞은 天道之常이요

원·형·이·정은 천도의 떳떳함이요.

> **어구풀이**
> 으뜸 원 | 형통亨通하다 형 | 이롭다 리 | 곧다 정
> 하늘 천 | 길, 법, 이치 도 | ~의[어조사] 지 | 떳떳하다 상

● 仁義禮智는 人性之綱이니라.

인·의·예·지(어질고 의롭고 예의 바르고 슬기로움)은 인간 성품의 요지(줄거리)이다.

> **어구풀이**
> 어질다 인 | 옳다 의 | 예절 례 | 슬기 지
> 사람 인 | 성품 성 | ~의[어조사] 지 | 벼리, 대강 강

3 推句

옛날 書堂에서 어린이들에게 漢字·漢文을 가르치기 위한 기초교육용 교재로, 인간의 情緒敎育과 思考力 啓發 및 文章力 향상을 위해 一句五字를 對句 형식의 名詩句를 모아 만든 책이다.

● 天高日月明이요 地厚草木生이라.

하늘은 높고 해와 달은 밝으며, 땅은 두텁고 풀과 나무는 잘 자라는구나.

> 어구풀이

하늘 천 | 높다 고 | 해 일 | 달 월 | 밝다 명
땅 지 | 두텁다 후 | 풀 초 | 나무 목 | 낳다 생

● 春來梨花白이요 夏至樹葉靑이라.

봄이 오니 배나무 꽃이 하얗게 피고, 여름이 오니 나뭇잎이 푸르다.

> 어구풀이

봄 춘 | 오다 래 | 배나무 리 | 꽃 화 | 희다 백
여름 하 | 이르다 지 | 나무 수 | 잎사귀 엽 | 푸르다 청

● 秋凉黃菊發이요 冬寒白雪來라.

가을엔 서늘하니 누런 국화가 피고, 겨울엔 추우니 흰 눈이 내린다.

> 어구풀이

가을 추 | 서늘하다 량 | 누렇다 황 | 국화 국 | 피다 발
겨울 동 | 차다 한 | 희다 백 | 눈 설 | 오다 래

● 秋葉霜前落이요 春花雨後紅이라.

가을의 나뭇잎은 서리 오기 전에 떨어지고, 봄의 꽃은 비 온 뒤에 붉다.

> 어구풀이

가을 추 | 잎사귀 엽 | 서리 상 | 앞 전 | 떨어지다 락
봄 춘 | 꽃 화 | 비 우 | 뒤 후 | 붉다 홍

● 春作四時首요 人爲萬物靈이라.

봄은 사철의 처음이 되고, 사람은 만물의 영장이 된다.

어구풀이
봄 춘 | 되다, 하다 작 | 넉 사 | 때 시 | 머리, 처음 수
사람 인 | 되다, 하다 위 | 일만 만 | 물건 물 | 신령神靈 령

● 天地人三才요 君師父一體라.

하늘과 땅과 사람을 '삼재'라 하고, 임금과 스승과 부모는 한 몸이다.

어구풀이
하늘 천 | 땅 지 | 사람 인 | 석 삼 | 재주 재
임금 군 | 스승 사 | 부모 부 | 한 일 | 몸 체

● 父慈子當孝요 兄友弟亦恭이라.

부모는 사랑하고 자식은 마땅히 효도해야 하며, 형은 우애하고 아우는 또한 공손해야 한다.

어구풀이
부모 부 | 사랑하다 자 | 자식 자 | 마땅하다 당 | 효도孝道 효
맏 형 | 우애하다, 벗 우 | 아우 제 | 또한 역 | 공손하다 공

● 子孝雙親樂이요 家和萬事成이라.

자식이 효도하면 두 분 어버이가 즐겁고, 집안이 화목하면 모든 일이 잘 이루어진다.

어구풀이
자식 자 | 효도 효 | 둘 쌍 | 어버이 친 | 즐기다 락
가정 가 | 화하다 화 | 일만 만 | 일 사 | 이루다 성

● 家貧思賢妻요 國亂思良相이라.

집이 가난하면 어진 아내를 생각하고, 나라가 어지러우면 어진 재상을 생각한다.

어구풀이
집 가 | 가난하다 빈 | 생각하다 사 | 어질다 현 | 아내 처
나라 국 | 어지럽다 란 | 생각하다 사 | 어질다 량 | 재상 상

● 人心朝夕變이요 山色古今同이라.
사람의 마음은 아침저녁으로 변하고, 산의 색깔은 예나 지금이나 똑같도다.

> **어구풀이**
>
> 사람 인 | 마음 심 | 아침 조 | 저녁 석 | 변하다 변
> 산 산 | 빛 색 | 옛 고 | 이제 금 | 한가지 동

● 白酒紅人面이요 黃金黑吏心이라.
흰 술은 사람의 얼굴을 붉게 하고, 황금은 관리의 마음을 검게 한다.

> **어구풀이**
>
> 희다 백 | 술 주 | 붉다 홍 | 사람 인 | 얼굴 면
> 누렇다 황 | 쇠 금 | 검다 흑 | 아전 리 | 마음 심

● 掬水月在手요 弄花香滿衣라.
두 손으로 물을 뜨니 달이 손 가운데 있고, 꽃을 희롱하니 향기가 옷에 가득하도다.

> **어구풀이**
>
> 움켜쥐다 국 | 물 수 | 달 월 | 있다 재 | 손 수
> 희롱하다 롱 | 꽃 화 | 향기 향 | 가득하다 만 | 옷 의

● 歲去人頭白이요 秋來樹葉黃이라.
세월이 가니 사람의 머리가 희어지고, 가을이 오니 나뭇잎은 누렇게 물드는구나.

> **어구풀이**
>
> 해 세 | 가다 거 | 사람 인 | 머리 두 | 희다 백
> 가을 추 | 오다 래 | 나무 수 | 잎사귀 엽 | 누렇다 황

● 雨後山如沐이요 風前草似醉라.
비 온 뒤의 산은 목욕을 한 듯하고, 바람 앞의 풀잎은 술 취한 듯하도다.

어구풀이

비 우 | 뒤 후 | 산 산 | 같다 여 | 목욕하다 목
바람 풍 | 앞 전 | 풀 초 | 비슷하다 사 | 술 취하다 취

● 花笑聲未聽이요 鳥啼淚難看이라.

꽃은 웃어도 웃음소리는 들리지 않고, 새는 울어도 눈물을 보기는 어렵다.

어구풀이

꽃 화 | 웃음 소 | 소리 성 | 아니다 미 | 듣다 청
새 조 | 울다 제 | 눈물 루 | 어렵다 난 | 보다 간

● 鳥宿池邊樹요 僧敲月下門이라.

새는 연못가의 나무에서 잠을 자고, 스님은 달빛 아래서 (山寺의) 문을 두드린다.

어구풀이

새 조 | 잠자다 숙 | 연못 지 | 가장자리 변 | 나무 수
중 승 | 두드리다 고 | 달 월 | 아래 하 | 문 문

● 高山白雲起요 平原芳草綠이라.

높은 산에는 흰 구름이 일어나고(피어나고), 평평한 언덕에는 꽃다운 풀이 푸르다.

어구풀이

높다 고 | 산 산 | 희다 백 | 구름 운 | 일어나다 기
평평하다 평 | 언덕 원 | 꽃답다 방 | 풀 초 | 푸르다 록

● 天長去無執이요 花老蝶不來라.

하늘이 멀고 높으니 올라가도 잡을 수가 없고, 꽃이 시드니 나비가 오지 않는다.

어구풀이

하늘 천 | 길다 장 | 가다 거 | 없다 무 | 잡다 집
꽃 화 | 늙다 로 | 나비 접 | 아니다 불 | 오다 래

4) 啓蒙篇

作者 未詳의 漢字·漢文 학습을 위한 入門書로, 예로부터 『童蒙先習』과 함께 읽었다.

● 上有天하고 下有地하니 天地之間에 有人焉하고 有萬物焉이니라. 日月星辰者는 天之所係也요 江海山嶽者는 地之所載也요 父子君臣長幼夫婦朋友者는 人之大倫也니라. [首篇]

위에는 하늘이 있고 아래에는 땅이 있으니, 하늘과 땅 사이에 사람이 있고 만물이 있느니라. 해와 달과 별들은 하늘에 매달려 있고, 강과 바다와 산들은 땅이 싣고 있는 바이며, 아버지와 자식·임금과 신하·어른과 어린이·남편과 아내·친구는 사람의 큰 윤리이니라.

어구풀이

係(계) : 걸리다 | 嶽(악) : 큰산 | 載(재) : 싣다 | 倫(륜) : 인륜, 윤리

● 日出於東方하여 入於西方하니 日出則爲晝요 日入則爲夜니 夜則月星이 著見焉하니라. …… 春則萬物이 始生하고 夏則萬物이 長養하고 秋則萬物이 成熟하고 冬則萬物이 閉藏하니 然則萬物之所以生長收藏이 無非四時之功也니라. [天篇]

해는 동쪽에서 나와서 서쪽으로 들어가니, 해가 뜨면 낮이 되고 해가 지면 밤이 되니, 밤에는 달과 별이 나타난다. …… 봄에는 만물이 비로소 나오고, 여름에는 만물이 자라며, 가을에는 만물이 성숙하고, 겨울에는 만물이 감춰진다. 그러니 만물이 태어나고 자라며 거둬지고 저장되는 바가 사시(四季사계:봄·여름·가을·겨울)의 공이 아닐 수 없다.

어구풀이

晝(주) : 낮 | 著(저) : 나타나다 | 見(현) : 드러나다
熟(숙) : 익다 | 閉(폐) : 닫다 | 藏(장) : 감추다 | 收(수) : 거두다

● 地之高處는 便爲山이요 地之低處는 便爲水니 水之小者를 謂川이요 水之大者를 謂江이요 山之卑者를 謂丘요 山之峻者를 謂岡이니라. …… 山

海之氣가 上與天氣相交면 則興雲霧하고 降雨雪하며 爲霜露하고 生風雷니라. [地篇]

땅의 높은 곳이 바로 산이요, 땅의 낮은 곳이 바로 물이다. 물이 작은 것을 '내'라 하고, 물이 큰 것을 '강'이라고 한다. 산의 낮은 것을 '언덕'이라 하고, 산의 높은 것을 '산등성이'라고 한다. …… 산과 바다의 기운이 올라가 하늘의 기운과 더불어 서로 어울리면 곧 구름과 안개를 일으키고, 비와 눈을 내리며, 서리와 이슬이 되게 하고, 바람과 우레를 만든다.

어구풀이

便(편) : 곧 | 低(저) : 낮다 | 謂(위) : 일컫다 | 卑(비) : 낮다 | 丘(구) : 언덕
峻(준) : 높다 | 岡(강) : 산 | 霧(무) : 안개 | 降(강) : 내리다 | 雪(설) : 눈
霜(상) : 서리 | 露(로) : 이슬 | 雷(뢰) : 우뢰, 천둥

● 飛者는 爲禽이요 走者는 爲獸요 鱗介者는 爲蟲魚요 根植者는 爲草木이니라. …… 春生而秋死者는 草也요 秋則葉脫而春復榮華者는 木也라. [物篇]

나는 것은 새가 되고, 달리는 것은 짐승이 되고, 비늘과 껍질이 있는 것은 벌레와 물고기가 되고, 뿌리로 심은 것은 초목이 된다. …… 봄에 나와 자랐다가 가을에 말라 죽는 것이 풀이요, 가을에 잎이 떨어졌다가 봄에 다시 무성해지는 것이 나무다.

어구풀이

禽(금) : 날짐승 | 獸(수) : 길짐승 | 鱗(린) : 비늘 | 介(개) : 껍데기 | 蟲(충) : 벌레
植(식) : 심다 | 葉(엽) : 잎사귀 | 脫(탈) : 빠지다, 벗다 | 復(부) : 다시
榮(영) : 성하다, 영화롭다 | 華(화) : 번성하다, 빛나다

● 萬物之中에 惟人이 最靈하니 有父子之親하며 有君臣有義하며 有夫婦有別하며 有長幼有序하며 有朋友有信이라. [人篇]

만물 가운데 오직 사람만이 가장 영묘(靈妙)한 지혜(智慧)가 있으니 부자유친함이 있고, 군신유의함이 있으며, 부부유별함이 있고, 장유유서함이 있으며, 붕우유신함이 있느니라.

어구풀이

惟(유) : 오직 | 最(최) : 가장 | 靈(령) : 신령스럽다, 영혼

● 父慈而子孝하며 兄愛而弟敬하며 夫和而妻順하며 事君忠而接人恭하며
與朋友信而撫宗族厚면 可謂成德君子也니라.

어버이는 사랑하고 자식은 효도하며, 형은 우애하고 아우는 공경하며, 남편은 화애(和愛)하고 아내는 유순(柔順)하며, 나라의 임금을 섬김에는 충성스럽고 사람을 대함에는 공손하며, 친구와 사귈 때는 믿음이 있어야 하고 종족(宗族)의 어려운 삶을 돕는 것을 두텁게 하면, 가히 후한 덕을 베풀고 이룬 군자라고 할 수 있다.

어구풀이

慈(자) : 사랑하다 | 敬(경) : 공경하다 | 和(화) : 화목하다 | 順(순) : 온순하다
接(접) : 대하다, 잇다 | 撫(무) : 어루만지다, 위로하다 | 宗(종) : 으뜸, 동성
族(족) : 겨레, 일가 | 厚(후) : 두텁다

● 凡人稟性이 初無不善하여 愛親敬兄忠君弟長之道가 皆已具於吾心之中하니 固不可求之於外面이요 而惟在我力行而不已也니라.

무릇 사람의 타고난 성품이 처음에는 착하지 않음이 없어서, 어버이를 사랑하고 형을 공경하며 임금에게 충성하고 어른에게 공손하게 하는 도리가 모두 이미 내 마음 가운데 갖추고 있으니, 진실로 밖에서 이를 구해서는 안 되며, 오직 내가 힘써 행하여 그치지 않는 데 있을 뿐이다.

어구풀이

稟(품) : 바탕, 받다 | 弟(제) : 공손하다 | 固(고) : 진실로

● 人非學問이면 固難知其何者爲孝며 何者爲忠이며 何者爲弟며 何者爲信이라. 故로 必須讀書窮理하여 求觀於古人하고 體驗於吾心하여 得其一善하여 勉行之면 則孝弟忠信之節이 自無不合於天敍之則矣리라.

사람이 배우고 묻지를 않으면 진실로 그 어떤 것이 효가 되고 어떤 것이 충성이 되며, 어떤 것이 공경이 되고 어떤 것이 믿음이 되는지를 알기가 어렵다. 그러므로 반드시 책을 읽고 이치를 궁리하여 옛사람에게서 구하여 살펴보고 내 마음으로 체험하여 그중에서 한 가지라도 좋은 것을 터득하여 그것을 힘써 행하면, 효도하고·공경하며·충성하고·신뢰하는 예절이 저절로 하늘이 베푸는 법칙에 맞지 않음이 없을 것이니라.

어구풀이

體(체) : 몸 | 驗(험) : 경험, 살피다 | 勉(면) : 힘쓰다 | 敍(서) : 펴다, 쓰다

5) 童蒙先習

조선시대 성종(成宗)~명종(明宗) 때의 학자인 逍遙堂 朴世茂(1487~1564)가 "어리석은 아이들이 먼저 익혀야 한다"는 뜻의 제목과 취지로 지은 우리나라 최초의 아동용 한문 교과서이다.

● 噫라 孝於親然後에 忠於君하고 弟於兄然後에 敬於長하니 以此觀之컨대 五倫之中에 孝弟가 爲先이라. [御製童蒙先習序]

아! 어버이에게 효도한 이후에 임금에게 충성하고, 아우는 형을 공경한 이후에 어른에게 공경을 하니, 이것으로 볼 때 오륜 가운데 효도와 공경이 첫째이니라.

어구풀이

噫(희) : 탄식하다 | 弟(제) : 공손하다.

● 天地之間 萬物之衆에 惟人이 最貴하니 所貴乎人者는 以其有五倫也라. 是故로 孟子曰 :「父子有親하며 君臣有義하며 夫婦有別하며 長幼有序하며 朋友有信이라」하시니 人而不知有五常則其違禽獸가 不遠矣라.

하늘과 땅 사이에 있는 만물의 무리 가운데 오직 사람만이 가장 귀하니, 사람이 귀한 까닭은 그것에 다섯 가지 인륜이 있기 때문이다. 그러므로 맹자께서 말씀하시기를, "부모와 자식 사이에는 친함이 있으며, 임금과 신하 사이에는 의리가 있으며, 남편과 아내 사이에는 분별이 있으며, 어른과 어린이 사이에는 차례가 있으며, 친구와 친구 사이에는 믿음이 있다."라고 하셨으니, 사람으로서 이 다섯 가지 떳떳한 도리가 있음을 알지 못하면 곧 그것은 금수(나는 새와 기는 짐승)와 거리가 멀지 않을 것이다.

어구풀이

五常(오상) : ① 오륜(五倫). ② 사람으로서 마땅히 항상 지켜야 할 다섯 가지 도리(道理)로 인(仁)·의(義)·예(禮)·지(智)·신(信). 여기서는 오륜을 가리킴.
不遠(불원) : 멀지 않다 → 가깝다.

● 然則父慈子孝하며 君義臣忠하며 夫和婦順하며 兄友弟恭하며 朋友輔仁
然後에야 方可謂之人矣라.

그러므로 곧 아버지(부모)는 자식을 사랑하고 자식은 어버이에게 효도하며, 임금은 정의롭고 신하는 충성하며, 남편은 和愛(화애)하고 아내는 柔順(유순)하며, 형은 우애하고 아우는 공경하며, 친구 사이에는 어진 인으로 도와준 이후에야 바야흐로 가히 사람이라고 말할 수 있다.

어구풀이

輔(보) : 돕다
朋友輔仁(붕우보인) : 친구와 친구 사이에는 어진 인으로 돕는다. → 친구의 어진 성품(性品)을 본받아 나의 인격(人格) 형성에 도움을 받는다.

● 父子는 天性之親이라. 生而育之하고 愛而敎之하며 奉而承之하고 孝而養之하니라.

아버지(부모)와 자식은 타고난 성품이 (정이)두텁다. 어버이는 자식을 낳아서 기르고, 사랑하고 가르치며, 자식은 어버이를 받들면서 그 뜻을 계승하고 효도하며 봉양하느니라.

● 君臣은 天地之分이라. …… 會遇之際에 各盡其道하여 同寅協恭하여 以臻至治하니 苟或君而不能盡君道하며 臣而不能修臣職이면 不可與共治天下國家也니라. …… 孔子曰 :「臣事君以忠이라」하셨다.

임금과 신하는 하늘과 땅 같은 분별이다. …… 임금과 신하가 모이고 만날 때에 각기 그 도리를 다하여 함께 공경하고 화합하여 공손히 하여 훌륭한 정치에 이르니, 만일 혹시라도 임금으로서 임금의 도리를 다하지 못하며, 신하로서 신하의 職分(직분:직책과 분수)을 닦지 못한다면, 더불어 함께 천하와 국가를 다스리지 못할 것이다. …… 공자께서 말씀하시기를, "신하가 임금을 섬기는 데는 충성으로써 해야 한다."라고 하셨다.

어구풀이

遇(우) : 만나다, 당하다 | 際(제) : 즈음, 때 | 寅(인) : 공경하다
協(협) : 돕다, 힘을 합하다 | 臻(진) : 이르다 | 至(지) : 지극하다

● 夫婦는 二姓之合이라. 生民之始요 萬福之源이라. …… 男子는 居外而

不言內하고 婦人은 居內而不言外하니라.

남편과 아내는 두 성(姓)이 합한 것이다. 백성을 만들어 내는 시초이며, 모든 복의 근원이니라. …… 남자는 내당(內堂) 밖 사랑채에서 거처하면서 부인이 집(內堂:내당)안에서 하는 일을 말하지 않고, 부인은 집(내당)안에 거처하면서 남편이 집 밖에서 하는 일을 말하지 않는다.

어구풀이
姓(성): 성 ㅣ 源(원): 근원

須是로 夫敬其身하여 以帥其婦하고 婦敬其身하여 以承其夫하여 內外和順하여야 父母가 其安樂之矣니라. …… 子思曰:「君子之道는 造端乎夫婦라」했다.

모름지기 남편은 자기 몸을 공경(소중히 잘 관리)하여 그 아내를 잘 거느려야 하고, 아내는 자기 몸을 공경하여 그 남편을 받들어서, 아내와 남편이 화목하고 유순하여야 부모가 그 마음이 편안하고 즐거울 것이다. …… 자사께서 말씀하시기를, "군자의 도리는 시작이 부부에게서 비롯된다."라고 하셨다.

어구풀이
帥(수): 거느리다, 장수 ㅣ 造(조): 만들다 ㅣ 端(단): 실마리, 단정하다

● 長幼는 天倫之序라. 兄之所以爲兄과 弟之所以爲弟는 長幼之道가 所自出也라. …… 徐行後長者를 謂之弟요 疾行先長者를 謂之不弟라. 是故로 年長以倍 則父事之하고 十年以長 則兄事之하며 五年以長 則肩隨之니 長慈幼하며 幼敬長然後에야 無侮少陵長之弊 而人道는 正矣라. 而況兄弟는 同氣之人이라. 骨肉之親이니 尤當友愛하고 不可藏怒宿怨하여 以敗天常也라.

어른과 어린이는 하늘이 맺어준 인륜의 차례이다. 형이 형 되는 까닭과 아우가 아우 되는 까닭이 어른과 어린이의 도리에서 비롯되는 것이다. …… 천천히 걸어서 어른보다 뒤에 가는 것을 '공손하다'고 하고, 빨리 걸어서 어른보다 앞에 가는 것을 '공손하지 않다'고 한다. 그러므로 나이가 많은 것이 배(갑절)가 되면 아버이처럼 섬기고, 10년이 많으면 형처럼 섬기고, 5년이 많으면 어깨를 나란히 하고 따라가니, 어른은 어린이를 사랑하며 어린이는 어른을 공경한 뒤에야 젊은이를 업신

여기고 어른을 능멸하는 폐단이 없어서 사람의 도리가 바르게 될 것이다.

하물며 형제간은 같은 부모에게서 태어난 기운을 같이한 사람이다. 뼈와 살처럼 붙어 있는 지극히 가까운 사이이니 더욱 마땅히 우애해야 할 것이요, 가히 노여움을 마음속에 감추고 원망을 품거나 해서 하늘이 맺어준 인륜의 떳떳함을 잘못되게 해서는 안 된다.

> **어구풀이**
>
> 疾(질) : 빠르다, 병 | 肩(견) : 어깨 | 隨(수) : 따르다 | 侮(모) : 업신여기다
> 陵(릉) : 업신여기다 | 弊(폐) : 폐단(弊端)

● 朋友는 同類之人이라. 益者가 三友요 損者가 三友니 友直하며 友諒하며 友多聞이면 益矣요 友偏僻하며 友善柔하며 友偏佞하면 損矣라.

友也者는 友其德也라 自天子로 至於庶人에 未有不須友以成者하니 其分이 若疎(疏)而其所關이 爲至親하니 是故로 取友를 必端人하며 擇友를 必勝己니 要當責善以信하며 切切偲偲하여 忠告而善道之하다가 不可則止니라.

벗과 벗은 같은 무리(부류部類)의 사람이다. 유익한 벗이 세 종류가 있고 해로운 벗이 세 종류가 있으니, 벗이 정직하고·벗이 성실하며·벗이 견문이 넓으면 유익할 것이고, 벗이 편벽만 잘하며·벗이 유약(柔弱)하기를 잘하며·벗이 아첨하는 말만 잘하면 해로울 것이다.

벗이란 그 덕을 벗하는 것이다. 천자로부터 서인에 이르기까지 모름지기 벗으로써 이루지 못하는 자가 없으니, 그 친분이 소원(疎遠)한 듯하면서도 그 관계되는 것(일)은 지극히 친밀하다.

그러므로 벗을 취하되 반드시 단정한 사람으로 하며, 친구를 선택하되 반드시 자기보다 나은 자로 해야 한다. 그리하여 요컨대 마땅히 믿음으로써 착하게 하도록 꾸짖고, 간절하게 하고 자세하게 권하여 성실히 충고해주고 잘하도록 인도하다가 안 되면 그만둘 것이다.

> **어구풀이**
>
> 諒(량) : 참.믿다 | 偏(편) : 치우치다 | 僻(벽) : 치우치다 | 善(선) : 잘하다
> 佞(녕) : 말 잘하다, 아첨하다 | 關(관) : 관계하다 | 切(절) : 간절하다
> 偲(시) : 자세하다

● 此五品者는 天敍之典而人理之所固有者라. 人之行이 不外乎五者而唯孝가 爲百行之源이라.

是以로 孝子之事親也엔 鷄初鳴이거든 咸盥漱하고 適父母之所하여 下氣怡聲하여 問衣燠寒하며 問何食飮하며 冬溫而夏凊하며 昏定而晨省하며 出必告하며 反必面하며 不遠遊하며 遊必有方하며 不敢有其身하며 不敢私其財라. …

… 居則致其敬하고 養則致其樂하고 病則致其憂하고 喪則致其哀하고 祭則致其嚴이니라.

이 다섯 가지 윤리(오륜:五倫)는 하늘이 전개한 질서의 법전이며 사람의 도리로 본래부터 가지고 있는 것이다. 사람의 행실이 이 다섯 가지에서 벗어나지 않는데, 오직 효도가 모든 행실의 근원이 된다.

그러므로 효자가 어버이를 섬김은 첫 닭이 울거든 모두 세수하고 양치질하고, 부모가 거처하시는 곳으로 가서 기운을 낮게 하고 부드러운 목소리로 부모님이 입고 계시는 옷이 더운지 추운지를 여쭙고, 어떤 음식을 드시고 싶은지를 여쭈며, 겨울에는 거처와 옷을 따뜻하게 해 드리고 여름에는 시원하게 해 드리며, 저녁에는 잠자리를 정해 드리고 새벽에는 문안을 여쭙고 침소(寢所)의 온냉(溫冷)을 살피며, 밖에 나갈 때는 반드시 아뢰고 나가며 돌아와서는 반드시 얼굴을 뵙고 인사하며, 멀리 나가서 놀지 않으며, 나가 놀 때는 반드시 가는 곳을 알려야 하며, 감히 자기 몸을 마음대로 해서는 안 되며, 감히 재물을 자기 멋대로 처리해서는 안 된다. ……

부모가 거처하고 계실 때에는 공경을 다하고, 부모를 봉양할 때에는 즐거우시도록 최선을 다하고, 부모가 병환 중일 때에는 근심을 다하고, 부모가 돌아가시어 상을 당했을 때에는 슬픔을 다하고, 부모님 제사를 지낼 때에는 엄숙함을 극진히 해야 한다.

어구풀이

咸(함) : 다 | 盥(관) : 세수하다, 대야 | 漱(수) : 양치질하다 | 怡(이) : 온화하다
燠(욱) : 덥다 | 凊(정·청) : 서늘하다

● 孔子는 以天縱之聖으로 轍環天下하여 道不得行于世하여 刪詩書하고 定禮樂하며 贊周易하고 修春秋하여 繼往聖開來學하니 而傳其道者는 顔子曾子이며 事在論語라. 曾子之門人이 述大學하니라.

공자께서는 하늘이 내신 성인으로, 수레를 타고 천하를 두루 돌았으나 도가 세상에 행해지지 못하였다. 그리하여 『시경(詩經)』과 『서경(書經)』을 산삭(刪削)하시고, 예(禮)와 악(樂)을 정하시고, 『주역(周易)』을 해석하여 부연 설명하시고, 『춘추(春秋)』를 편찬하시어 과거의 성인을 계승하고 후세 학자들의 학문의 길을 열어 주셨으니, 그 도를 전한 자는 안자(顔子)와 증자(曾子)이며, 그

사실이 『논어(論語)』에 실려 있다. 그리고 증자의 문인이 『대학(大學)』을 지었다.

어구풀이

縱(종) : 풀어놓다 | 轍(철) : 수레바퀴 | 刪(산) : 깎다 | 贊(찬) : 돕다
◉ 修(수) : 책을 편찬하다

● 孔子之孫子思가 生斯時하여 作中庸하시고 其門人之弟孟軻가 陳王道於齊梁하나 道又不行하여 作孟子七篇而異端縱橫功利之說이 盛行이라. 吾道가 不傳이라.

공자의 손자인 자사가 이때에 태어나서 『중용』을 지었고, 그 문인의 제자인 맹자가 왕도를 제나라와 양나라에서 펴려고 하였으나, 도(道)가 또한 행해지지 못하여 『맹자』7편을 지었으나, 이단(異端)과 종횡가(縱橫家) 그리고 공리적(功利的)인 주장들이 성행하였다. 그래서 우리의 도인 유교(儒敎)의 도통(道統)은 전해지지 못하였다.

어구풀이

庸(용) : 떳떳하다, 어리석다 | 軻(가) : 수레 | 陳(진) : 말하다, 펴다
縱(종) : 세로, 자유롭다 | 橫(횡) : 제멋대로하다 | 功(공) : 공

● 宋太祖가 立國之初에 五星이 聚奎하여 濂洛關閩에 諸賢이 輩出하니 若周敦頤와 程顥와 程頤와 司馬光과 張載와 邵雍과 朱熹가 相繼而起하여 以闡明斯道로 爲己任하되 身且不得見容하고 而朱子가 集諸家說하여 註四書五經하시니 其有功於學者가 大矣로다.

송나라의 태조가 나라를 세운 초기에 금(金)·목(木)·수(水)·화(火)·토(土)의 다섯 별이 규성(奎星)에 모여 염계(濂溪)·낙양(洛陽)·관중(關中)·민중(閩中)에서 여러 현인(賢人)이 무리지어 나오니, 주돈이와 정호·정이와 사마광과 장재와 소옹과 주희 같은 분이 서로 이어 일어나서, 이 도(유학儒學의 도道)를 밝히는 것을 자신의 임무로 삼았으나, 자기 한 몸도 용납(인정)받지 못하였고, 주자가 여러 사람의 학설을 모아 "사서"와 "오경"에 주를 달아 풀이하시니, 그것은 배우는 사람에게 공(도움)됨이 크도다.

어구풀이

聚(취) : 모으다 | 奎(규) : 별, 별자리 | 濂(렴) : 물이름 | 洛(락) : 물 이름
閩(민) : 오랑캐 | 敦(돈) : 도탑다 | 頤(이) : 기르다 | 顥(호) : 희다 | 載(재) : 싣다

邵(소): 높다 | 雍(옹): 화(和)하다 | 熹(희): 밝다 | 闡(천): 밝다, 밝히다

● 嗚呼라. 三綱五常之道가 與天地로 相終始하니 三代以前에는 聖帝明王과 賢相良佐가 相與講明之故로 治日이 常多하고 亂日이 常少하니라 …… 其所以世之治亂安危와 國之興廢存亡이 皆由於人倫之明不明如何耳라 可不察哉아.

아 슬프도다! 삼강과 오상(오륜)의 도가 천지와 더불어 서로 시작과 끝을 같이 하니, 삼대 이전에는 성스러운 황제와 현명한 군주와 어진 재상과 훌륭한 보좌관이 서로 더불어 이 삼강·오상의 도를 강론하여 밝혔다. 그러므로 다스려진 날이 항상 많았고, 어지러운 날이 항상 적었다. …… (그것은) 세상이 다스려지고 어지럽고(문란紊亂하고) 편안하고 위태로움과 나라가 흥하고 폐하고 존재하고 망하는 까닭이 모두 인륜이 밝으냐 밝지 못하느냐의 여하에 달려 있으니, (어찌) (가히) 살피지 않을 수가 있겠는가?

어구풀이
嗚(오): 탄식하다, 슬프다 | 呼(호): 탄식하다, 부르다

● 東方에 初無君長이더니 有神人이 降于太白山檀木下하여 神靈明智어늘 國人이 立以爲君하니 與堯로 竝立하여 國號를 「朝鮮이라」하니 是爲檀君이니라. …… 百濟始祖溫祚는 都河南慰禮城하여 以扶餘로 爲氏하고 …… 甄萱은 叛據完山하여 自稱 「後百濟라」하였다.

동방(우리나라)에 처음에는 임금 노릇 하는 어른이 없었는데, 어느 신 같은 사람이 태백산(백두산) 박달나무 아래에 내려왔는데, 정신력이 뛰어나고(영험靈驗하고) 지혜가 밝으니, 나라의 사람들이 그를 임금으로 세웠다. 그리하여 중국의 요임금과 더불어 같은 시기에 나란히 왕위에 올라 국호를 조선이라 하니, 이가 곧 단군이다. …… 백제의 시조인 온조는 하남(한강의 남쪽) 위례성에 도읍지를 정하고 부여로 성씨를 삼았고, …… 견훤은 반란을 일으켜 완산(전주全州)을 점거하고 스스로 '후백제'라 칭하였다.

어구풀이
檀(단): 박달나무 | 祚(조): 복(福) | 慰(위): 위로하다 | 甄(견): 질그릇
萱(훤): 원추리 | 叛(반): 배반하다 | 據(거): 웅거하다

6) 童蒙須知

南宋 때의 朱子가 어린아이들이 지켜야 할 기본적인 禮節을 기록한 것으로, "어리석은 아이들이 모름지기 알아야 할 것"이라는 뜻의 冊이다.

● 晦庵先生曰:「夫童蒙之學은 始於衣服冠履하여 次及言語步趨하며 次及灑掃涓潔하며 次及讀寫文字 及有雜細事宜하여 皆所當知라」하니

회암선생(주자)이 말씀하시기를, "무릇 어린아이의 배움은 의복과 갓·신을 비롯하여 다음은 언어와 걸음걸이에 이르고, 다음은 물을 뿌리고 먼지를 쓸어 깨끗함에 이르고, 다음은 글을 읽고 쓰는 것 및 자질구레한 적절한 일에 이르기까지 모두를 마땅히 알아야 한다."라고 하였다.

어구풀이

趨(추): 자박자박 걷다 | 灑(쇄): 물뿌리다 | 涓(연): 깨끗하다, 물방울
潔(결): 깨끗하다 | 細(세): 물 | 宜(의): 마땅하다, 옳다

今逐目條列하고 名曰:「童蒙須知라」하노라.

그래서 지금 이것들을 조목조목 열거하고 이름하여 『동몽수지』라고 하노라.

어구풀이

逐(축): 쫓다 | 列(렬): 벌이다, 열거(列擧)하다

● 大抵爲人에는 先要身體端整하니 自冠巾衣服鞋襪로 皆須收拾愛護하여 常令潔淨淨齊니라. 我先人이 常訓子弟云「男子는 有三緊하니 謂頭緊腰緊脚緊이라」

무릇 사람이 됨에는 먼저 몸이 단정해야 하니, 갓·두건(頭巾)·의복·신·버선에서부터 모두 모름지기 수습하여 애호하고 항상 깨끗하게 정리해야 한다. 우리 선인들이 항상 자제들을 가르치면서 말하기를, "남자는 세 가지 매는 것이 있으니, 머리를 매고 허리를 매며 다리를 매는 것이다."라고 하였다.

어구풀이

抵(저): 대저, 무릇, 막다 | 鞋(혜): 신 | 襪(말): 버선 | 令(령): 하여금, 명령

淨(정) : 깨끗하다 | 緊(긴) : 매다, 묶다

● 頭는 謂頭巾이니 未冠者는 總髻요, 腰는 謂以條或帶束腰로 束腰요, 脚은 謂鞋襪이니, 此三者는 要緊束이요 不可寬慢이니, 寬慢하면 則身體放肆하여 不端嚴이라 爲人所輕賤矣라. [衣服 冠履 第一]

머리는 두건으로 묶는 것을 말하니, 관례(冠禮)를 행하지 않은 자는 댕기를 따는 것을 말함이요, 허리는 끈이나 띠로 허리를 묶는 것을 말하며, 다리는 신과 버선을 신는 것을 말한다. 이 세 가지는 단단히 묶되 느슨해서는 안 되니, 느슨하면 몸에 묶은 것이 제멋대로 돌아가서 단정하고 엄격해 보이지 않아서 남에게 경박(輕薄)하게 보이거나 천대(賤待)를 당한다.

어구풀이

髻(계) : 상투 | 條(조·도) : 실로 꼰 끈 | 慢(만) : 느리다 | 肆(사) : 방자하다

● 凡爲人子弟者는 須是常低聲下氣하여 言語詳緩하고 不可高聲喧鬨하며 浮言戱笑라. 父兄長上이 有所敎督이면 但當低首聽受하며 不可妄有議論이라.

무릇 사람의 자제가 된 자는 모름지기 항상 낮은 목소리로 기를 가라앉히고 말을 자상하고 차분하게 해야 하고, 큰 소리로 떠들거나 허튼소리로 시끄럽게 희희낙락(喜喜樂樂)하면서 시시덕거려서는 안 된다. 아버지와 형 그리고 윗사람이 가르치고 타이르는 일이 있으면 다만 마땅히 머리를 숙이고 들으며 받아들여야지, 망령(妄靈)되이 의론(議論)을 제기해서는 안 된다.

어구풀이

緩(완) : 늦다 | 喧(훤) : 시끄럽다 | 鬨(홍) : 싸우다 | 戱(희) : 희롱하다, 놀다
督(독) : 독려하다, 재촉하다 | 低(저) : 숙이다, 낮다

● 凡行步趨蹌은 須是端正하고 不可走疾跳躑이니 若父兄長上이 有所喚召커든 却當疾走而前하고 不可徐緩이라. [言語 步趨 第二]

무릇 예의바르게 허리를 굽히고 빨리 걸어갈 때는 반드시 단정해야 하며, 빨리 달리거나 껑충껑충 뛰어서는 안 된다. 만약에 아버지나 형 그리고 어른이 부를 때에는 마땅히 빨리 달려가 부모님 앞에 이르러야지, 느리게 움직여서는 안 된다.

어구풀이

踹(창) : 주창하다 | 跳(도) : 뛰다, 달아나다 | 躑(척) : 머뭇거리다 | 喚(환) : 부르다
召(소) : 부르다

● 凡爲人子弟는 當灑掃居處之地하고 拂拭几案하여 當令潔淨하며 文字筆硯과 凡百器用을 皆當嚴肅整齊하여 頓放有常處하고 取用卽畢이면 復寘元所하라. [灑掃 涓潔 第三]

무릇 사람의 자제가 된 자는 마땅히 거처하는 곳을 물뿌리며 쓸고 책상도 닦아서 깨끗하게 해야 하며, 글자를 쓰는 붓과 벼루 그리고 모든 용기(用器:쓰는 그릇)를 모두 마땅히 엄숙하고 단정하게 정리하여 항상 놓아두는 곳에 놓아야 하고, 집어다 쓴 다음에는 다시 제자리에 가져다 두어야 한다.

어구풀이

拂(불) : 씻어버리다 | 拭(식) : 닦다 | 頓(돈) : 가지런히 하다, 머무르다
寘(치) : 두다, 놓다 | 元(원) : 으뜸, 처음, 근원

● 凡讀書엔 須整頓几案하여 令潔淨端正하고 將書冊整齊頓放하고 正身體對書冊하며 詳緩看字하여 仔細分明讀之하되 須要讀得字字響亮하고 不可誤一字이며 不可少一字이며 不可多一字이고 不可倒一字이며 不可牽强暗記라.

무릇 독서를 할 때에는 모름지기 책상을 정돈(整頓)하여 청결(淸潔)하고 단정(端正)하게 하고, 책도 가지런히 놓고 몸을 바르게 한 뒤에 책을 대하며, 상세(詳細)히 글자를 천천히 보아 자세(仔細)하고 분명(分明)하게 읽되, 반드시 글자마다 맑은 소리로 읽어 한 글자라도 틀려서는 안 되고, 한 글자라도 덜 읽어서도 안 되며, 한 글자라도 더 읽어서는 안 되고, 한 글자라도 앞뒤를 바꿔 읽어서는 안 되며, 억지로 외워서도 안 된다.

어구풀이

響(향) : 소리, 울리다 | 亮(량) : 밝다, 맑다 | 牽(견) : 끌어당기다

只是要多誦遍數하면 自然上口라야 久遠不忘이라.

다만 여러 번 읽어 자연히 입에 오르면(붙으면) 오래되어도 잊혀지지 않는다.

어구풀이

誦(송) : 외우다 | 遍(편) : 두루, 골고루

古人云「讀書千遍에 其義自見이라」하니 謂讀得熟하면 則不待解說에 自曉其義也라.

그래서 옛사람이 말하기를, "글(책)을 천 번 두루 읽으면, 그 뜻이 저절로 드러난다."고 하였으니, 이는 익숙하게 읽으면 풀어서 설명해주기를 기다리지 않고도 저절로 그 뜻을 안다는 것을 말한다.

어구풀이

見(현) : 나타나다.(≒現현) | 曉(효) : 깨닫다, 환히 알다, 밝다, 새벽

余嘗讀書有三到하니 謂心到眼到口到라.

내가 일찍이 책(글)을 읽음에는 세 가지 집중해야 할 것이 있다고 했는데, 그것은 마음을 집중할 것·눈을 집중할 것·입을 집중할 것을 말한다.

어구풀이

到(도) : 이르다, 오로지 한 곳에 집중하다.

心不在此하면 則眼不看仔細하고 心眼이 旣不專一이면 却只漫浪誦讀이라. 決不能記요 記示不能久也라. 三到之中에 心到最急하니 心旣到矣면 眼口豈不到乎아.

마음이 여기에 집중해 있지 않으면 눈으로 자세히 볼 수가 없고, 마음과 눈이 오로지 하나에 집중하지 않으면 다만 건성으로 외우고 읽어서, 결코 기억할 수가 없고 기억한다고 해도 오래 기억할 수 없음을 보여준다. 세 가지 집중할 것 중에서 마음을 집중하는 것이 가장 급선무(急先務)로 중요하니, 마음이 집중되면 눈과 입이 어찌 집중되지 않겠는가?

어구풀이

漫(만) : 부질없다, 흩어지다 | 浪(랑) : 함부로, 물결

凡書册은 須要愛護하고 不可損汚縐摺이라. ……

무릇 책은 모름지기 애호하여야 하며, 찢거나 더럽히거나 꾸기거나 접어서는 안 된다. ……

어구풀이

縐(추) : 주름지다 ｜ 摺(접) : 접다

凡寫字는 不問寫得巧拙如何하고 且要一筆一劃이 嚴正分明하여 不可老草라. [讀書 寫文字 第四]

글자를 쓸 때는 잘 썼느냐 못 썼느냐의 여하를 묻지 않고, 또 한 붓 한 획을 엄정하고 분명하게 하되 갈겨써서는 안 된다.

어구풀이

巧(교) : 예쁘다, 아름답다, 교묘하다 ｜ 拙(졸) : 서툴다, 못생기다
老(로) : 늙다, 익숙하다, 노련하다, 숙달되다

● 凡子弟는 須要早起晏眠하라.

무릇 자제는 반드시 일찍 일어나고 늦게 자야 한다.

어구풀이

晏(안) : 늦다, 편안하다

凡出外及歸엔 必於長上前에 作揖이니 雖暫出이라도 亦然이라.

무릇 외출하거나 돌아왔을 때에는 반드시 어른 앞으로 나가서 두 손을 모으고 공손하게 머리 숙여 절해야 한다. 비록 잠깐 나가더라도 또한 마찬가지로 그렇게 해야 한다.

어구풀이

暫(잠) : 잠시(暫時)

凡侍長者之側엔 必正立拱手하고 有所問이어든 則必誠實對하고 言不可妄이라.

무릇 어른을 곁에서 모실 때에는 반드시 똑바로 서서 두 손을 맞잡아야 하고, 어른이 물으시면 반

드시 성실하게 대답하고 말하되 망령(妄靈)되게 해서는 안 된다.

어구풀이

側(측) : 곁, 옆 | 拱(공) : 팔짱끼다 | 妄(망) : 망령되다, 허망하다, 실없다

凡侍長上出엔 行必居路之右하고 住必居左하라.

무릇 어른을 모시고 나가 걸을 때에는 반드시 길 오른쪽에 있어야 하고, 머무를 때에는 반드시 왼쪽에 있어야 한다.

凡如厠엔 必去上衣하고 下必浣手하라.

무릇 변소에 갈 때는 반드시 웃옷을 벗고 나와서는 반드시 손을 씻어야 한다.

어구풀이

厠(측) : 뒷간, 변소 | 浣(완) : 손씻다

凡危險은 不可近이라.

무릇 위험한 곳에는 가까이 가지 않아야 한다.

어구풀이

危(위) : 위태롭다 | 險(험) : 위태롭다

凡道路에 遇長者면 必正立拱手하고 疾趨而揖이라. ……

길에서 어른을 만났을 때에는 반드시 똑바로 서서 두 손을 맞잡아야 하고, 빨리 달려와 두 손을 모으고 공손하게 절을 해야 한다.

어구풀이

遇(우) : 만나다 | 疾(질) : 빠르다, 병(病) | 趨(추) : 달리다

雜細事宜엔 品目이 甚多나 姑擧其略하노니 然大槪具矣라.

잡다하고 사소한 일의 적당함에는 그 품목이 매우 많으나 임시로 그 대략적인 것만을 예로 든 것이다. 그러나 대체로 개관은 갖추어져 있다.

어구풀이

姑(고) : 잠깐, 아직, 시어미 ┃ 疾(질) : 빠르다, 병(病) ┃ 趨(추) : 달리다

凡此五篇은 若能遵守不違면 自不失爲謹愿之士요 必又能讀聖賢之書하여 恢大此心하여 進德修業하면 入於大賢君子之域이 無不可者이니 汝曹는 宜勉之하라. [雜細事宜 第五]

앞에서 제시한 이상의 다섯 편의 내용을 잘 준수하여 어기지 않으면 자신이 삼가고 근신하는 선비가 되는 데 잘못이 없다. 반드시 또 성현들의 글을 읽어 위대한 이런 마음을 크게 하여 덕으로 나아가 닦으면, 크게 어진 군자의 영역(領域)으로 들어가는 것이 불가능한 자가 없을 것이니, 너희는 마땅히 이것을 행하는 데 힘써라.

어구풀이

遵(준) : 좇다 ┃ 愿(원) : 삼가다 ┃ 恢(회) : 크다, 넓다 ┃ 域(역) : 지경(地境), 구역
汝(여) : 너 ┃ 曹(조) : 무리, 성(姓) ┃ 宜(의) : 마땅하다 ┃ 勉(면) : 힘쓰다

● 朱子曰 :「所讀經文은 不可貪多務廣涉獵鹵莽하여 纔看便謂已通이라.

주자가 말하기를, "읽는 경서(經書)의 글은 많은 것을 탐내고 넓은 것을 힘써서 거칠게 섭렵하여 잠깐 보고서도 바로 이미 통달했다고 해서는 안 된다.

어구풀이

涉(섭) : 물건너다 ┃ 獵(렵) : 사냥하다 ┃ 鹵(로) : 거칠다, 짠땅 ┃ 莽(망) : 풀이 엉기다
纔(재) : 잠시, 겨우 ┃ 便(변) : 문득, 곧
涉獵(섭렵) : 책을 이것저것 널리 읽음. 박람(博覽)하며 다독(多讀) 또는 속독(速讀)하는 것을 말하며, 이와 반대되는 것으로는 꼼꼼하게 읽는 정독(精讀)이 있음.

7) 擊蒙要訣

栗谷 李珥가 宣祖 10년(1577)에 海州 石潭에서 제자들을 가르치기 위하여 지은 "**어리석은 아이들을 일깨워주기 위한 중요한 말씀**"이란 뜻의 책인데, 아동용 기초한문 교재로서 인간성 회복과 道德性 涵養에 적합하게 엮여 있다.

● 人生斯世에 非學問이면 無以爲人이니 所謂學問者는 亦非異常別件物事也라. 只是爲父當慈·爲子當孝·爲臣當忠·爲夫婦當別·爲兄弟當友·爲少者當長·爲朋友當有信이니 皆於日用動靜之間에 隨事各得其當而已요 非馳心玄妙하여 希覬奇效者也라.

사람이 이 세상에 태어나서 학문이 아니면 올바른 사람이라고 할 수가 없으니, 이른바 학문이란 또한 이상하고 별다른 사물이 아니다. 다만 부모가 되어서는 마땅히 자식을 사랑하고, 자식이 되어서는 마땅히 부모에게 효도하고, 신하가 되어서는 마땅히 나라와 임금에게 충성하고, 부부가 되어서는 마땅히 분별이 있어야 하고, 형제가 되어서는 마땅히 우애해야 하고, 젊은이가 되어서는 마땅히 어른을 공경해야 하고, 친구가 되어서는 마땅히 믿음이 있어야 한다. 이것은 모두 날마다 생활하고 움직이는 사이에 일에 따라 각기 그 마땅함을 얻을 따름이요, 마음을 파악하기 힘들고 묘한 데로 쏟아 기이한 효과를 바라는 것이 아니다.

어구풀이

馳(치) : 달리다 | 覬(기) : 바라다

但不學之人은 心地茅塞하고 識見茫昧라. 故로 必須讀書窮理하여 以明當行之路然後에 造詣得正而踐履得中矣리라.

다만 배우지 않은 사람은 마음이 꽉 막히고 식견이 어둡다. 그러므로 반드시 책을 읽고 이치를 궁리하여 마땅히 행해야 할 길을 밝힌 뒤에야 학문의 조예가 올바름을 얻고 실천함이 중도(中道)를 얻게 될 것이다.

어구풀이

茅(모) : 띠, 띠풀 | 塞(색) : 막히다 | 茫(망) : 멀다 | 詣(예) : 나아가다

今人은 不知學問이 在於日用하고 而妄意高遠難行이라. 故로 推與別人하고 自安暴棄하니 豈不可哀也哉아.

지금 사람들은 학문이 일상생활에 있음을 알지 못하고, 망령되이 높고 멀어서 행하기 어려운 일이라고 생각한다. 그러므로 이것을 딴 사람에게 미루고 스스로 자포자기함을 편안하게 여기니, 어찌 슬프지 않겠는가.

어구풀이

暴(포) : 사납다 | 棄(기) : 버리다

余定居海山之陽할때 有一二學徒 相從問學하니 余慙無以爲師요, 而且 恐初學이 不知向方하고 且無堅固之志而泛泛請益이면 則彼此無補하고 反貽人譏라.

내가 해산의 남쪽에 거처를 정하자 한두 명의 배우려는 아이들이 서로 따라와 묻고 배우니, 나는 스승이 될 수 없음을 부끄럽게 여겼으며, 또 처음 배우는 이가 나아갈 방향을 알지 못하고, 또 굳은 뜻이 없으면서 띄엄띄엄 더 배우기를 청하면 피차에 도움이 없고 도리어 남의 비방을 받을까 두려웠다.

어구풀이

慙(참) : 부끄럽다 ｜ 泛(범) : 범범하다, 뜨다, 널리 ｜ 貽(이) : 주다, 끼치다
譏(기) : 나무라다

故로 略書一册子하여 粗敍立心飭躬奉親接物之方하고 名曰 : 「擊蒙要訣이라」하여 欲使學徒觀此하고 洗心立脚하여 當日下功하고 而余亦久患因循하여 欲以自警省焉하노라. 丁丑季冬에 德水李珥는 書하노라.

[擊蒙要訣 序]

그러므로 간략하게 책 한 권을 써서 뜻을 세우고 몸을 삼가며, 어버이를 받들고 남을 대하는 방법을 대강 서술하고 이름을 『격몽요결』이라고 하여, 배우는 무리들로 하여금 이것을 보고 마음을 씻고 다리(기반)를 세워 그날로 공부에 착수하게 하려고 하였으며, 나 또한 오랫동안 세월을 덧없이 보내며 지내온 것을 근심하여, 이것으로써 스스로 경계하고 살피고자 하노라. 정축년(1577) 섣달에 덕수 이이는 쓰노라.

어구풀이

粗(조) : 대강, 거칠다 ｜ 敍(서) : 펴다 ｜ 飭(칙) : 삼가하다 ｜ 循(순) : 따르다.
警(경) : 경계하다, 깨닫다 ｜ 省(성) : 살피다.

● 初學先須立志하되 必以聖人自期하여 不可有一毫自小退託之念이니라. 蓋衆人與聖人이 其本性則一也라. 雖氣質은 不能無淸濁粹駁之異나 而 苟能眞知實踐하여 去其舊染而復其性初면 則不增毫末而萬善具足矣리니 衆人이 豈可不以聖人自期乎아.

처음 배우는 이는 먼저 모름지기 뜻을 세우되, 반드시 성인이 되기를 스스로 기약하여, 털끝 하나 만치라도 자신을 작게 여기고 핑계대려는 생각을 갖지 말아야 한다. 보통 사람과 성인이 그 본성은 똑같다. 비록 기질은 맑고 흐리고 순수하고 잡됨의 차이가 없지는 않으나, 만일 진실로 알고 실천하여 옛날에 물든 나쁜 습관을 버리고 그 본성의 본래 처음 자리를 회복한다면 털끝만큼을 보태지 않더라도 온갖 착함이 갖춰져 넉넉할 것이니, 보통 사람들이 어찌 성인되기를 스스로 기약하지 않겠는가.

어구풀이

託(탁): 의지하다, 맡기다 | 粹(수): 순수하다 | 駁(박): 잡되다, 섞이다

凡人이 自謂立志하되 而不卽用功하고 遲回等待者는 名爲立志나 而實無向學之誠故也라. [立志章 第一]

무릇 사람이 스스로 '뜻을 세웠다'고 말을 하되, 즉시 공부를 하지 않고 미적거리고 후일을 기다리는 것은 겉으로는 뜻을 세웠다고 하지만 실제로는 학문에 대한 정성이 없기 때문이다.

어구풀이

遲(지): 더디다

● 人雖有志於學이나 而不能勇往直前하여 以有所成就者는 舊習이 有以沮敗之也라. …… 其四는 好以文辭로 取譽於時하여 剽竊經傳하여 以飾浮藻요, …… 習之害心者 大槪如斯하니 其餘는 難以悉擧라.

사람이 비록 학문에 뜻을 두었으나 용감하게 나아가고 곧바로 전진하여 성취하는 바가 있지 못한 것은 옛 습관이 가로막고 패하게 함이 있기 때문이다. …… 그 넷째는 문장으로써 시대의 칭찬받기를 좋아하여, 경전을 표절해서 화려한 문장을 꾸미는 것이요, …… 습관이 마음을 해치는 것이 대개 이와 같으니, 그 밖의 것은 이루 다 열거하기가 어렵다.

어구풀이

沮(저): 막다 | 剽(표): 도둑질하다 | 竊(절): 훔치다 | 藻(조): 마르다, 문장

此習이 使人志不堅固하고 行不篤實하여 今日所爲를 明日難改하고 朝悔其行이라가 暮已復然하나니 必須大奮勇猛之志하여 如將一刀하여 快斷

根珠하고 淨洗心地하여 無毫髮餘脈하며 而時時每加猛省之功하여 使此心無一點舊染之汚然後에 可以論進學之工夫矣리라. [革舊習章 第二]

이러한 습관이 사람으로 하여금 뜻을 견고하지 못하게 하고 행실을 독실하지 못하게 하여, 오늘 하는 바를 내일 고치기 어렵고, 아침에 그 행실을 뉘우쳤다가 저녁에는 이미 다시 그렇게 하나니, 반드시 모름지기 용맹스러운 뜻을 크게 분발시켜서 마치 칼 하나를 가지고 통쾌하게 뿌리를 끊어 버리듯이 하고, 마음을 깨끗이 씻어내어 털끝만치라도 남은 맥이 없게 하며, 때때로 무슨 일을 할 때마다 크게 반성하고 공부를 더하여, 이 마음으로 하여금 한 점의 옛날에 물든 더러움도 없게 한 뒤에야 학문에 나아가는 공부를 논할 수 있을 것이다.

어구풀이

毫(호) : 터럭, 털 | 髮(발) : 터럭

● 學者는 必誠心向道하여 不以世俗雜事로 亂其志然後에 爲學有基址라. 故로 夫子曰 : 「主忠信이라」하셨다. …… 常須夙興夜寐하여 衣冠必正하고 容色必肅하여 拱手危坐하고 行步安詳하며 言語愼重하여 一動一靜을 不可輕忽苟且放過니라.

배우는 자가 반드시 정성스러운 마음으로 도를 향하여 세속의 잡된 일로 그 뜻을 어지럽히지 않은 뒤에야 학문을 함에 기초가 있게 된다. 그러므로 공자께서 말씀하시기를, "충성과 믿음을 주장한다."라고 하셨다. …… 항상 모름지기 일찍 일어나고 밤늦게 자서 의복과 갓을 반드시 바르게 하고, 얼굴빛을 반드시 엄숙하게 하여 손을 모으고 무릎 꿇고 바르게 앉으며, 걸음걸이를 편안하고 자상하게 하며, 말을 신중하게 하여 한 번의 움직임과 한 번의 머무름이라도 가볍고 소홀히 하여 구차하게 지나쳐 버리지 말아야 한다.

어구풀이

址(지) : 터 | 拱(공) : 두 손을 마주 잡다 | 危(위) : 바르다, 곧다

收斂身心은 莫切於九容이요, 進學益智는 莫切於九思하니라. …… 常以九容九思로 存於心而檢其身하여 不可頃刻放捨요, 且書諸座隅하여 時時寓目이니라.

몸과 마음을 수렴하는 데는 구용(아홉 가지의 모양)보다 절실한 것이 없고, 배움에 나아가 지혜를 넓히는 데는 구사(아홉 가지의 생각)보다 절실한 것이 없다. …… 항상 구용과 구사를 마음속에

두고 그 몸을 단속하여 잠깐이라도 놓아버리지 말 것이요, 또 이것을 앉는 자리의 구석에 써 붙여 때때로 눈으로 보아야 할 것이다.

어구풀이
頃(경) : 잠깐 | 刻(각) : 시각 | 隅(우) : 모퉁이

非禮勿視·非禮勿聽·非禮勿言·非禮勿動 四者는 修身之要也라.
예가 아니면 보지 말고, 예가 아니면 듣지 말며, 예가 아니면 말하지 말며, 예가 아니면 움직이지 말라는 네 가지는 몸을 닦는 중요한 요점이다.

爲學이 在於日用行事之間하니 若於平居에 居處恭하며 執事敬하며 與人忠이면 則是名爲學이니 讀書者는 欲明此理而已니라.
학문을 하는 것이 일상생활에서 행하는 일 사이에 있으니, 만약에 평소에 지냄을 공손히 하고, 일을 행하기를 공경스럽게 하고, 남과 더불어 지낼 때에 정성을 다하면, 이것을 이름 하여 학문이라 하는 것이니, 책을 읽는 것은 이 이치를 밝히고자 하는 것일 뿐이다.

克己工夫가 最切於日用하니, 所謂己者는 吾心所好가 不合天理之謂也라.
자기의 사사로운 욕심을 이기는 극기 공부가 일상생활에 가장 절실하니, 이른바 '기'라는 것은 내 마음에 좋아하는 바가 천 리(天理)에 합하지 않음을 말한다.

居敬以立其本하며 窮理以明乎善하며 力行以踐其實이니 三者는 終身事業也니라. …… [持身章 第三]
경에 거하여 근본을 세우고, 이치를 연구하여 선을 밝히고, 힘써 행하여 그 진실을 실천하여야 하니, 이 세 가지는 몸을 마칠 때까지 해야 할 일이니라.

● 學者는 常存此心하여 不被事物所勝이요 而必須窮理明善然後에 當行之道 曉然在前하여 可以進步라. 故로 入道莫先於窮理하고 窮理莫先乎讀書하니 以聖賢用心之迹과 及善惡之可效可戒者가 皆在於書故也니라.

배우는 자는 항상 이 마음을 보존하여 사물에게 이김을 당하지 않게 하고, 반드시 모름지기 이치를 궁리하여 선을 밝힌 뒤에야 마땅히 행할 길이 분명히 앞에 있어서 나아갈 수가 있는 것이다. 그러므로 도에 들어감은 이치를 궁리하는 것보다 먼저 할 것이 없고, 이치를 궁리하는 것은 책을 읽는 것보다 먼저 할 것이 없으니, 성현이 마음을 쓴 자취와 선과 악의 본받고 경계해야 할 것이 모두 책에 쓰여 있기 때문이다.

凡讀書者는 必端拱危坐하여 敬對方册하여 專心致志하고 精思涵泳하여 深解義趣하고 而每句에 必求踐履之方이니 若口讀而心不體·身不行이면 則書自書·我自我니 何益之有리오.

무릇 책을 읽는 자는 반드시 단정히 손을 모으고 바르게 앉아서 공경스럽게 책을 대하여 마음을 오로지 한곳에 집중하고 의지를 다하며 자세히 생각하고 익숙하게 읽고 깊이 생각하여 깊이 그 뜻을 이해하고 구절마다 반드시 실천할 방법을 구해야 하니, 만일 입으로만 읽어 마음으로 체득하지 못하고, 몸으로 실행하지 못한다면 책은 책대로 따로이고 나는 나대로 따로일 것이니, 무슨 이익이 있겠는가?

> **어구풀이**
> 危(위) : 바르다, 곧다, 높다 | 涵(함) : 담그다

先讀小學하여 於事親·敬兄·忠君·弟長·隆師·親友之道에 一一詳玩而力行之니라.

먼저 『소학』을 읽어 어버이를 섬기고 형을 공경하며, 임금에게 충성하고 어른을 공경하며, 스승을 높이고 벗과 친하게 지내는 도리에 대하여 일일이 자세히 익혀 힘써 행해야 할 것이다.

> **어구풀이**
> 隆(륭) : 높다, 높이다 | 玩(완) : 익히다, 보다

次讀大學及或問하여 於窮理·正心·修己治人之道에 一一眞知而實踐之니라.

다음에 『대학』과 『대학혹문』을 읽어, 이치를 궁리하고 마음을 바르게 하며, 자기 몸을 닦고 남을 다스리는 도리에 대해 하나하나 진실되게 알아서 성실히 실천해야 할 것이다.

次讀論語하여 於求仁爲己·涵養本原之功에 一一精思而深體之니라.

다음에 『논어』를 읽어, 인을 구하여 자신을 위한 공부를 하며, 근본을 함양하는 공부에 대해 하나하나 자세히 생각하고 깊이 체득해야 할 것이다.

어구풀이

涵養(함양) : ① 차차 길러냄. ② 학식(學識)을 넓혀 심성(心性)을 닦음.

次讀孟子하여 於明辨義利·遏人慾·存天理之說에 一一明察而擴充之니라.

다음에 『맹자』를 읽어, 의리와 이로운 것을 잘 분별해야 하고, 인간의 욕심을 막고 하늘의 이치를 보존하는 말에 대하여 하나하나 잘 살펴서 이를 넓혀나가야 할 것이다.

어구풀이

涵(함) : 담그다 | 遏(알) : 막다, 그치다 | 擴(확) : 넓히다, 늘리다

次讀中庸하여 於性情之德·推致之功·位育之妙에 一一玩索而有得焉이니라.

다음에 『중용』을 읽어, 타고난 성품과 길러지는 감정, 그리고 미루어 지극히 하는 공부와 천지가 제자리를 잡고 만물이 나서 길러지는 미묘한 이치에 대하여 하나하나 그 뜻을 깊이 찾아서 터득함이 있도록 해야 한다.

凡讀書에 必熟讀一册하여 盡曉義趣하여 貫通無疑然後에 乃改讀他書요, 不可貪多務得하여 忙迫涉獵也니라. [讀書章 第四]

무릇 책을 읽을 때에는 반드시 한 책을 익숙히 읽어서 의미를 다 깨달아 꿰뚫어 통달하고 의심이 없은 뒤에야 다시 다른 책을 읽을 것이요, 많이 읽기를 탐하고 얻기를 힘써서 바삐 섭렵하지 말아야 한다.

어구풀이

曉(효) : 깨닫다 | 趣(취) : 뜻 | 迫(박) : 급하다 | 涉(섭) : 물건너다
獵(렵) : 넘다, 사냥하다

● 凡人이 莫不知親之當孝로되 而孝子甚鮮하니 由不深知父母之恩故也라. 詩不云乎아.「父兮生我하시고 母兮鞠我하시니 欲報之德하는데 昊天罔極이라」

무릇 사람들이 부모에게 마땅히 효도해야 한다는 것을 알지 못하는 이가 없되 효도하는 자가 매우 드무니, 이것은 부모의 은혜를 깊이 알지 못하는 데서 말미암은 연고이다. 『시경』에 이르지 않았는가. "아버지여! 나를 낳으시고, 어머니여! 나를 기르시니, 그 은덕을 깊고자 하는데 그 은덕이 높고 커서 하늘과 같아 끝이 없도다."

어구풀이
鞠(국) : 기르다 | 昊(호) : 하늘

父母之恩이 爲如何哉아. 豈敢自有其身하여 以不盡孝於父母乎아. 人能恒存此心이면 則自有向親之誠矣리라.

부모의 은혜가 어떠한가. 어찌 감히 스스로 자기 몸을 가지고 부모에게 효도를 다하지 않겠는가? 사람이 항상 이 마음을 가진다면 저절로 부모를 향하는 정성이 있을 것이다.

어구풀이
恒(항) : 항상

凡事父母者一事一行을 毋敢自專하여 必稟命而後行하라.

무릇 부모를 섬기는 자는 한 가지 일과 한 가지 행실이라도 감히 자기 혼자 마음대로 하지 않고 반드시 부모에게 여쭈어 명을 받은 뒤에 행하라.

어구풀이
專(전) : 오로지, 제멋대로 | 稟(품) : 여쭈다, 받다

今人이 多是被養於父母하고 不能以己力養其父母하니 若此奄過日月이면 則終無忠養之時也리라.

지금 사람들은 대부분 부모에게 양육을 받기만 하고 자기 힘으로 부모를 봉양하지 못하니, 이와 같이 하여 문득 세월을 보낸다면 끝내 정성으로 봉양할 때가 없을 것이다.

어구풀이
奄(엄) : 문득

人家父子間에 多是愛逾於敬하니 必須痛洗舊習하여 極其尊敬이니라.
집안에서 부모와 자식 사이에 대부분 사랑이 공경보다 지나치니, 반드시 모름지기 옛 습관을 매섭게 떨쳐버려 존경을 극진히 하여야 한다.

어구풀이
逾(유) : 넘다, 월하다 | 痛(통) : 아프다

日用之間과 一毫之頃이라도 不忘父母然後에 乃名爲孝니 彼持身不謹하며 出言無章하여 嬉戱度日者는 皆是忘父母者也니라.
일상 생활하는 사이와 잠깐이라도 부모를 잊지 않은 뒤에야 효도한다고 할 수 있으니, 저 몸가짐을 삼가지 않으며 말을 함이 법도가 없어 장난으로 세월을 보내는 자가 모두 부모를 잊은 자이다.

어구풀이
章(장) : 규칙, 법률 | 嬉(희) : 장난하다 | 戱(희) : 희롱하다, 놀다

日月이 如流하여 事親을 不可久也라. 故로 爲子者須盡誠竭力하여 如恐不及이 可也니라. [事親章 第五]
세월이 흐르는 물과 같아서 어버이 섬기기를 오래 할 수가 없다. 그러므로 자식된 자는 모름지기 정성을 다하고 힘을 다하면서 마치 미치지 못한 것을 두려워하는 것처럼 행하는 것이 옳다.

어구풀이
恐(공) : 아마, 아마도, 두려워하다

8) 明心寶鑑

　가장 널리 알려진 아동용 기초 한문교재로 "마음을 밝게하는 보배로운 거울"이란 뜻이다. 중국의 여러 經典에서 교육에 적합한 倫理·道德的인 내용을 모아 만들었다.

● 子曰:「爲善者는 天이 報之以福하고, 爲不善者는 天이 報之以禍니라.」
　공자께서 말씀하시기를, "착한 일을 하는 자는 하늘이 복으로써 갚아주고, 착하지 못한 일을 하는 자는 하늘이 재앙으로써 갚아주느니라."라고 하셨다.

어구풀이
福(복) : 복, 행복 | 禍(화) : 재앙(災殃)

漢昭烈이 將終에 勅後主曰:「勿以善小而不爲하고, 勿以惡小而爲之하라.」
　한나라의 소열제(昭烈帝)가 장차 임종하려고 할 때에 후주에게 조칙을 내려 말하기를, "착함이 작다고 하여 이를 하지 않아서는 안 되고, 악한 일이 작다고 하여 이를 해서는 안 된다."라고 하였다.

어구풀이
昭(소) : 밝다 | 勅(칙) : 칙서, 문서
昭烈(소열) : 촉한(蜀漢)의 유비(劉備)로 자(字)는 현덕(玄德)이며 시호(諡號)가 소열임
後主(후주) : 유비의 아들 선(禪)
詔勅(조칙) : "임금의 명령을 쓴 문서(글)"로 조서(詔書)라고도 함

莊子曰:「一日不念善이면 諸惡이 皆自起니라.」
　장자가 말하기를, "하루라도 착한 것을 생각하지 않으면 모든 악한 것이 다 저절로 생긴다."라고 하였다.

어구풀이
諸(제) : 모두 | 皆(개) : 다, 모두

馬援曰:「終身行善이라도 善猶不足이요, 一日行惡이라도 惡自有餘니라.」
　마원이 말하기를, "평생토록 착한 일을 하여도 착한 것은 오히려 부족한 것 같고, 단 하루를 악한

일을 해도 나쁜 것은 그대로 남아 있다."라고 하였다.

어구풀이

援(원) : 돕다 | 猶(유) : 오히려. 다 | 餘(여) : 나머지

司馬溫公曰 :「……積陰德於冥冥之中하여 以爲子孫之計也니라.」
사마온공(사마광)이 말하기를, "…… 남모르는 사이에 음덕(陰德)을 쌓아서 자손(子孫)을 위한 계책(計策)을 삼는 것만 못하느니라."라고 하였다.

어구풀이

積(적) : 쌓다 | 冥(명) : 어둡다

莊子曰 :「於我善者도 我亦善之하고 於我惡者도 我亦善之니라. 我旣於人에 無惡이면 人能於我에 無惡哉인저.」
장자가 말하기를, "나에게 착하게 하는 자에게도 나는 또한 착하게 하고, 나에게 악하게 하는 자에게도 나는 또한 착하게 할 것이다. 내가 이미 남에게 악하게 함이 없으면 남도 나에게 악하게 하는 일이 없을 것이다."라고 하였다.

어구풀이

旣(기) : 이미

東嶽聖帝 垂訓曰 :「一日行善이면 福雖未至나 禍自遠矣요, 一日行惡이면 禍雖未至나 福自遠矣니라.」[繼善篇]
동악성제가 내린 훈계에 말하기를, "하루 착한 일을 행하면 복은 비록 오지 않으나 재앙은 저절로 멀어지고, 하루라도 나쁜 일을 하면 재앙은 비록 이르지 않으나 복은 저절로 멀어진다."라고 하였다.

어구풀이

嶽(악) : 큰 산 | 垂(수) : 드리우다, 숙이다, 내리다

● 孟子曰 :「順天者는 存하고 逆天者는 亡이니라.」
맹자가 말씀하기를, "천명(天命)에 따르는 자는 살아남고, 천명을 거역하는 자는 망한다."라고 하였다.

어구풀이

順(순) : 따르다 | 逆(역) : 거스르다

種瓜得瓜요 種豆得豆니 天網이 恢恢하여 疎而不漏니라.

오이를 심으면 오이를 거두고 콩을 심으면 콩을 거두니, 하늘의 그늘이 넓고 넓어서 성글어도 새지 않는다.

어구풀이

網(망) : 그물 | 恢(회) : 넓다, 크다 | 疎(소) : 성기다, 거칠다, 드물다 | 漏(루) : 새다

子曰 :「獲罪於天이면 無所禱也니라.」[天命篇]

공자께서 말씀하시기를, "하늘에 죄를 지으면 빌 곳이 없다."라고 하셨다.

어구풀이

獲(획) : 얻다 | 禱(도) : 빌다

● 子曰 :「死生이 有命이요, 富貴在天이니라.」[順命篇]

공자께서 말씀하셨다. "죽고 사는 것은 명(목숨)에 달려있고, 부하고 귀한 것은 하늘에 달려있느니라."

어구풀이

◉ 富(부) : 넉넉하다 | ◉ 貴(귀) : 귀하다

● 詩曰 :「父兮生我하시고 母兮鞠我하시니 哀哀로다 父母여 生我劬勞샷다. 欲報深恩인대 昊天罔極이로다.」

『시경』에 이르기를, "아버지! 나를 낳으시고, 어머니! 나를 길러주시니, 슬프고 슬프도다. 부모여! 나를 낳아 기르시느라 애쓰셨도다. 그 깊은 은혜를 갚고자 하는데, 하늘같이 높고 넓어서 끝이 없도다."라고 하였다.

어구풀이

兮(혜) : 어조사(語助辭) | 鞠(국) : 기르다 | 劬(구) : 힘쓰다 | 勞(로) : 수고롭다
昊(호) : 하늘 | 罔(망) : 없다

子曰 :「孝子之事親也에 居則致其敬하고 養則致其樂하고 病則致其憂하고 喪則致其哀하고 祭則致其嚴이니라.」

공자께서 말씀하시기를, "효자가 어버이를 섬길 때에 기거(起居)함에는 공경을 다하고, 봉양할 때에는 즐거움을 다하고, 병이 드시면 근심을 다하고, 초상(初喪)을 당하면 슬픔을 다하고, 제사를 지낼 때면 엄숙함을 극진히 다하여야 한다."라고 하셨다.

어구풀이

致(치) : 다하다, 이르다 ㅣ 憂(우) : 근심 ㅣ 嚴(엄) : 엄하다

子曰 :「父母가 在하시면 不遠遊하며 遊必有方이니라.」

공자께서 말씀하시기를, "부모가 집에 계시면 멀리 나가 놀지 말며, 나가 놀 때에는 반드시 가서 노는 곳을 부모가 알고 계셔야 한다."라고 하셨다.

어구풀이

遊(유) : 놀다 ㅣ 方(방) : 곳, 장소, 모서리

太公曰 :「孝於親이면 子亦孝之하나니 身旣不孝면 子何孝焉이리오.」
[孝行篇]

강태공이 말하기를, "내가 부모에게 효도하면 내 자식 또한 나에게 효도하니, 내가 이미 부모에게 효도를 하지 않았다면 내 자식이 어찌 나에게 효도하겠는가?"라고 하였다.

어구풀이

焉(언) : 어조사

● 性理書에 云 :「見人之善이어든 而尋己之善하고 見人之惡이어든 而尋己之惡이니 如此라야 方是有益이니라.」

성리서에 이르기를, "남의 착한 것을 보거든 나의 착한 것을 찾고, 남의 악한 것을 보거든 나의 악한 것을 찾을 것이니, 이와 같이 하여야 바야흐로 유익함이 있느니라."라고 하였다.

어구풀이

尋(심) : 찾다 ㅣ 方(방) : 바야흐로, 모서리, 곳, 장소

太公曰：「勿以貴己而賤人하고 勿以自大而蔑小하고 勿以恃勇而輕敵이니라.」

강태공이 말하기를, "자신을 귀하게 여기고 남을 천하게 여기지 말며, 자기를 과시하고 작은 것을 업신여기지 말며, 용맹을 믿고 적을 가볍게 여기지 말지니라."라고 하였다.

어구풀이

蔑(멸) : 업신여기다 ｜ 恃(시) : 믿다

馬援曰 : 「聞人之過失이어든 如聞父母之名하여 耳可得聞이언정 口不可言也니라.」

마원이 말하기를, "남의 과실(잘못)을 들으면 부모의 이름을 들은 것처럼 하여 귀로는 들을지언정 입으로는 말하지 말지니라."라고 하였다.

어구풀이

過(과) : 허물, 잘못, 지나가다

道吾善者는 是吾賊이요 道吾惡者는 是吾師니라.

나의 착한 점을 말하는 자는 그가 곧 나의 적이요, 나의 나쁜 점을 말하는 자는 그가 곧 나의 스승이니라.

어구풀이

道(도) : 말하다, 법도, 이치, 진리

太公曰：「勤爲無價之寶요 愼是護身之符니라.」

강태공이 말하기를, "부지런함은 값으로 헤아릴 수 없는 보배가 되고, 삼가는 것은 몸을 보호하는 부신(符信 : 신표信標)이니라."라고 하였다.

어구풀이

勤(근) : 부지런하다 ｜ 價(가) : 값 ｜ 愼(신) : 삼가다 ｜ 護(호) : 보호하다
符(부) : 부신, 증표, 증거, 부적

子曰：「君子有三戒하니 少之時엔 血氣未定이라 戒之在色하고, 及其壯

也하여는 血氣方剛이라 戒之在鬪하고, 及其老也하여는 血氣旣衰라 戒之在得이니라.」
공자께서 말씀하시기를, "군자가 세 가지 경계할 것이 있으니, 나이가 젊을 때에는 혈기가 안정되지 않은지라 여색(女色)을 경계해야 하며, 장성(壯成)해서는 혈기가 강성(强盛)한지라 싸움을 경계해야 하고, 늙어서는 혈기가 이미 쇠잔(衰殘)한지라 탐(貪)내서 얻는 것을 경계해야 한다."라고 하셨다.

> 어구풀이

戒(계) : 경계하다 | 壯(장) : 씩씩하다, 굳세다 | 剛(강) : 굳세다 | 鬪(투) : 싸움
衰(쇠) : 쇠하다.

子曰 :「衆이 好之라도 必察焉하며 衆이 惡之라도 必察焉이니라.」
공자께서 말씀하시기를, "여러 사람이 좋아하더라도 반드시 살펴보아야 하며, 여러 사람이 미워하더라도(나쁘다고 하더라도) 반드시 살펴보아야 하느니라."라고 하셨다.

> 어구풀이

察(찰) : 살피다 | 惡(오) : 미워하다

萬事從寬이면 其福自厚니라.
모든 일에 너그러움을 좇으면 그 복이 저절로 두터워지느니라.

> 어구풀이

從(종) : 좇다, 따르다 | 寬(관) : 너그럽다

耳不聞人之非하고 目不視人之短하고 口不言人之過라야 庶幾君子니라.
귀로는 남의 그른 것(나쁜 것)을 듣지 않고, 눈으로는 남의 단점을 보지 않고, 입으로는 남의 허물을 말하지 말아야 거의 군자에 가까우니라.

> 어구풀이

庶(서) : 거의 | 幾(기) : 거의, 가깝다

宰予가 晝寢이어늘 子曰 :「朽木은 不可彫也요 糞土之墻은 不可圬也니라.」[正己篇]

재여가 낮잠을 자거늘, 공자께서 말씀하셨다. "썩은 나무는 조각하여 새길 수가 없고, 썩은 흙으로 만든 담은 흙손질을 하지 못하느니라."

어구풀이

朽(후) : 썩다 | 彫(조) : 다듬다 | 糞(분) : 똥 | 墻(장) : 담 | 杇(오) : 흙손질하다

● 景行錄에 曰 :「知足이면 可樂이요 務貪則憂니라.」
『경행록』에 이르기를, "만족함을 알면 즐거울 수 있고, 탐욕(貪慾)에 힘쓰면 근심하게 되느니라."라고 하였다.

어구풀이

景行錄(경행록) : 송(宋)나라 때 책이라고 하나 현재 전하지 않음

知足者는 貧賤亦樂이요 不知足者는 富貴亦憂니라.
만족함을 아는 자는 가난하고 천(賤)하여도 또한 즐겁고, 만족함을 모르는 자는 부(富)하고 귀(貴)하여도 또한 근심하느니라.

知足常足이면 終身不辱하고 知止常止면 終身無恥니라.
만족함을 알고 항상 만족하면 평생토록 욕되지 아니하고, 그칠 줄을 알고 항상 멈추면 종신토록 부끄러움이 없느니라.

어구풀이

辱(욕) : 욕되다 | 恥(치) : 부끄럽다.[≒恥치]

安分吟에 曰 :「安分身無辱이요 知幾心自閑이라. 雖居人世上이나 却是出人間이니라.」[安分篇]
분수에 편안하면 몸에 욕됨이 없을 것이요, 조짐을 알면 마음이 저절로 한가할 것이니라. 비록 인간 세상에 살지만, 도리어 인간 세상을 벗어나게 되느니라.

어구풀이

幾(기) : 기미, 낌새, 조짐 | 却(각) : 도리어

02 四書 읽기

기초 한자와 한문 익히기

1) 大學

"四書"의 하나로 본래 『禮記』의 한 편이었는데 宋나라 때 朱子에 이르러 이를 분리시켜 經과 傳으로 정리하고 章句를 짓고 集注를 하였다. 주요 내용인 三綱領과 八條目은 南宋 이후 儒家哲學의 윤리적·철학적·정치적 측면 등의 기본 강령이 되었다.

● 大學之道는 在明明德하며 在親(新)民하며 在止於至善이니라.
대학의 도는 밝은 덕을 밝힘에 있으며, 백성을 가까이(새롭게)함에 있으며, 지극한 선의 경지에 머무름에 있느니라.

어구풀이
親(친) : 친하다 ｜ 至(지) : 지극하다

物有本末하고 事有終始하니 知所先後면 則近道矣니라.
물건에는 근본과 끝이 있고, 일에는 끝과 시작이 있으니, 먼저 해야 할 것과 뒤(나중)에 해야 할 것을 알면 곧 도에 가까울 것이니라.

古之欲明明德於天下者는 先治其國하고 欲治其國者는 先齊其家하고 …… 欲正其心者는 先誠其意하고 欲誠其意者는 先致其知하니 致知는 在格物하니라.
옛날에 밝은 덕을 천하에 밝히고자 하는 자는 먼저 그 나라를 다스리고, 그 나라를 다스리고자 하는 자는 먼저 그 집안을 가지런히 하고, …… 그 마음을 바르게 하고자 하는 자는 먼저 그 뜻을 정성스럽게 하고, 그 뜻을 정성스럽게 하고자 하는 자는 먼저 그 앎을 지극히 하였으니, 앎을 지극히 함은 사물에 이르러 그 이치를 궁구함에 있다.

어구풀이

齊(제) : 가지런하다 ┃ 致(치) : 이루다, 다하다 ┃ 格(격) : 이르다

自天子至於庶人이 壹是皆以修身爲本이니라.

천자로부터 서인에 이르기까지 한결같이 모두 몸을 닦는 것을 근본으로 삼는다.

어구풀이

自(자) : (~으)로부터 ┃ 庶(서) : 무리 ┃ 壹(일) : 하나, 한결같이

其本이 亂而末治者 否矣며 其所厚者에 薄이요 而其所薄者에 厚할이(는) 未之有也니라. [經1章]

그 근본(몸)이 어지럽고서 끝이 다스려지는 자는 없으며, 후하게 할 것(집안)에 박하게 하고, 박하게 할 것에 후하게 하는 자는 있지 않다.

어구풀이

否(부) : 아니다, 없다 ┃ 厚(후) : 두텁다 ┃ 薄(박) : 얇다

● 湯之盤銘曰 : 「苟日新이어든 日日新하고 又日新이라」[傳2章]

탕왕의 반명에 이르기를, : "진실로 어느 날에 (덕을)새롭게 했거든 나날이 새롭게 하고, 또 나날이 새롭게 하라!"고 하였다.

어구풀이

湯(탕) : 끓다 ┃ 盤(반) : 쟁반 ┃ 銘(명) : 새기다

● 詩云 : 「穆穆文王이여 於緝熙敬止라」하니

爲人君엔 止於仁하시고 爲人臣엔 止於敬하시고 爲人子엔 止於孝하시고 爲人父엔 止於慈하시고 與國人交엔 止於信이러시다.

『시경』에 이르기를, "훌륭하신 문왕이여, 아! 끊임없이 밝고 공경스럽게 머무르셨네."라고 하였

으니, 임금이 되어서는 인에 머무르고, 신하가 되어서는 공경에 머무르고, 자식이 되어서는 효에 머무르고, 아버지가 되어서는 자애로움에 머무르고, 나라 사람들과 사귐에는 믿음에 머무르셨다(머물러야 한다).

어구풀이

穆(목) : 화목하다, 아름답다, 깊다 | 於(오) : 감탄사(感歎詞)
緝(즙) : 잇다, 계속하다, 화목하다, 빛나다 | 熙(희) : 빛나다

詩云 :「於戱라 前王不忘이라」하니 君子는 賢其賢而親其親하고 小人은 樂其樂而利其利하나니 此以沒世不忘也니라. [傳3章]

『시경』에 이르기를, "아! 이전의 임금을 잊을 수가 없네"라고 하였으니, 군자는 그 어진 이를 어질다고 하며 그 친한 이를 친하게 여기고, 소인은 그가 즐거워하는 것을 즐거워하고 그에게 이로움이 되는 것을 이롭게 여기니, 이것 때문에 세상을 떠나도 잊지 못하는 것이다.

어구풀이

戱(호) : 탄식하다 | 沒(몰) : 죽다, 빠지다

● 子曰 :「聽訟이 吾猶人也나 必也使無訟乎인저」하시니 無情者不得盡其辭는 大畏民志니 此謂知本이니라. [傳4章]

공자께서 말씀하시기를, "송사를 듣고 처리함이 나도 남과 같으나 반드시 백성들로 하여금 송사가 없도록 하겠다."라고 하셨으니, 진실함이 없는 자가 그 거짓말을 다하지 못하게 함은 백성의 마음(뜻)을 크게 두려워하기 때문이니, 이것을 일컬어 '근본을 안다'고 하는 것이다.

어구풀이

訟(송) : 송사(訟事)하다 | 使(사) : 하여금, 사신 | 畏(외) : 두려워하다

● 此謂知之至也니라. [傳5章]

이것을 일컬어 '지식이 지극하다'고 하는 것이다.

右는 傳之五章이니 蓋釋格物致知之義而今亡矣라.

오른쪽의 글은 전문(傳文)의 5장(章)이니, 대개 격물치지의 뜻을 해석한 것인데, 지금은 없어져

버렸다.

間嘗竊取程子之意하여 以補之하니 曰:「所謂致知在格物者는 言 欲致吾之知인댄 在卽物而窮其理也라. 蓋人心之靈이 莫不有知요 而天下之物이 莫不有理언마는 惟於理에 有未窮이라. 故로 其知有不盡也니 是以로 大學始敎에 必使學者로 卽凡天下之物하여 莫不因其已知之理而益窮之하여 以求至乎其極하나니 至於用力之久而一旦豁然貫通焉이면 則衆物之表裏精粗가 無不到하고 而吾心之全體大用이 無不明矣리니 此謂物格이며 此謂知之至也니라.」 [格物致知 補亡章]

근간에(요즈음) 내[주자(朱子)]가 일찍이 정자의 뜻을 슬며시 취하여 빠진 부분을 다음과 같이 보충하여 말하였다. "이른바 치지가 격물함에 있는 것은 나의 앎을 지극히 하고자 한다면 사물에 나아가 그 이치를 궁구함에 있음을 말한 것이니라. 대개 모든 사람 마음의 신령스러움은 앎이 있지 않음이 없고(앎을 지니고 있고), 천하의 사물은 이치가 있지 않음이 없다. 다만 이치에 대하여 궁구하지 않음이 있는 것이다. 그러므로 그 앎이 다하지 못함이 있는 것이다. 이것 때문에 대학에서 처음 가르칠 때에 반드시 배우는 자들로 하여금 모든 천하의 사물에 나아가서 그 이미 알고 있는 이치로 더욱 궁구해서 그 극처(極處)에 이름을 구하지 않음이 없게 하는 것이다(그 극처에 이르도록 추구하게 하는 것이다). 그리하여 힘쓰기를 오래 하여 하루아침에 환하게 도를 관통하여 깨달음에 이르면 곧 모든 사물의 겉과 속 그리고 정조(곱고 거친 것)에 이르지 않음이 없을 것이요, 내 마음의 전체적인 큰 작용이 밝지 않음이 없을 것이니, 이것을 일컬어 격물(格物:사물에 이름)이라 하고, 이것을 일컬어 지지지라고 한다."

어구풀이

竊(절) : 사사로이, 몰래 ǀ 卽(즉) : 나아가다, 곧 ǀ 靈(령) : 신령스럽다
旦(단) : 아침 ǀ 豁(활) : 깨닫다, 넓다 ǀ 貫(관) : 꿰뚫다 ǀ 精(정) : 자세하다
粗(조) : 거칠다, 대강(大綱)

● 所謂誠其意者는 毋自欺也니 如惡惡臭하며 如好好色이 此之謂自謙(慊)이니 故로 君子는 必愼其獨也니라.

이른바 그 뜻을 성실히 한다는 것은 스스로 속이지 말라는 것이니, [악을 미워하기를] 악취(나쁜 냄새)를 미워하는(싫어하는) 것 같이 하며, [선을 좋아하기를] 좋은 색을 좋아하는 것 같이 해야

하니, 이것을 일컬어 '스스로 만족함'이라고 한다. 그러므로 군자는 반드시 그 자신이 홀로 있을 때를 삼가야 하는 것이다.

어구풀이

毋(무) : 말라 | 欺(기) : 속이다 | 惡(오) : 미워하다 | 謙(겸) : 겸손하다
愼(신) : 삼가다

曾子曰 :「十目所指며 十手所指니 其嚴乎인저」
증자가 말하기를, "열 사람의 많은 눈이 보는 바이며(보고 있으며), 열 사람의 많은 손가락이 가리키는 바이니(잘못을 지적하고 있으니), 그 엄연(嚴然)함이여!"라고 하였다.

어구풀이

指(지) : 가리키다 | 嚴(엄) : 엄하다

富潤屋이요 德潤身이니 心廣體胖이라. 故로 君子는 必誠其意니라. [傳6章]
부(넉넉함)는 집을 윤택하게 하고, 덕은 몸을 윤택하게 하니, [덕은]마음을 넓게 해주고 몸을 편안하게 해준다. 그러므로 군자는 반드시 그 뜻(마음)을 정성스럽게 해야 하는 것이다.

어구풀이

潤(윤) : 윤택하다, 젖다 | 胖(반) : 편안하다, 넉넉하다, 크다, 살찌다

● 心不在焉이면 視而不見하며 聽而不聞하며 食而不知其味니라. [傳7章]
마음이 있지 않으면 보아도 보이지 않으며, 들어도 들리지 않으며, 먹어도 그 맛을 알지 못하느니라.

此謂修身이 在正其心이니라.
그래서 이것을 일컬어 '몸을 닦는 것[수신(修身)]이 그 마음을 바르게 함[정기심(正其心)]에 있다'고 하는 것이다.

● 諺有之하니 曰 :「人莫知其子之惡하며 莫知其苗之碩이라」하니라. [傳8章]
속담에 이런 말이 있으니, "사람들이 그 자식의 악함을 알지 못하며, 그 곡식 싹의 큼을 알지 못한

다."라고 하였다.

어구풀이

諺(언) : 속담 | 苗(묘) : 싹, 모종 | 碩(석) : 크다 | 其子(기자) : 자기 자식. 그의 자식
苗(묘) : 곡식의 싹

● 所謂治國이 必先齊其家者는 其家를 不可敎요 而能敎人者無之하니 故로 君子는 不出家而成敎於國하나니 孝者는 所以事君也요 弟者는 所以事長也요 慈者는 所以使衆也니라.

이른바 나라를 다스리려면 반드시 먼저 그 집안을 가지런히 해야 한다는 것은, 그(자기) 집안사람들을 잘 가르치지 못하면서도 남을 가르칠 수 있는 사람은 없기 때문이다. 그러므로 군자는 집을 나가지 않고도 나라에 가르침을 이루는 것이니, 효도는 임금을 섬기는 방법이요, 공경은 어른을 섬기는 방법이요, 자애로움은 백성(민중)을 부리는 방법이니라.

어구풀이

弟(제) : 공경하다 | 事(사) : 섬기다 | 使(사) : 부리다

康誥曰 : 「如保赤子라」하니 心誠求之면 雖不中이나 不遠矣니 未有學養子而后嫁者也니라.

「강고」에 말하기를, "갓난아기를 보호하듯이 하라."라고 하였으니, 마음으로 진실로(정성스럽게) [어떤 일을] 추구하면 비록 딱 들어 맞지는 않아도 [목적한 것에서] 멀리 벗어나지는 않을 것이다. 자식 기르는 법을 배운 뒤에 시집가는 사람은 있지 않다.

어구풀이

康(강) : 편안하다, 튼튼하다 | 誥(고) : 가르치다, 깨우쳐주다 | 赤(적) : 붉다, 벌거벗다
嫁(가) : 시집가다

君子는 有諸己而後求諸人하며 無諸己而後非諸人하나니 所藏乎身이 不恕요 而能喩諸人者 未之有也니라.

군자는 자기 몸에 [선이] 있은 뒤에야 남에게 [선을] 요구하며, 자기 몸에 [악이] 없은 뒤에야 남의 [악을] 비난하는 것이다. 그러니 자기 몸에 간직하고 있는 것이 [남을 먼저 생각하는] 서(恕)의

덕(德)이 아니면서 능히 남을 깨우쳐 줄 수 있는 사람은 있지 않다.

어구풀이

非(비): 꾸짖다, 나무라다 | 藏(장): 감추다, 저장하다 | 恕(서): 용서하다
喻(유): 깨우치다

詩云:「桃之夭夭여 其葉蓁蓁이로다 之子于歸여 宜其家人이라」하니 宜其家人而后에 可以教國人이니라.

『시경』에 이르기를, "복숭아 꽃의 예쁘고 싱싱함이여, 그 이파리 무성하네! 이 아가씨 시집가니, 그 집안사람들을 화목하게 하겠구나!"라고 하였으니, 그 집안사람들을 화목하게 한 뒤에야 나라 사람들을 교화할 수 있을 것이다.

어구풀이

桃(도): 복숭아 | 夭(요): 예쁘다 | 蓁(진): 무성하다 | 歸(귀): 시집가다
宜(의): 마땅하다

詩云:「宜兄宜弟라」하니 宜兄宜弟而后에 可以教國人이니라.

『시경』에 이르기를, "형도 화목하고 아우도 화목하네!"라고 하였으니, 형도 화목하고 아우도 화목하면서 형제간의 우애가 좋은 뒤에야 나라 사람들을 교화할 수 있는 것이다.

어구풀이

宜(의): 좋음, 합당함, 화목하게 함

詩云:「其儀不忒이라 正是四國이라」하니 其爲父子兄弟足法而后에 民法之也니라.[傳9章]

『시경』에 이르기를, "그 위의(威儀)가 어긋남(어그러짐)이 없으니, 바로 이것이 사방의 나라를 바로잡는 것이네!"라고 하였으니, 그 부자와 형제 된 자의 관계가 남이 본받을 만한 뒤에야 백성들이 그를 본받는 것이다.

어구풀이

儀(의): 거동(擧動) | 忒(특): 어그러지다 | 正(정): 바르다 | 法(법): 본받다, 법

● 所謂平天下在治其國者는 上老老而民興孝하며 上長長而民興弟하며 上恤孤而民不倍하나니 是以로 君子有絜矩之道也니라.

이른바 천하를 화평(和平)하게 하는 것이 그 나라를 다스림에 있다는 것은, 윗사람[임금]이 노인을 노인으로 대접하면 백성들에게 효도가 일어나며, 윗사람이 어른을 어른으로 대접하면 백성들에게 공경의 덕이 일어나며, 윗사람이 외로운 이들(고아:孤兒)을 불쌍히 여기면 백성들은 배반하지(저버리지) 않게 된다. 그러므로 군자에게는 '법도로 헤아리는 도(혈구지도:絜矩之道)'가 있는 것이다.

어구풀이

恤(휼): 구휼(救恤)하다, 사랑하다, 근심하다 | 倍(배): 등지다, 저버리다
正(정): 바르다, 바로잡다 | 絜(혈): 재다, 헤아리다, 깨끗하다
矩(구): 법, 법도, 네모 모서리, 땅

德者는 本也요 財者는 末也니 外本內末이면 爭民施奪이니라.

덕은 근본이요, 재물은 말단이다. 근본을 밖으로 하고 말단을 안으로 하면, [정치가 혼란스러워져서] 백성들을 서로 다투게 하여 약탈을 일삼게 만드느니라.

어구풀이

末(말): 끝, 말단(末端) | 施(시): 베풀나, 하게 하다 | 奪(탈): 빼앗다

好人之所惡하며 惡人之所好를 是謂拂人之性이라 菑必逮夫身이니라.

남이 미워하는(싫어하는) 바를 좋아하며, 남이 좋아하는 바를 미워함(싫어함), 이것을 일컬어 '사람의 본성(성품)을 어기는 것이다.'라고 하는 것이니, 이러한 자는 반드시 재앙이 그 몸에 미칠 것이니라.

어구풀이

拂(불): 어기다 | 菑(재): 재앙 | 逮(체): 미치다

是故로 君子有大道하니 必忠信以得之하고 驕泰以失之니라.

그러므로 군자에게는 큰 도가 있으니, 반드시 충실함과 믿음으로써 그것을 얻게 되고, 교만함과 방자함(건방짐)으로써 그것을 잃게 되느니라.

> **어구풀이**
> 驕(교) : 교만하다 ｜ 泰(태) : 교만하다, 잘난체하다, 크다, 너그럽다

仁者는 以財發身하고 不仁者는 以身發財니라. [傳10章]
어진 사람은 재물로써 자신의 몸을 일으키고, 어질지 못한 사람은 자신의 몸으로써 재물을 일으키느니라.

> **어구풀이**
> 發(발) : 일으킨다, 발전(發展)시킨다, 발흥(發興)시킨다

2) 中庸

"四書"의 하나로 본래 『禮記』의 한 편이었는데 宋나라 때 朱子에 이르러 이를 분리시켰다. 孔子의 손자인 子思가 지었다고 하며, 天人相關의 宇宙論으로부터 中庸의 德을 인간행위의 최고 기준으로 삼았으며, 또한 天人合一의 形而上學을 논하였다.

● 天命之謂性이요 率性之謂道요 修道之謂敎니라.
하늘이 명령한 것을 일컬어 '성(性:본성)'이라 하고, 성(性)을 따르는 것을 일컬어 '도(道)'라고 하고, 도(道)를 닦는 것을 일컬어 '교(敎:가르침)'라고 한다.

> **어구풀이**
> 命(명) : 명령하다, 목숨 ｜ 率(솔) : 따르다

道也者는 不可須臾離也니 可離면 非道也라. 是故로 君子는 戒愼乎其所不睹하며 恐懼乎其所不聞이니라.
도라는 것은 잠시도 떨어질(떨어날) 수가 없는 것이니, 떨어질 수 있다면 도가 아니다. 이런 고로 군자는 그 보이지 않는 바에 대하여(그 보이지 않는 곳에서도) 경계하고 삼가 조심해야 하며, 그가 듣지 못하는 바에 대하여도(자기가 듣지 못하는 곳에서도) 두려워하는 것이다.

어구풀이

須(수) : 모름지기, 잠깐 | 臾(유) : 잠깐 | 離(리) : 떠나다 | 戒(계) : 경계(警戒)하다
愼(신) : 삼가다 | 睹(도) : 보다 | 恐(공) : 두려워하다 | 懼(구) : 두려워하다

莫見乎隱이며 莫顯乎微니 故로 君子는 愼其獨也니라.

숨어 있는 것보다 더 잘 드러나는 것(나타나 보이는 것)은 없으며, 미세하고 작은 것보다 더 잘 나타나는 것은 없다. 그러므로 군자는 그가 홀로(혼자) 있을 때를 삼가고 조심해야 한다.

어구풀이

莫(막) : 말다, 없다 | 見(현) : 나타나다(≒現현), 드러나다 | 隱(은) : 숨다
顯(현) : 나타나다 | 微(미) : 미미하다, 미세(微細)하다, 작다

喜怒哀樂之未發을 謂之中이요 發而皆中節을 謂之和니 中也者는 天下之大本也요 和也者는 天下之達道也니라.

기쁘고 성내고(화내고) 슬프고 즐거워하는 감정이 밖으로 드러나지 않은 것을 일컬어 '중(中)'이라 하고, [희로애락의 감정이] 드러나서 모두가 절도에 맞는 것을 일컬어 '화(和)'라고 하니, '중(中)'이란 것은 천하의 큰(위대한) 근본이요, '화(和)'란 것은 천하의 통달한 도(道)인 것이다.

어구풀이

喜(희) : 기쁘다 | 怒(노) : 성내다 | 哀(애) : 슬프다 | 樂(락) : 즐기다
發(발) : 드러나다 | 中(중) : 적중(的中)하다 | 節(절) : 예절, 절도, 마디

致中和하면 天地가 位焉하고 萬物이 育焉이니라. [第1章]

중(中)과 화(和)의 덕(德)을 극진히 하면 천지가 제자리를 찾아 자리를 잡고, 만물이 잘 길러진다.

어구풀이

致(치) : 다하다, 이르다 | 位(위) : 자리 | 育(육) : 기르다

● 子曰 : 「中庸은 其至矣乎인저. 民鮮能이 久矣니라.」 [第3章]

공자께서 말씀하시기를, "중용은 그것이 참으로 지극한 것이구나! 백성들(사람들) 중에는 능히 중용을 오래 지킬 수 있는 자가 드물다."라고 하셨다.

어구풀이

至(지) : 지극하다, 이르다 | 鮮(선) : 드물다

● 子曰:「道之不行也를 我知之矣로니 知(智)者는 過之하고 愚者는 不及 也일새니라.……」[第4章]

공자께서 말씀하시기를, "올바른 중용의 도가 행하여지지 않음을(못하는 이유를) 내가 알았으니, 지혜로운 자는 이를 지나치고, 어리석은 자는 이에 미치지 못한다."라고 하셨다.

어구풀이

知(지) : 알다, 슬기로움, 지혜 | 過(과) : 지나치다 | 愚(우) : 어리석다

● 子曰:「舜은 其大知也與신저 舜이 好問而好察邇言하시되 隱惡而揚善 하시며 執其兩端하사 用其中於民하시니 其斯以爲舜乎신저.」[第6章]

공자께서 말씀하시기를, "순임금 그분은 큰(위대한) 지혜를 지니신 분이셨다. 순임금은 묻기를 좋아하셨고, 가까운 말씀을 살피기 좋아하셨으며, 백성들의 나쁜 점을 숨겨주셨으며 좋은 점을 드러내 주셨으며, 그 양쪽 극단을 잡으신 다음에 그 중용의 도를 백성에게 쓰셨으니, 이것이 바로 어진 순임금이 되신 까닭이구나!"라고 하셨다.

어구풀이

邇(이) : 가깝다 | 揚(양) : 떨치다, 드날리다 | 端(단) : 끝

● 子曰:「人皆曰予知(智)로되 驅而納諸罟擭陷阱之中而莫之知辟也하며 人皆曰予知로되 擇乎中庸而不能期月守也니라.」[第7章]

공자께서 말씀하시기를, "사람들이 모두 말하기를 '내가 지혜롭다'고 하지만, [새나 짐승을 잡는데에] 몰아서 그물과 덫 그리고 함정 속으로 넣어도(들어가게 하여도) 그것을 피할 줄은 알지 못하며(모르며), 사람들이 모두 말하기를 '내가 지혜롭다'고 하지만, 중용을 택하여 [마음속으로] 단(만) 한 달도 능히 지키지 못한다."라고 하셨다.

어구풀이

驅(구) : (말을) 몰다 | 納(납) : 들이다, 받다 | 罟(고) : 그물 | 擭(확) : 덫
陷(함) : 빠지다, 함정 | 阱(정) : 함정 | 擇(택) : 가리다
期(기) : 돌(一年일 년), 기약하다, 기간

● 子曰:「回之爲人也 擇乎中庸하여 得一善이면 則拳拳服膺而弗失之矣니라.」[第8章]

공자께서 말씀하시기를, "안회의 사람됨이 중용을 택하여 한 가지 선을 얻으면, 가슴 속에 꼭 간직하고 그것(한 가지 선)을 잃지 않았다."라고 하셨다.

어구풀이

拳(권) : 주먹, 움켜쥐다 ∣ 服(복) : 옷, 입다 ∣ 膺(응) : 가슴 ∣ 弗(불) : 아니다

● 子曰:「天下國家를 可均也며 爵祿을 可辭也며 白刃을 可踏也로되 中庸은 不可能也니라.」[第9章]

공자께서 말씀하시기를, "천하와 국가를 고르게 다스릴 수 있으며, 작록(爵祿)을 사양할 수 있고, 흰 칼날을 밟을 수 있더라도, 중용은 능히 잘해낼 수 없는 것이다."라고 하셨다.

어구풀이

均(균) : 고르다 ∣ 爵(작) : 벼슬 ∣ 祿(록) : 녹, 봉록, 월급 ∣ 辭(사) : 사양하다
刃(인) : 칼날 ∣ 踏(답) : 밟다.

● 子路問强한대 子曰:「…… 寬柔以敎요 不報無道는 南方之强也니 君子居之니라.」[第10章]

자로가 강함에 대하여 묻자, 공자께서 말씀하시기를, "…… [세상의 백성들을] 너그럽고 부드러움으로써 가르쳐 주고(교화시키고), 무도無道함(무도한 짓)에도 보복하지 않는 것은 남방의 강함이니, 군자가 이에 처한다(그렇게 처신한다)."라고 하셨다.

● 子曰:「素隱行怪를 後世에 有述焉하나니 吾弗爲之矣로라. …… 君子依乎中庸하여 遯世不見知而不悔하나니 唯聖者能之니라.」[第11章]

공자께서 말씀하시기를, "숨겨진 것을 찾고 괴이한 행동을 하면 후세에 칭찬하는 자가 있을 것이나, 나는 그런 짓을 하지 않겠다. …… 군자는 중용에 의지하여 세상에서 숨겨져서 알아주지 않더라도 후회하지 않는 것이니, 오직 성인만이 능히 그렇게 할 수 있는 것이다."라고 하셨다.

어구풀이

素(소) : 본래, 바탕 ∣ 隱(은) : 숨기다 ∣ 怪(괴) : 괴이(怪異)하다 ∣ 述(술) : 말하다

遯(둔) : 숨다(≒遁둔) | 悔(회) : 후회하다

● 君子之道는 費而隱이니라. [第12章]
군자의 도는 쓰임이 넓고 그 실체(實體)가 은미(隱微)한 것이다.

어구풀이

費(비) : 쓰다. 허비하다 | 隱(은) : 숨기다

● 子曰 : 「道不遠人하니 人之爲道而遠人이면 不可以爲道니라. …… 故로 君子는 以人治人하다가 改而止니라.
공자께서 말씀하시기를, "도가 사람에게서 멀리 있지 않으니, 사람이 도를 행하면서 사람을 멀리 한다면, 도를 한다고 할 수가 없는 것이니라. …… 그러므로 군자는 사람의 도(도리·본성)로써 사람을 다스리다가 잘못을 고치면 그치는 것이니라.

忠恕違道不遠하니 施諸己而不願을 亦勿施於人이니라. ……
정성을 다하는 것과 남을 용서하는 것[忠恕충서]은 도에서 멀리 떨어져 있지 않으니, [예를 들면] 자기 자신에게 하게 해서 원하지 않는 것을 [내가] 또한 남에게 하게 하지(시키지) 않는 것이다.

어구풀이

忠(충) : 정성 | 恕(서) : 용서하다 | 施(시) : 베풀다

庸德之行하며 庸言之謹하여 有所不足이어든 不敢不勉하며 有餘어든 不敢盡하여 言顧行하며 行顧言이니 君子胡不慥慥爾리오.」[第13章]
평소에(항상) 떳떳한 덕을 행하며, 평소에(항상) 진실된 말을 삼가, [덕을 실천하고 말을 삼가는 일에] 부족한 점이 있다면 감히 힘쓰지 않을 수 없으며, [말을 함에] 남음이 있어도 감히 말을(말과 행동을) 다해버리지 않아야 한다. [왜냐하면] 말은 행동을 돌아보게 하며, 행동을 할 때는 말을 돌아보아야 하기 때문이니, 군자가 어찌 독실하지(착실하게 힘쓰지) 않겠는가?"라고 하셨다.

어구풀이

庸(용) : 평소, 쓰다 | 謹(근) : 삼가다 | 勉(면) : 힘쓰다 | 顧(고) : 돌아보다
胡(호) : 어찌 | 慥(조) : 진실하다, 독실하다 | 爾(이) : 뿐, 따름, 너, 그

● 在上位하여 不陵下며 在下位하여 不援上이요 正己而不求於人이면 則無怨이니 上不怨天하며 下不尤人이니라.

윗자리에 있으면서는 아랫사람을 업신여기지 않으며, 아랫자리에 있으면서는 윗사람을 잡아당겨서 붙잡지(윗사람에게 도와달라고 매달리지) 아니한다. 자기의 몸과 마음을 바르게 하고 남에게서 구하려고 하지 않으면 곧 원망(怨望)이 없을 것이니, 위로는 하늘을 원망하지 않으며 아래로는 사람을 탓하지 않을 것이다.

어구풀이

陵(릉) : 업신여기다, 능멸하다 | 援(원) : 돕다, 끌다 | 怨(원) : 원망하다
尤(우) : 허물. 탓하다, 더욱

故로 君子는 居易以俟命하고 小人은 行險以徼幸이니라. [第14章]

그러므로 군자는 평이함에 처하여(편안하게 처신하며) 천명을 기다리고, 소인은 위험한 짓을 하고 요행(僥倖)을 바라는 것이다.

어구풀이

易(이) : 쉽다, 편하다 | 俟(사) : 기다리다 | 險(험) : 험하다, 위태롭다
徼(요) : 구하다, 바라다 | 幸(행) : 다행

● 君子之道는 辟如行遠必自邇하며 辟如登高必自卑니라. [第15章]

군자의 도는 비유하면 먼 곳을 가려고 할 때는 반드시 가까운 곳에서부터 시작(출발)해야 하는 것과 같으며, [또한 군자의 도를] 비유하면 높은 곳을 올라가려면 반드시 낮은 곳에서부터 시작(출발)해야 하는 것과 같다.

어구풀이

辟(비) : 비유하다 | 邇(이) : 가깝다 | 卑(비) : 낮다

● 子曰 : 「鬼神之爲德이 其盛矣乎인져.

공자께서 말씀하시기를, "귀신의 덕(德:공덕功德)됨은 그것이 지극하구나!

視之而弗見하며 聽之而弗聞이로되 體物而不可遺니라. ……」

그것은(귀신의 모습은) 보려고 해도 보이지 않으며, (귀신의 소리는) 들으려고 해도 들리지 않지만, [신(神)은] 사물(만물)의 본체가 되어 있어서 빠뜨릴 수 없는 것이니라(빠뜨리는 것이 없느니라·버릴 수 없는 것이니라)."라고 하였다.

어구풀이
體(체) : 체득하다 ㅣ 遺(유) : 빠뜨리다, 버리다

夫微之顯이니 誠之不可揜이 如此夫인저. [第16章]
무릇 은미한 것이 밝게 드러남이니, [사람이] 정성을 다하면 [그 어떤 것도] 가릴 수 없음이 이와 같은 것이구나!

어구풀이
微(미) : 미미하다, 작다 ㅣ 顯(현) : 나타나다, 드러나다 ㅣ 揜(엄) : 가리다

● 子曰 :「舜은 其大孝也與신저. ……」
공자께서 말씀하시기를, "순임금 그분은 매우 위대한 효를 행하신 분이십니다."라고 하셨다.

故로 天之生物이 必因其材而篤焉하나니 故로 栽者를 培之하고 傾者를 覆之니라.
그러므로 하늘이 만물을 낼 때에는(낳을 적에는) 반드시 그 재질(才質)에 따라서 돈독(敦篤)하게 해준다. 그러므로 심어져서 뿌리를 내리고 자라는 자는(것은) 북돋아 주고(잘 돌봐주고), 기울어진 자는(기울어져 못 쓸 것은) 못 자라게 엎어 버린다.

어구풀이
篤(독) : 돈독하다 ㅣ 栽(재) : 심다, 기르다 ㅣ 培(배) : 북돋우다 ㅣ 傾(경) : 기울어지다
覆(복) : 뒤집다, 엎다, 덥다

…… 故로 大德者는 必受命이니라. [第17章]
그러므로 큰(위대한) 덕을 지닌 사람은 반드시 천명을 받는 것이니라.

● 子曰：「武王周公은 其達孝矣乎신저. 夫孝者는 善繼人之志하며 善述人之事者也니라.」[第19章]

공자께서 말씀하시기를, "무왕과 주공 그분들은 세상 사람 모두가(누구나가) 칭찬하는(인정하는) 효도에 달통(통달)한 분(효자)이시다. 무릇(대저) 효(孝)라는 것은 사람(부모·조상)의 뜻을 잘 계승하여, 사람(부모·조상)의 사업을 잘 발전시키는 것이니라."라고 하셨다.

어구풀이

繼(계) : 잇다 | 述(술) : 펴다, 말하다, 짓다, 책 쓰다

● 故로 爲政在人하니 取人以身이요 修身以道요 修道以仁이니라.

그러므로 정치를 하는 것은 사람을 쓰는 것에 달려 있으니, 사람을 취할 때는 나 자신이 바른 몸으로써 해야 할 것이요, 몸을 닦을 때는 올바른 도로써 해야 할 것이요, 도를 닦을 때는 어진 인(仁:仁義인의)으로써 해야 할 것이니라.

誠者는 天之道也요 誠之者는 人之道也니 誠者는 不勉而中하며 不思而得하여 從容中道하나니 聖人也요 誠之者는 擇善而固執之者也니라.

정성(성실함)이란 것은 하늘의 도요, 정성스럽게(성실하게) 하려고 노력하는 것은 사람의 도이니, 정성(성실함)이란 것은 힘쓰지 아니하여도 도에 들어맞으며, 생각하지 않아도 알아서 저절로 터득하여 얻어져서 조용히 도에 맞으니, 이것이 성인이요, 정성스러워지려고(성실해지려고) 노력하는 것은 선(善)을 택하여 굳게 잡고 이를 지키는 것이다.

어구풀이

勉(면) : 힘쓰다 | 擇(택) : 가리다, 선택하다 | 固(고) : 굳다, 실로

博學之하며 審問之하며 愼思之하며 明辨之하며 篤行之니라. [第20章]

이것(정성스럽게 행해야 할 조목)을 널리 배우고, 자세히 물으며, 신중히 생각하고, 밝게 분별하고, 돈독하게(독실하게) 행하여야 한다.

어구풀이

博(박) : 넓다 | 審(심) : 살피다, 자세히 밝히다 | 愼(신) : 삼가다
辨(변) : 분별하다 | 篤(독) : 도탑다, 두텁다, 돈독하다

3) 論語

"四書"의 하나로 공자의 제자들이 공자의 언행에 관하여 기록한 것으로, 공자의 대화·제자들과의 문답·제자들 상호 간의 대화 등을 내용으로 하고 있으며, 지금 전하는 『論語』는 東漢 때의 鄭玄이 今文本 『魯論』·『齊論』과 공자의 舊宅에서 나온 古文本 『(古論)』 등을 종합하여 재편집한 것으로, 모두 20편으로 구성되어 있다.

● 子曰 :「學而時習之면 不亦說乎아 有朋이 自遠方來면 不亦樂乎아 人不知而不慍이면 不亦君子乎아」[「學而」第1章]

공자께서 말씀하시기를, "배우고 그 배운 것을 수시로 익히면 또한 기쁘지 않겠는가? 친구가 먼 곳으로부터 오면 또한 즐겁지 않겠는가? 남이 나를 알아주지 않더라도 서운해하지 않는다면 또한 군자가 아니겠는가?"라고 하셨다.

어구풀이

說(열) : 기쁘다 | 慍(온) : 성내다, 서운해하다

君子는 務本이니 本立而道生하나니 孝弟也者는 其爲仁之本與인저.
[第2章]

군자는 근본적인 것에 힘을 쓰니, 근본이 확립되면 도가 생기나니, 효도와 공경이라는 것은 그 인을 행하는 근본일 것이다.

子曰 :「巧言令色이 鮮矣仁이니라」[第3章]

공자께서 말씀하시기를, "말을 좋게 하고 얼굴빛을 좋게 하는 사람이 어진 자가 적다."라고 하셨다.

어구풀이

巧(교) : 교묘하다 | 令(령) : 좋다 | 鮮(선) : 드물다

曾子曰 :「吾日三省吾身하노니 爲人謀而不忠乎아 與朋友交而不信乎

아 傳不習乎이니라」 [第4章]

증자가 말씀하기를, "나는 날마다 세 가지로 내 몸을 살피노니, 남을 위하여 일을 도모함에 정성스럽지 못한가, 친구와 더불어 사귐에 성실하지 못한가, 스승에게서 전수받은 것을 익힘에 익숙하지 못한가이다."라고 하였다.

어구풀이

省(성) : 살피다 ┃ 謀(모) : 도모하다 ┃ 忠(충) : 정성

子曰 :「弟子入則孝하고 出則弟하며 謹而信하며 汎愛衆하되 而親仁이니 行有餘力이어든 則以學文이니라.」 [第6章]

공자께서 말씀하시기를, "제자가 집에 들어와서는 효도하고 밖에 나가서는 공손하며, 행실을 삼가고 말을 신중하게 하며, 널리 사람들을 사랑하되 어진 사람을 가까이해야 하니, 이것을 행하고 남은 힘(능력)이 있으면 곧 글을 배워야 하느니라."라고 하셨다.

어구풀이

弟(제) : 공손하다 ┃ 謹(근) : 삼가다 ┃ 汎(범) : 넓다

子曰 :「君子不重이면 則不威니 學則不固니라. 主忠信하며 無友不如己者요 過則勿憚改니라.」 [第8章]

공자께서 말씀하시기를, "군자가 중후함이 없으면 곧 위엄이 없으니, 학문도(배워도) 견고하지 못하다. 충성(정성)과 믿음을 가장 중요시하며 자기보다 못한 자를 친구 삼으려고 하지 말 것이며, 잘못(허물)이 있으면 곧 고치는 것을 꺼리지 말아야 한다."라고 하셨다.

어구풀이

重(중) : 무겁다, 중후(重厚)함 ┃ 威(위) : 위엄 ┃ 憚(탄) : 꺼리다

子曰 :「君子는 食無求飽하며 居無求安하며 敏於事而愼於言이요 就有道而正焉이면 可謂好學也已니라.」 [第14章]

공자께서 말씀하시기를, "군자는 먹음에 배부름을 구하지 않으며, 거함에 편안함을 구하지 않으며, 일에 민첩하고 말에 신중하며, 도가 있는(도를 갖춘) 사람에게 나아가서 자신을 바로잡는다면 가히 학문을 좋아한다고(좋아하는 자라고) 일컬을 만하다(말할 수 있다)."라고 하셨다.

어구풀이

食(식) : 먹다, 밥 | 飽(포) : 배부르다 | 敏(민) : 민첩하다

子曰 :「不患人之不己知요 患不知人也니라.」[第16章]
공자께서 말씀하시기를, "남이 자기를 알아주지 않음을 걱정하지 말고, 내가 남을 알지 못함을 걱정해야 하느니라."라고 하셨다.

● 子曰 :「詩三百을 一言以蔽之하니 曰 '思無邪'라.」[「爲政」第2章]
공자께서 말씀하시기를, "『시경』삼백 편을 한 마디의 말로 그것을 감싸서 표현할 수 있으니, '생각에 사악(邪惡)함이 없다.'고 말하는 것이다."라고 하셨다.

어구풀이

蔽(폐) : 가리다, 감싸다, 단정 짓다 | 邪(사) : 간사하다

子曰 :「吾十有五而志于學하고 三十而立하고 四十而不惑하고 五十而知天命하고 六十而耳順하고 七十而從心所欲하되 不踰矩니라.」[第4章]
공자께서 말씀하시기를, "나는 열다섯 살에 학문(배움)에 뜻을 두었고, 서른 살에는 자립하였고, 마흔 살에는 사물의 이치를 모두 알아 의심스러운 것이 없었고, 쉰 살에는 천명을 알게 되었고, 예순 살에는 귀로 듣는 모든 말을 바로 이해하였고, 일흔 살에는 마음이 하고자 하는 바를 좇아도 법도에 어긋나지 않았다."라고 하셨다.

어구풀이

惑(혹) : 의혹되다 | 踰(유) : 넘다. 벗어나다 | 矩(구) : 법

子曰 :「溫故而知新이면 可以爲師矣니라.」[第11章]
공자께서 말씀하시기를, "옛사람들의 학문을 잘 익혀서 새로운 것의 이치를 터득하면, 가히 스승이 될 수 있다."라고 하셨다.

어구풀이

溫(온) : 익히다 | 故(고) : 옛(고)

子曰 :「學而不思則罔하고 思而不學則殆니라.」[第15章]

공자께서 말씀하시기를, "배우기만 하고 생각하지 않으면 얻는 것이 없고, 생각만 하고 배우지 않으면 정신이 편안하지 못하고 위태롭다."라고 하셨다.

어구풀이

罔(망) : 없다 | 殆(태) : 위태롭다. 불안하다

子曰 :「由야 誨女知之乎이니라 知之爲知之요 不知爲不知 是知也니라.」[第17章]

공자께서 말씀하시기를, "유(자로)야! 내가 너에게 안다는 것을 가르쳐 줄까 하느니라. 아는 것을 안다고 하고, 모르는 것을 모른다고 하는 것, 이것이 바로 참으로 아는 것이다."라고 하셨다.

어구풀이

誨(회) : 가르치다 | 女(녀) : 너, 당신

子曰 :「獲罪於天이면 無所禱也니라.」[第13章]

공자께서 말씀하시기를, "하늘에 죄를 지으면 빌 곳이 없느니라."라고 하셨다.

어구풀이

獲(획) : 얻다. 잡다 | 禱(도) : 빌다

子曰 :「父母之年은 不可不知也니 一則以喜요 一則以懼니라.」[第21章]

공자께서 말씀하시기를, "부모의 나이는 몰라서는 안 되는 것이니, 그것은 한편으로는 오래 사시는 것이 기쁘고, 한편으로는 늙어 가시는 것이 두렵기 때문이다."라고 하셨다.

어구풀이

喜(희) : 기쁘다 | 懼(구) : 두렵다

子曰 :「德不孤라 必有隣이니라.」[第25章]

공자께서 말씀하시기를, "덕은 외롭지 아니하고, 반드시 이웃이 있느니라."라고 하셨다.

어구풀이
隣(린) : 이웃

子曰 :「敏而好學하며 不恥下問이라.」[第14章]
공자께서 말씀하시기를, "민첩하면서도 배우기를 좋아하였으며, 아랫사람에게 묻는 것을 부끄러워하지 않는다."라고 하셨다.

어구풀이
恥(치) : 부끄럽다

子曰 :「賢哉라 回也여 一簞食와 一瓢飮으로 在陋巷을 人不堪其憂어늘 回也不改其樂하니 賢哉라 回也여.」[第9章]
공자께서 말씀하시기를, "어질도다, 안회(안연)여! 한 그릇의 밥과 한 바가지의 물을 마시며 누추한 거리에 사는 것을, 다른 사람들은 그 괴로움을 견디지 못할 것인데, 안회는 그 즐거움이 변하지 않으니, 어질도다, 안회(안연)여!"라고 하셨다.

어구풀이
簞(단) : 대나무로 만든 소쿠리 | 食(사) : 밥 | 瓢(표) : 표주박 | 飮(음) : 마시다
陋(루) : 더럽다 | 堪(감) : 견디다

子曰 :「知者는 樂(요)水하고 仁者는 樂(요)山이니 知者는 動하고 仁者는 靜하며 知者는 樂(락)하고 仁者는 壽니라.」[第21章]
공자께서 말씀하시기를, "지혜로운 사람은 물을 좋아하고, 어진 사람은 산을 좋아하며; 지혜로운 사람은 동적(動的)이고, 어진 사람은 정적(靜的)이며; 지혜로운 사람은 낙천적으로 즐겁게 살고, 어진 사람은 장수(長壽)하며 오래 산다."라고 하셨다.

어구풀이
樂(요) : 좋아하다 | 靜(정) : 고요하다 | 壽(수) : 목숨

子曰 :「君子博學於文이요 約之以禮면 亦可以弗畔矣夫인저.」[第25章]
공자께서 말씀하시기를, "군자가 학문에 대하여 널리 배우고, 예로써 제약(制約)한다면 또한 도

(道)에 어긋나지(위배되지) 않을 것이다."라고 하셨다.

어구풀이
約(약) : 요약하다 | 畔(반) : 배반하다

夫仁者는 己欲立而立人하며 己欲達而達人이니라. [第28章]
무릇 어진 사람은 자신이 서고자 하면 먼저 남부터 서게 하며, 자신이 통달하고자(뜻을 이루고자) 하면 먼저 남부터 통달하게(뜻을 이루게) 하는 것이다.

子曰:「默而識之하며 學而不厭하며 誨人不倦이 何有於我哉오.」[第2章]
공자께서 말씀하시기를, "말없이 기억하며, 배움에 싫증 내지 않으며, 사람 가르치기를 게을리하지 않는 일이, [이것 가운데] 어느 것이 [나에게 문제가(어려움이)] 있으리오?"라고 하셨다.

어구풀이
默(묵) : 말이 없다 | 識(지) : 기억하다, 기록하다 | 厭(염) : 싫다 | 誨(회) : 가르치다
倦(권) : 게으르다 |
默而識之(묵이지지) : 말없이 기억함.
學而不厭(학이불염) : 배움에 싫증내지 않음.
誨人不倦(회인불권) : 사람 가르치기를 게을리하지 않음.
何有~哉(하유~재) : [이것 가운데] 어느 것이 [나에게 문제가(어려움이)] 있으리오?

子曰:「志於道하며 據於德하며 依於仁하며 游於藝니라.」[第6章]
공자께서 말씀하시기를, "도에 뜻을 두며, 덕을 굳게 지키며, 인에 의지하며, 예에 노닐어야 한다."라고 하셨다.

子曰:「不憤이면 不啓하며 不悱어든 不發하되 擧一隅에 不以三隅反이면 則不復也니라.」[第8章]
공자께서 말씀하시기를, "분발하지 않으면 일깨워 주지 않고, 알려고 애태우지 않으면 말하여 알려주지 않지만, [사각형의] 한 모퉁이를 들어 알려주었는데, [그것으로] 나머지 세 모퉁이를 알고 반증(反證)하지 못하면 다시 알려주지는(가르쳐주지는) 않는다."라고 하셨다.

어구풀이

憤(분) : 성내다 | 悱(비) : 화내다 | 隅(우) : 모퉁이

子曰 :「飯疏食飮水하고 曲肱而枕之樂라도 樂亦在其中矣니 不義而富且貴는 於我如浮雲이니라.」[第15章]

공자께서 말씀하시기를, "거친 밥을 먹고 물을 마시고, 팔을 굽혀 베개를 삼더라도, 즐거움은 또한 그 가운데 있으니; 의롭지 못하면서 재물이 넉넉하고 또한 신분이 고귀함은 나에게 뜬구름과 같다."라고 하셨다.

어구풀이

飯(반) : 밥먹다 | 疏(소) : 거칠다 | 食(사) : 밥 | 肱(굉) : 팔뚝 | 疏(소) : 거칠다
浮(부) : 뜨다

子曰 :「三人行에 必有我師焉이니 擇其善者而從之요 其不善者而改之니라.」[第21章]

공자께서 말씀하시기를, "세 사람이 길을 가면 반드시 나의 스승이 [그중에] 있으니, 그 가운데 착한 자의 좋은 점을 가려서 따르고, 그 가운데 착하지 못한 자의 나쁜 점을 가려서 자신의 잘못을 바로잡아야 한다."라고 하셨다.

子曰 :「興於詩하며 立於禮하며 成於樂이니라.」[第8章]

공자께서 말씀하시기를, "시에서 흥취를 얻게 되며, 예의로써 자신을 확립하며, 음악에서 자신을 완성시키는 것이다."라고 하셨다.

子曰 :「學如不及이요 猶恐失之니라.」[第17章]

공자께서 말씀하시기를, "배울 때는 미치지 못하는 것같이 하고, 오히려 그 배운 것을 잃어버리지 않을까 염려하면서 두려워해야 한다."라고 하셨다.

어구풀이

猶(유) : 오히려 | 恐(공) : 두렵다 | 失(실) : 잃다

朋友死하여 無所歸어든 曰：「於我殯이라」하시다. [第14章]
한글번역없음

● 子曰：「先進이 於禮樂에 野人也요 後進이 於禮樂에 君子也라하나니 如用之則吾從先進하리라.」[「先進」第1章]

공자께서 말씀하시기를, "선배들이 예악에 대하여 야인과 같았으나, 후배들은 예악에 대하여 군자와 같았다. 만일 내가 예악을 쓴다면, 나는 선배들을 따를 것이다."라고 하셨다.

● 顔淵問仁한대 子曰：「克己復禮爲仁이니 一日克己復禮면 天下歸仁焉하리니 爲仁由己니 而由人乎哉아」[「顔淵」第1章]

안연이 인을 물으니, 공자께서 말씀하시기를, "자기를 이기고 예로 돌아가는 것이 인이니, 하루라도(언제라도) 자기를 이기고 예로 돌아가면 천하가 인에 돌아가게 될 것이니, 인을 행하는 것은 자기에게 달려 있는 것이지, 남에게 달려 있는 것이겠는가？"라고 하셨다.

어구풀이
復(복)：회복하다 ｜ 由(유)：말미암다, 비롯되다

齊景公이 問政於孔子한대 孔子對曰：「君君 臣臣 父父 子子니이다.」 [第11章]

제나라 경공이 공자에게 정치를 물으니, 공자께서 대답하시기를, "임금은 임금답고, 신하는 신하다우며, 아버지는 아버지답고, 자식은 자식다워야 합니다."라고 하셨다.

季康子問政於孔子한대 孔子對曰：「政者는 正也니 子帥以正이면 孰敢不正이리오.」[第17章]

계강자가 공자에게 정치를 물으니, 공자께서 대답하시기를, "정치란 바로잡는다는 것이니, 선생(그대)께서 올바르게 이끌어주면, 누가 감히 바르지 않겠는가？"라고 하셨다.

어구풀이
政(정)：다스리다 ｜ 帥(수)：거느리다, 장수, 이끌다

樊遲問仁한대 子曰:「愛人이니라.」問知한대 子曰:「知人이니라.」
[第22章]
번지가 인(仁)을 물으니, 공자께서 말씀하시기를, "사람을 사랑하는 것이다."라고 하셨다. 지(知: 智)를 물으니, 공자께서 말씀하시기를, "사람을 아는 것이다."라고 하셨다.

子曰:「君子는 和而不同하고 小人은 同而不和니라.」[第23章]
공자께서 말씀하시기를, "군자는 [사람들과] 화합은 하지만 덩달아 함께 하지는 않고, 소인은 [사람들과] 덩달아 같이 하지만 화합하지는 않는다."라고 하셨다.

子曰:「君子는 泰而不驕하고 小人은 驕而不泰니라.」[第26章]
공자께서 말씀하시기를, "군자는 태연하지만 교만하지 않고, 소인은 교만하지만 태연하지 않다."라고 하셨다.

어구풀이
泰(태): 태연하다, 편안하다, 크다 ∣ 驕(교): 교만하다

子曰:「剛毅木訥이 近仁이니라.」[第27章]
공자께서 말씀하시기를, "굳세고, 꿋꿋하고, 질박하고, 입이 무거운 것이 인에 가깝다."라고 하셨다.

어구풀이
剛(강): 굳세다 ∣ 毅(의): 굳세다 ∣ 木(목): 질박하다, 순박하다 ∣ 訥(눌): 말을 더듬다

子曰:「有德者는 必有言이어니와 有言者는 不必有德이니라. 仁者는 必有勇이어니와 勇者는 不必有仁이니라.」[第5章]
공자께서 말씀하시기를, "덕이 있는 사람은 반드시 훌륭한 할 말이 있지만, 훌륭한 말을 잘하는 사람은 반드시 덕이 있는 것은 아니다. 어진 사람에게는 반드시 용기가 있지만, 용기있는(용감한) 사람이 반드시 인(어짊)이 있는 것은 아니다."라고 하셨다.

子曰:「古之學者는 爲己러니 今之學者는 爲人이로다.」[第25章]
공자께서 말씀하시기를, "옛날의 공부하는 사람들은 자신을 위해 공부를 했는데, 지금의 공부하는 사람들은 남을 위해 공부를 한다."라고 하셨다.

子曰:「不患人之不己知요 患其不能也니라.」[第32章]
공자께서 말씀하시기를, "남이 자기를 알아주지 않음을 걱정하지 말고, 그 자신의 능하지 못함을 걱정해야 한다."라고 하셨다.

子曰:「不怨天하며 不尤人이요 下學而上達하노니 知我者는 其天乎인저.」[第37章]
공자께서 말씀하시기를, "하늘을 원망하지 아니하며, 사람을 탓하지도 않고, 밑에서부터 배워 위에까지 통달했으니, 나를 알아주는 것은 그것이 하늘이실 것이다."라고 하셨다.

子曰:「人無遠慮면 必有近憂니라.」[第11章]
공자께서 말씀하시기를, "사람이 원대(遠大)하고 심오(深奧)한 생각이 없으면, 반드시 가까이에 근심(걱정)이 있는 것이다."라고 하셨다.

子曰:「君子는 求諸己요 小人은 求諸人이니라.」[第20章]
공자께서 말씀하시기를, "군자는 자기에게서 찾고, 소인은 남에게서 찾는다."라고 하셨다.

子貢問曰:「有一言而可以終身行之者乎잇가」子曰:「其恕乎인저 己所不欲을 勿施於人이니라.」[第23章]
자공이 묻기를, "한 마디 말로 가히 평생 동안 그것을 행할만한 것이 있습니까?"라고 하니, 공자께서 말씀하시기를, "그것은 서(恕)이다! 자기가 하고자 하지 않는 바를 남에게 시키지 않는 것이다."라고 하셨다.

子曰:「君子는 不可小知而可大受也요 小人은 不可小受而可小知也니라.」[第33章]

공자께서 말씀하시기를, "군자는 작은 일로 알려져서는 안 되고, 큰일을 받아들일 수 있어야 한다. 소인은 큰일을 받아들일 수 없어도, 작은 일로 알려질 수는 있다."라고 하셨다.

子曰:「有敎면 無類니라.」[第38章]

공자께서 말씀하시기를, "가르침에는 종류를 나누고 구분을 함[유별(類別)]이 없다."라고 하셨다.

● 孔子曰:「益者三友요 損者三友니 友直하며 友諒하며 友多聞이면 益矣요 友偏辟하며 友善柔하며 友便佞이면 損矣니라.」「季氏」第4章]

공자께서 말씀하시기를, "유익한 세 가지 벗이 있고, 해로운 세 가지 벗이 있다. 정직한 사람을 벗하며, 성실한 사람을 벗하며, 견문이 많은 사람을 벗하면 유익하고; 한쪽으로 치우친 사람을 벗하며, 아첨 잘하는 사람을 벗하며, 말을 잘 둘러대는 사람을 벗하면 해가 된다."라고 하셨다.

어구풀이
諒(량) : 믿다, 성실하다 | 偏(편) : 치우치다 | 辟(벽) : 치우치다 | 柔(유) : 부드럽다
便(편) : 아첨하다 | 佞(녕) : 말 잘하다

子曰:「性相近也나 習相遠也니라.」[第2章]

공자께서 말씀하시기를, "인간의 본래 성품은 서로 가까운 것이지만, 습관에 의해서 서로 멀어지게 된다."라고 하셨다.

子曰:「小子는 何莫學夫詩오 詩는 可以興이며 可以觀이며 可以群이며 可以怨이며 邇之事父며 遠之事君이요 多識於鳥獸草木之名이니라.」[第9章]

공자께서 말씀하시기를, "너희는 어찌하여 『시경』을 배우지 않느냐? 『시경』의 시들은 사람의 감흥을 일으킬 수 있으며, 사물을 바르게 볼 수 있으며, 남과 어울릴 수 있으며, 잘못을 원망할 수 있으며; 가까이는 어버이를 잘 섬길 수 있으며, 멀리는 임금을 잘 섬길 수 있게 하고, 새·짐승·풀·나무의 이름도 많이 알게 한다."라고 하셨다.

- 君子之仕也는 行其義也니 道之不行은 已知之矣시니라. [「微子」第7章]

  군자가 벼슬길에 나아가는 것은 그 의로움을 행(실천)하는 것이니, [공자께서] 올바른 도가 행해지지 못함은 이미 알고 계신 일이다.

  子夏曰 :「仕而優則學하고 學而優則仕니라.」[第13章]

  자하가 말하기를, "벼슬하면서 여력이 있으면 공부를 하고, 공부를 하고 나서 여력이 있으면 벼슬을 하는 것이다."라고 하였다.

- 子曰 :「不知命이면 無以爲君子也요 不知禮면 無以立也요 不知言이면 無以知人也니라.」[第3章]

  공자께서 말씀하시기를, "천명을 알지 못하면 군자가 될 수 없고, 예를 알지 못하면 입신(立身)을 할 수가 없고, 말을 제대로 알아듣지 못하면 사람(남)을 알 수가 없다."라고 하셨다.

4) 孟子

"四書"의 하나로, 戰國時代 孟子와 萬章 등의 제자들이 지었다고 전한다. 공자의 道와 仁義 및 王道政治를 주요 내용으로 하고 있으며, 『漢書』「藝文志」에는 11편이었다고 했으나, 지금은 7편만이 전하고 있다.

- 孟子見梁惠王하신대 王曰 :「叟不遠千里而來하시니 亦將有以利吾國乎잇가」孟子對曰 :「王은 何必曰利잇고 亦有仁義而已矣니이다. 王曰 何以利吾國고하시면 大夫曰何以利吾家오하며 士庶人曰何以利吾身고하여 上下交征利면 而國危矣리이다. …… 未有仁而遺其親者也며 未有義而後其君者也니이다. 王은 亦曰仁義而已矣시니 何必曰利잇고」[「梁惠王上」第1章]

맹자께서 양나라 혜왕을 만나뵈니, 왕이 말씀하기를, "어르신께서 천 리를 멀다고 생각하지 않고 오셨으니, 또한 장차 내 나라를 [어떤 방법으로] 이롭게 함이(이롭게 할 수) 있겠습니까?"라고 하였다. 맹자께서 대답하시기를, "왕께서는 어찌 꼭 이익만을 말씀하십니까? 또한 仁義가 있을 뿐입니다. 왕께서 어떻게 하면 내 나라를 이롭게 할 수 있을까 하시면, 대부들은 어떻게 하면 내 집안을 이롭게 할 수 있을까 하며, 선비와 백성들은 어떻게 하면 내 몸을 이롭게 할 수 있을까 하여, 윗사람과 아랫사람이 서로 이익을 취한다면, 나라가 위태롭게 될 것입니다. …… 어질고서 그 어버이를 버려두는 자는 있지 않으며, 의롭고서 그 임금을 뒤로하는 자는 없습니다. 왕께서는 또한 仁義를 말씀하실 뿐이니, 어찌 꼭 이익만을 말씀하십니까?"라고 하셨다.

어구풀이

叟(수) : 先生(선생)·長老(장로)·어르신 등 상대를 높여서 일컫는 말
交(교) : 서로(≒相상) | 征(정) : 취하다(≒取취)

● 孟子對曰 :「王好戰하시니 請以戰喩하리이다. 塡然鼓之하여 兵刃旣接이어든 棄甲曳兵而走하되 或百步而後止하며 或五十步而後止하여 以五十步로 笑百步면 則何如하니잇고」 曰 :「不可하니 直不百步耳언정 是亦走也니이다.」 曰 :「王如知此시면 則無望民之多於隣國也하소서.」 [「梁惠王上」 第3章]

맹자께서 대답하시기를, "왕이 전쟁을 좋아하시니, 전쟁으로 비유하(여 말씀드리)겠습니다. 둥둥 북을 쳐서 창칼이 맞붙어 싸우다가, 갑옷을 버리고 무기를 끌고 달아날 때, 어떤 사람은 백 보를 도망간 뒤에 멈추고, 어떤 사람은 오십 보를 도망간 뒤에 멈춰서, 오십 보 도망간 것으로 백 보 도망간 것을 비웃는다면 어떻습니까?"라고 하셨다. 양혜왕이 말씀하기를, "옳지 않습니다. 다만 백 보를 도망가지 않았을 뿐이지, 이 또한 도망간 것입니다."라고 하였다. 맹자께서 말씀하시기를, "왕께서 만일 이것을 아신다면, 백성들이 이웃 나라보다 많아지기를 바라지 마소서."라고 하셨다.

어구풀이

喩(유) : 비유하다 | 塡(전) : 북소리 | 塡然(전연) : 둥둥둥 북 치는 모습 | 曳(예) : 끌다
直(직) : 다만. 耳(이) : 뿐이다. 따름이다 | 無望(무망) : 바라지 마소서

● 今王이 與百姓同樂하시면 則王矣시리이다. [「梁惠王下」 第1章]

지금 왕께서 백성과 함께 즐거워하시면, 곧 왕 노릇 하실 것입니다.

어구풀이

王(왕) : 왕 노릇을 하다

● 君行仁政하시면 斯民이 親其上하여 死其長矣리이다. [「梁惠王下」第12章]
임금께서 어진 정치를 펴시면, 이 백성들이 그 윗사람을 가까이하여 그 윗사람을 위해 죽을 것입니다.

● 宋人이 有閔其苗之不長而揠之者러니 芒芒然歸하여 謂其人曰:「今日에 病矣로라. 予助苗長矣로라」하여늘 其子趨而往視之하니 苗則木高(槁)矣러라. 天下之不助苗長者寡矣니 以爲無益而舍之者는 不耘苗者也요 助之長者는 揠苗者也니 非徒無益이라 而又害之니라. [「公孫丑上」第2章]
송나라 사람 가운데 자기네 벼 싹이 자라지 않음을 안타깝게 여겨 뽑아 올린 자가 있었다. 아무것도 모르고 돌아와서 그는 집안사람들에게 말하기를, "오늘 매우 피곤하다. 내가 벼 싹이 자라게 도와주었다."라고 하자, 그의 아들이 달려가서 보니, 벼 싹은 이미 말라버렸다. 세상에는 벼 싹을 자라게 도와주지 않는 사람이 적을 것이다. 유익함이 없다고 하여 버려두는 것은(자는) 김을 매지 않는 사람이요, 이를 억지로 자라게 노와주는 것은(자는) 싹을 뽑아 올리는 사람이다. 이것은(이런 사람은) 비단 이익이 없을 뿐만 아니라 도리어 해를 끼치는 것이다.

어구풀이

閔(민) : 근심하다. 안타깝게 여기다 | 苗(묘) : 벼 싹 | 揠(알) : 뽑다 | 芒(망) : 아득하다
芒芒(망망) : 아무것도 모르는 모양. 허겁지겁하는 모양 | 病(병) : 피곤하다
趨(추) : 달려가다 | 木高(고) : 마르다(≒槁). 말라죽다 | 舍(사) : 버리다(≒捨)
徒(도) : 한갓

● 孟子曰:「人皆有不忍人之心하니라. ……
맹자께서 말씀하시기를, "사람에게는 모두 사람을 차마 해치지 못하는 마음을 가지고 있다.

由是觀之컨댄 無惻隱之心이면 非人也며 無羞惡之心이면 非人也며 無辭讓之心이면 非人也며 無是非之心이면 非人也니라.

이것으로 말미암아 보면, 측은한 마음이 없으면 사람이 아니며, 부끄러워하는 마음이 없으면 사람이 아니며, 사양하는 마음이 없으면 사람이 아니며, 옳고 그름을 가리는 마음이 없으면 사람이 아니다.

어구풀이

惻(측) : 가엾게 여기다 ｜ 隱(은) : 불쌍히 여기다 ｜ 羞(수) : 부끄러워하다
惡(오) : 미워하다

惻隱之心은 仁之端也요 羞惡之心은 義之端也요 辭讓之心은 禮之端也요 是非之心은 知(智)之端也니라.

측은한 마음은 仁의 실마리요, 부끄러워하고 미워하는 마음은 義의 실마리요, 사양하는 마음은 禮의 실마리요, 옳고 그름을 가리는 마음은 지혜로움의 실마리이다."라고 하셨다.

어구풀이

端(단) : 실마리, 단서, 발단, 개시

● 孟子曰 :「天時不如地利요 地利不如人和니라. ……」[「公孫丑下」第1章]

맹자께서 말씀하시기를, "천시가 지리만 못하고, 지리가 인화만 못하다."라고 하셨다.

어구풀이

天時(천시) : 기후조건이 전쟁에 유리함
地利(지리) : 험준한 산과 강이 주는 전략적(戰略的)인 유리함
人和(인화) : 인심을 얻어서 일치단결(一致團結)함

● 枉己者 未有能直人者也니라.[「滕文公下」第1章]

자기 몸을 굽히는 사람이 능히 다른 사람을 곧게 펼 수 있는 사람은(경우는) 없다.

어구풀이

枉(왕) : 구부리다, 굽히다, 비뚤어져 있다 ｜ 直人(직인) : 남을 바르게 하다

● 孟子曰 :「規矩는 方員之至也요 聖人은 人倫之至也니라.」

맹자께서 말씀하시기를, "규와 구는 네모난 모양과 둥근 모양의 표준이고, 성인은 인륜의 표준이

다."라고 하셨다.

어구풀이

規矩(규구) : 둥근 자와 굽은 자 ｜ 方員(방원) : 네모난 모양과 둥근 모양
至(지) : 지극함, 표준

● 仁은 人之安宅也요 義는 人之正路也라.

인은 사람의 편안한 집이요, 의는 사람의 바른 길이다.

어구풀이

安宅(안택) : 편안한 집 ｜ 正路(정로) : 바른 길

曠安宅而弗居하며 舍正路而不由하나니 哀哉라. [「離婁上」 第10章]

편안한 집을 비워두고 살지 않으며, 바른 길을 버리고 따라가지 않으니, 슬프도다!

어구풀이

曠(광) : 비다, 휑하다, 넓다

● 古者에 易子而敎之하니라. [「離婁上」 第18章]

옛날에는 아들을 서로 바꾸어 가르쳤다.

어구풀이

易子(역자) : 자식을 바꾸다

● 孰不爲事리오마는 事親이 事之本也요 孰不爲守리오마는 守身이 守之本也니라. [「離婁上」 第19章]

섬기는 일 가운데 그 무엇이 섬기는 일이 되지 않으리오마는 어버이를 섬기는 것이 섬김의 근본이요, 지키는 일 가운데 그 무엇이 지키는 일이 되지 않으리오마는 몸을 지키는 것이 지킴의 근본이다.

● 孟子曰 : 「非禮之禮와 非義之義를 大人은 弗爲니라.」 [「離婁下」 第6章]

맹자께서 말씀하시기를, "예가 아닌 예와 의가 아닌 의를 대인은 하지 않는다."라고 하셨다.

● 孟子曰 :「大人者는 不失其赤子之心者也니라.」[「離婁下」第12章]

맹자께서 말씀하시기를, "대인이란 赤子의 마음을 잃지 않은 자이다."라고 하셨다.

어구풀이

赤子之心(적자지심) : 백성의 어릴 때의 마음. 어린 아이의 마음

● 告子曰 :「食色이 性也니 仁은 內也라 非外也요 義는 外也라 非內也니라.」[「告子上」第4章]

고자가 말하기를, "음식을 먹는 것과 여자를 좋아함은 인간의 본성이니, 인은 내면에 있지 외면에 있는 것이 아니며, 의는 외면에 있고 내면에 있는 것이 아니다."라고 하였다.

● 孟子曰 :「仁은 人心也요 義는 人路也니라. 舍其路而不由하며 放其心而不知求하나니 哀哉라. 人有鷄犬放이면 則知求之하되 有放心而不知求하나니 學問之道는 無他라. 求其放心而已矣니라.」[「告子上」第11章]

맹자께서 말씀하시기를, "인은 사람의 마음이요, 의는 사람이 나아갈 길이다. 그 길을 버리고 따르지 않으며, 그 마음을 잃어버리고 찾을 줄을 모르니, 슬프도다! 사람이 닭과 개가 도망가면 찾을 줄을 알지만, 마음을 잃고서는 찾을 줄을 모르니, 공부하는 방법은 다른 것이 아니다. 그 잃어버린 마음을 되찾는 것일 뿐이다."라고 하셨다.

● 孟子曰 :「不敎民而用之를 謂之殃民이니 殃民者는 不容於堯舜之世니라.……」[「告子下」第8章]

맹자께서 말씀하시기를, "백성을 가르치지 않고 전쟁에 쓰는 것을 '백성을 재앙에 빠뜨린다'고 이르니, 백성을 재앙에 빠뜨리는 자는 요순의 시대에는 용납되지 않았다."라고 하셨다.

어구풀이

殃民(앙민) : 백성을 재앙에 빠뜨린다 | 不容(불용) : 용납되지 않았다

● 孟子曰 :「萬物이 皆備於我矣니 反身而誠이면 樂莫大矣요 强恕而行하면 求仁이 也莫近焉이니라.」[「盡心上」第4章]

맹자께서 말씀하시기를, "만물이 모두 나에게 갖춰져 있으니, 몸을 돌이켜 보아 성실하면 즐거움이 이보다 더 클 수 없고, 恕를 힘써서 행하면 仁을 구함이 이보다 가까울 수 없다."라고 하셨다.

● 孟子曰 :「君子有三樂 而王天下不與存焉이니라. 父母俱存하며 兄弟無故가 一樂也요 仰不愧於天하며 俯不怍於人이 二樂也요 得天下英才而敎育之가 三樂也니 君子有三樂 而王天下不與存焉이니라.」[「盡心上」第20章]

맹자께서 말씀하시기를, "군자가 세 가지 즐거움이 있는데, 천하에 왕 노릇 하는 것은 여기에 포함되어 있지 않다. 부모가 모두 생존해 계시며, 형제가 무고한 것이 첫 번째 즐거움이요, 위로는 (우러러보아) 하늘에 부끄러움이 없으며, 아래로는(굽어보아) 사람에게 부끄러움이 없는 것이 두 번째 즐거움이요, 천하의 영재를 얻어 교육하는 것이 세 번째 즐거움이다. 군자가 세 가지 즐거움이 있는데, 천하에 왕 노릇 하는 것은 여기에 포함되어 있지 않다."라고 하셨다.

어구풀이

俱(구) : 모두. 함께. 갖추다 | 無故(무고) : 아무 탈이 없음 | 愧(괴) : 부끄럽다
俯(부) : 구부리다
* 怍(작) : 부끄럽다

● 孟子曰 :「民爲貴하고 社稷次之하고 君爲輕이니라.」[「盡心下」第14章]

맹자께서 말씀하시기를, "백성이 가장 귀중하고, 사직이 그다음이고, 군주는 가벼운 것이다."라고 하셨다.

● 孟子曰 :「人皆有所不忍하니 達之於其所忍이면 仁也요 人皆有所不爲하니 達之於其所爲면 義也니라. ……」[「盡心下」第31章]

맹자께서 말씀하시기를, "사람들은 모두 차마 못 하는 마음을 가지고 있으니, 차마 하는 바에까지 도달한다면 어진 것이요, 사람들은 모두 하지 않는 바가 있으니, 하는 바에까지 도달한다면 의로운 것이다."라고 하셨다.

03 名詩 읽기

기초 한자와 한문 익히기

1) 韓國의 漢詩

(1) 五言絕句

山房

李仁老

春去花猶在하고　　天晴谷自陰하네
杜鵑啼白晝하니　　始覺卜居深하네

산방에서

봄은 갔어도 꽃이 아직 피어 있는 곳, 하늘 맑은데 골짜기는 절로 어두운 곳
두견새 대낮에도 울어대니, 비로소 내 사는 곳 첩첩산중임을 알겠네

■ 이인로(1152-1220) : 고려 명종 때의 학자로, 자는 미수(眉叟)이고 호(號)는 쌍명재(雙明齋)다. 문필에 능한 대학자로 글씨에 능했으며, 저서로는 『파한집(破閑集)』이 있다.

한자풀이

猶 : 여전히 유
晴 : 맑을·갤 청　　陰 : 그늘·어두울 음
杜鵑(두견) : 밤에 우는 소쩍새
始 : 처음·비로소 시 ｜ 卜 : 점칠 복 ｜ 卜居(복거) : 살 곳을 점쳐 선택함

春興

鄭夢周

春雨細不滴하더니　　夜中微有聲하네
雪盡南溪漲하면　　草芽多少生하겠네

봄의 정취

봄비 부슬부슬 내리더니, 한밤중에 들리는 빗방울 소리
눈 녹아 남쪽 개울 물 불면은, 풀싹들 파릇파릇 돋아나겠지

■ 정몽주(1337-1392) : 고려 공민왕 때의 학자로서, 자는 달가(達可)이고 호는 포은(圃隱)이다. 성리학의 대가로 동방이학(東方理學)의 조종(祖宗)이 되었다. 저서로는 『포은집(圃隱集)』이 있다.

한자풀이

滴 : 물방울 적
微 : 작을 미
漲 : 물이 불어날 창
芽 : 싹 아

小亭憑欄

金麟厚

瀟灑園中景이　　渾成瀟灑亭하네
擡眸輪颯爽하고　　側耳聽瓏玲하네

작은 정자의 난간에 기대어

소쇄원의 경치가, 소쇄정에 다 모였네
둘러보면 나부끼는 시원한 바람결, 귓가에 일렁이는 영롱한 물소리

■ 김인후(1510-1560) : 조선 중종 때의 문신이며 학자로, 자는 후지(厚之)고 호는 하서(河西)다. 본관은 울산이고 장성(長城) 출신이다. 성균관에 들어가 학문을 닦고 여러 벼슬을 지낸 후 부모 봉양을 위해 옥과(玉果) 현령을 역임했으며, 1545년 을사사화(乙巳士禍)가 일어난 후에는 병을 이유로 고향 장성에 돌아가 성리학 연구에 정진하였다. 저서로는 『하서집(河西集)』이 있다.

한자풀이

瀟 : 강 이름 소 ｜ 灑 : 물 뿌릴 쇄
擡 : 들어올릴 대 ｜ 眸 : 눈동자 모 ｜ 颯 : 바람 소리 삽 ｜ 爽 : 시원할 상

秋夜

鄭澈

蕭蕭落葉聲에　　　錯認爲疏雨하였네
呼童出門看하니　　月掛溪南樹하네

가을밤에

우수수 낙엽 지는 소리에, 빗줄기 내리는 줄 알았었네
아이더러 문밖을 내다보라 하였더니, 개울가 나무에 달님만 걸렸다 하네

▪ 정철(1536-1593) : 조선 선조 때의 시인이며 문인이고, 호는 송상(松江)이다. 파란만장한 관료 생활을 지낸 그는 많은 가사와 단가(短歌)를 지어, 저서로 『송강집(松江集)』과 『송강가사(松江歌辭)』를 남겼다.

한자풀이

蕭 : 떨어질 소 ｜ 蕭蕭(소소) : 나뭇잎이 떨어지는 소리
疏 : 드물 소 ｜ 疏雨(소우) : 성기게 오는 비

金剛山

宋時烈

山與雲俱白하니　　雲山不辨容하네
雲歸山獨立하니　　一萬二千峰이네

금강산

온 산에 하얀 구름뿐, 구름이 산을 덮어 산세를 볼 수 없네
구름이 걷히고 산 우뚝 서니, 일만 이천 봉우리

▪ 송시열(1607-1698) : 조선 인조 때 좌의정을 지낸 문인으로, 자는 영보(英甫)고 호는 우암(尤庵)이다. 자신의 학문은 주자(朱子)의 학설을 계승한 것이라 자부하며 주자 연구에 평생을 기울였다.

한자풀이

辨 : 분별할 변 ｜ 容 : 모습 용
峰 : 산봉우리 봉

(2) 五言律詩

甘露寺次韻

金富軾

俗客不到處에　　登臨意思淸하네
山形秋更好하고　　江色夜猶明하네
白鳥高飛盡하고　　孤帆獨去輕하네
自慚蝸角上에　　半世覓功名하였으니

감로사에서 운을 따 짓다
사람의 발길이 닿지 않는 곳, 가는 곳마다 마음이 맑아지네
산세는 가을이라 더욱 아름답고, 강빛은 밤에 한결 투명하네
갈매기 한없이 높이 날아가고, 외로운 돛단배 홀로 두둥실 떠가네
부끄러워라 이 작은 세상에서, 반평생 벼슬길만 찾아 헤맸다니

■ 김부식(1075-1151) : 고려 인종 때의 역사가로 『삼국사기(三國史記)』를 편찬했으며, 시호는 문열(文烈)이다.

한자풀이

次 : 이을 차 | 韻 : 음운 운 | 次韻 : 남이 지은 시의 운자(韻字)를 따서 시를 지음
俗客(속객) : 세상 사는 우리들
登臨(등림) : 산에 오르고 강가에 다다름
更 : 더욱 갱
猶 : 오히려 유
帆 : 돛단배 범
慚 : 부끄러워 할 참 | 蝸 : 달팽이 와 | 角 : 뿔 각
蝸角(와각) : 달팽이 뿔 위란 뜻으로 인간세상의 작음을 비유
覓 : 구하여 찾을 멱 | 功名(공명) : 공적과 명예

歎貧

丁若鏞

請事安貧語하나　　貧來却未安하네
妻咨文采屈하고　　兒餒敎規寬이네

花木渾蕭颯하니　　詩書摠汗漫하네
陶莊籬下麥은　　好付野人看일뿐

가난을 탄식하며
안빈낙도하리라 맘먹었지만, 정작 가난하고 보니 그게 어렵네
아내 한숨에 체면 깎이고, 배고픈 아이들 엄하게 가르칠 염치가 없네
꽃도 나무도 다 제 빛을 잃고, 책 읽기 글쓰기가 한결같이 시들하네
부잣집 담 밑에 쌓인 곡식들, 들사람 눈에나 좋아 보일 뿐

* 율시(律詩): 근체시 형식의 일종으로 한 작품이 여덟 개의 구로 이루어진 시를 말한다. 율시는 한 구가 다섯 자로 된 오언율시와 일곱 자로 된 칠언율시가 있다.
■ 정약용(1762-1836): 조선 정조 때의 문신이며 실학자로, 자는 귀농(歸農)이고 호는 다산(茶山) 또는 여유당(與猶堂)이다. 조선 후기의 실학을 집대성한 학자로, 저서로는 『여유당전서(與猶堂全書)』 등 수많은 저술을 남겼다.

한자풀이
却: 오히려 각
咨: 탄식할 자 | 屈: 굽힐 굴
餒: 굶주릴 뇌 | 規: 규범 규 | 寬: 너그러울 관
摠: 모두 총 | 汗: 땀 한 | 漫: 질펀할 만 | 汗漫: 방만함
陶: 질그릇 도 | 莊: 장전 장 | 陶莊(도장): 고관 대작의 사유지 | 籬: 울타리 리

(3) 七言絕句

大洞江

鄭知常

雨歇長堤草色多하건만　　送君南浦動悲歌하네
大洞江水何時盡할까　　別淚年年添綠波하는데

대동강
비 갠 언덕에 풀빛도 무성한데, 남포로 임 보내는 슬픈 노래 울려 퍼지네
대동강물은 언제나 마를는지, 이별의 눈물 해마다 파도에 뿌려지는데

■ 정지상(?-1135) : 고려 인종 때의 시인. 초명은 지원(之元)이고 호는 남호(南湖)다. 현재 전하는 그의 시 중 절구 작품이 뛰어나다.

> [한자풀이]

歇 : 쉴 헐 | 堤 : 방죽 제
南浦 : 지명
淚 : 눈물 루 | 添 : 더할 첨

上霽雲樓

申叔舟

天極頭流倚半空하여　　湖南一望彩雲中하네
試等樓上憑軒看하니　　千古蒼顔面面同하네

제운루에 올라

하늘 찌를 듯한 두류산 하늘 한가운데 솟아서, 오색구름 속 호남 땅이 한눈에 들어오네
누대에 올라 난간에 기대어 사방을 둘러보니, 고색창연한 그 모습 한결같아라

■ 신숙주(1417-1475) : 조선 태종에서 성종 때의 학자로, 자는 범옹(泛翁)이고 호는 보한재(保閑齋)이다. 집현전 학자로서 성삼문(成三問)과 함께 훈민정음 창제에 가장 큰 공을 세운 문신이다.

> [한자풀이]

霽雲樓(제운루) : 지리산에 있는 누대 이름
頭流(두류) : 지리산(智異山)을 말함 | 倚 : 의지할 의 | 半空 : 하늘 한복판·중천(中天)
憑 : 기댈 빙 | 軒 : 난간 헌
蒼顔(창안) : 본래는 늙어 창백해진 얼굴을 말하나, 여기에서는 세월이 오래되어 고색창연한 모습을 말함 | 面面(면면) : 각 방면

相思夢

黃眞伊

相思相見只憑夢하여　　儂訪歡時歡訪儂하였네
願使遙遙他夜夢에　　一時同作路中逢하였으면

꿈속의 사랑

그리워 그리워도 꿈길밖에 길이 없어, 임 찾아 나섰는데 임도 나를 찾아 나섰네

아득하기만 한 내일 꿈에는, 한 꿈길에서 만났으면 좋겠네
- 황진이 : 조선 중종 때의 개성(開城) 기녀로 시서와 음률에 능했으며, 송도삼절(松都三絕)의 하나로 전한다.

한자풀이

憑 : 기댈 빙
儂 : 나(1인칭 대명사) 농 ┃ 歡 : 그대 환
遙 : 멀 요, 遙遙 : 아득하다
逢 ; 만날 봉

泣向慈母

申師任堂

慈親鶴髮在臨瀛하는데   身向長安獨去情하네
回首北村時一望하니   白雲飛下暮山靑하네

어머니 생각에 눈물 흘리며
사랑하는 어머니는 강릉에 계시는데, 이 딸년 서울로 홀로 떠나는 마음
어머니 계신 북녘땅 가다가 돌아보니, 흰 구름 떠가는 푸른 산에 해가 저무네요
- 신사임당(1504-1551) : 조선 명종 때의 여류 문인이며 화가로, 사임당은 그녀의 호이다. 이율곡(李栗谷)의 어머니이다.

한자풀이

慈 : 어머니 자 ┃ 鶴髮(학발) : 학처럼 하얗게 센머리 ┃ 臨瀛(임영) : 강릉의 옛 이름
長安(장안) : 서울을 말함
暮 : 해 저물 모

峽民

林悌

山坂年年種瞿麥하건만   綠江坡屋無鄕聚하네
窮山莫道少征徭하소   靑鼠烏貂入官府한다네

두멧사람들
산비탈에는 해마다 귀밀을 심지만, 시냇가의 판잣집은 마을을 못 이루네

가난한 산골이라고 부역이 적은 것도 아니네. 날다람쥐나 오소리 잡히면 관부로만 들어간다네
■ 임제(1549-1587) : 조선 선조 때의 문인으로, 자는 자순(子順)이고 호는 백호(白湖)다. 10여 년간 벼슬살이를 하였으나 별 미련 없이 버리고 풍류로 일관하다 39세로 죽었다. 『임백호집(林白湖集)』 4권과 『화사(花史)』 등 3편의 한문 소설이 있다.

한자풀이

峽 : 산골짜기 협
聚 : 모일 취
道 : 말할 도 | 征 : 구실 정 | 徭 : 부역 요 | 征徭(정요) : 조세와 나라에서 시키는 노동
鼠 : 쥐 서 | 官 : 벼슬 관 | 府 : 관청 부 | 官府(관부) : 관청

絶命詩

黃玹

鳥獸哀鳴海嶽嚬하네　　槿花世界已沈淪하니
秋燈掩卷懷千古하네　　難作人間識字人하다니

죽음에 임하여 남긴 시

짐승도 슬피 울고 산천도 괴로워라, 무궁화 우리나라 이제 사라지니
가을 등불 아래 책 덮고서 시름에 젖네, 배운 선비 노릇 하기가 이토록 어렵다니

■ 황현(1855-1910) : 조선 고종(高宗) 때의 우국지사이자 시인으로, 호는 매천(梅泉)이다. 1910년 일제에 의해 나라를 빼앗기자 〈절명시(絶命詩)〉 4수와 유언을 남기고 자결했다. 그의 『매천야록(梅泉野錄)』은 구한말 역사적 사건을 알 수 있는 중요한 저술이다.

한자풀이

嶽 : 큰 산 악 | 嚬 : 찡그릴 빈
槿 : 무궁화 나무 근 | 槿花(근화) : 무궁화
掩 : 덮을 엄

(4) 七言律詩

讀書

徐敬德

讀書當日志經綸하니　　歲暮還甘顔氏貧하네
富貴有爭難下手하니　　林泉無禁可安身하리

採山釣水堪充腹하고　　詠月吟風足暢神하리
學到不疑知快活하니　　免敎虛作百年人하려나

글을 읽으며
글을 읽으며 그때 큰 뜻을 품었으니, 한 해가 저물어 가도 안연(顔淵)의 가난함을 달게 여기네
부귀에는 다툼이 있는 법 끼어들기엔 가당치 않아, 자연은 임자가 없으니 이내 몸 편할 수 있으리
나물 캐고 고기 잡아 배불리 먹고, 달 보고 바람 쐬며 정신을 맑게 할 수 있으리
이제 마음이 트여 즐겁기만 하니, 헛된 인생살이 면하려나

■ 서경덕(1489–1546) : 조선 성종에서 명종 때의 대유학자로, 자는 가구(可久)고 호는 화담(花潭)이다. 박연폭포·황진이와 함께 송도삼절(松都三絶)로 불린다.

한자풀이
經綸(경륜) : 경영하고 처리함·다스림
歲暮(세모) : 섣달 그믐께·연말.
顔氏(안씨) : 공자(孔子)의 제자 안연(顔淵)을 말하는데, 그는 가난을 즐거운 마음으로 받아들이며 학문에 정진한 제자였다.
禁 : 금할 금
釣 : 낚시할 조 ｜ 堪 : 감당할 감 ｜ 腹 : 배 복
暢 : 펼·화창할 창
疑 : 의심할 의 ｜ 快活(쾌활) : 시원스럽고 활발함
免 : 면할 면 ｜ 敎 : 하여금 교(수동태) ｜ 虛 : 헛될 허 ｜ 百年人(백년인) : 한평생

白馬江

宋翼弼

百年文物摠成邱하고　　歌舞烟沈杜宇愁하네
投馬有臺雲寂寂하고　　落花無跡水悠悠하네
孤舟白髮傷時淚하고　　一笛靑山故國秋이네
欲弔忠魂何處是인가　　令人長憶五湖舟하네

백마강
백제의 오랜 문물 이제 다 언덕 되었고, 노래와 춤은 사라지고 소쩍새만 슬피 우네
조룡대 너머에는 구름만 아득하고, 떨어진 꽃잎은 흔적도 없이 강물만 흘러가네
외로운 나룻배 늙은 사공은 세월에 시름겨워 눈물 뿌리고, 피리 소리 울리는 푸른 산 옛땅은 쓸쓸

한 가을이네
애도하련만 충신들은 어느 곳에 묻혔는지, 무상한 인생살이 배나 타고 멀리 떠나고 싶어라

- 송익필(1534-1599) : 조선 중종에서 선조 때의 학자로, 호는 귀봉(龜峰)이다. 성리학에 통달했고 문장에 뛰어났다.

한자풀이

邱 : 언덕 구
杜宇(두우) : 촉(蜀)나라 망제(望帝)의 이름. 그가 죽은 후 그의 혼이 소쩍새가 되었다는 고사에서 소쩍새의 이칭(異稱)이 됨
臺 : 누대 대 | 釣龍臺(조룡대) : 소정방이 말을 미끼로 던져 용을 낚은 곳에 있는 누대
落花(낙화) : 떨어진 꽃. 즉 삼천 궁녀를 가리킴 | 跡 : 흔적 적
悠 : 멀 유 | 悠悠(유유) : 흘러가는 모양
髮 : 머리카락 발

2) 중국시

(1) 詩經

關雎

關關雎鳩는	在河之洲하네
窈窕淑女는	君子好逑라네
參差荇菜는	左右流之하네
窈窕淑女는	寤寐求之하건만
求之不得하니	寤寐思服하네
悠哉悠哉라	輾轉反側하네
參差荇菜는	左右采之하네
窈窕淑女랑	琴瑟友之하려네
參差荇菜는	左右芼之하네
窈窕淑女랑	鐘鼓樂之하려네.

지저귀는 물새

다정히 지저귀는 물새들, 물 섬에서 노니네
아름다운 아가씨는, 그대의 좋은 짝
크고 작은 물풀들, 여기저기서 떠다니네
아름다운 아가씨를, 자나 깨나 찾건만
찾으려도 못 찾으니, 자나 깨나 생각뿐
그리워 그리워서, 엎치락뒤치락
크고 작은 물풀들, 여기저기서 캐내네
아름다운 아가씨, 거문고로 벗하려네
크고 작은 물풀들, 여기 저기서 고르네
아름다운 아가씨, 악기 치며 즐기려네

■ 시경(詩經) : 중국문학사상 가장 오래된 시가집으로, 기원전 11세기경부터 약 5백여 년간 황하(黃河)를 중심으로 북방에서 불린 민간가요와 사대부들의 작품 및 종묘(宗廟)에서 선조들에게 제사 지낼 때 부르던 노래 3백 편을 말한다.

한자풀이

關關(관관) : 새의 우는 소리를 표현한 의성어 | 雎 : 물수리 저 | 鳩 : 비둘기 구
雎鳩(저구) : 물가에 살면서 물고기를 먹고 사는 물새
窈 : 고상할 요 | 窕 :정숙할 조 | 窈窕(요조) : 교양 있고 얌전한 모습·정숙한 모습
君子(군자) : 옛날 덕이나 벼슬이 높은 남자를 지칭, 지금은 일반적인 남자로 해석
參 : 섞일 참 | 差 : 다를 치 | 參差(참치) : 가지런하지 못하고 들쭉날쭉한 모양.
荇 : 마름풀 행 | 菜 : 풀 채 | 荇菜(행채) : 한해살이 물풀인 마름풀
思服(사복) : 사념(思念)의 뜻으로 그리워함을 말함
琴瑟(금슬) : 금(琴)은 7현이고 슬(瑟)은 25현인 거문고 종류의 현악기로 이 둘의 연주는 아주 잘 어울린다고 한다. 이 시로부터 정다운 부부간의 사랑을 가리킬 때 금슬(琴瑟)이 좋다라는 말이 비롯되었음

(2) 樂府

上邪

上邪여
我欲與君相知하여 長命無絶衰하리
山無陵하고 江水爲竭하고

冬雷震震하고 夏雨雪하고 天地合하여도

乃敢與君絕하리오

하늘이시여

하늘이시여

내 그대와 사랑하여, 영원토록 변치 않길 소망합니다

산에 언덕이 없어지고, 강물이 말라 버리고,

겨울에 천둥소리 내치고, 여름에 눈 내리고, 하늘과 합쳐진다 하여도,

내 어찌 그대와 헤어지리오

- 악부(樂府) : 원래는 중국 한(漢)나라 무제(武帝)가 설립한 음악을 관장하던 관청 이름이다. 나중에 여기서 수집된 민간 가사들이나 이와 유사한 형식을 취하고 있는 작품들을 일컬어 악부 또는 악부시(樂府詩)라고 하였다.

한자풀이

上 : 하느님·하늘 상 | 邪 : 야(耶)와 같은 어조사 야
相知(상지) : 서로 알고 지내다 | 衰 : 쇠할 쇠
竭 : 다할 갈
震 : 천둥 진 | 震震(진진) : 천둥이 울리는 소리 | 雨 : 내릴 우
敢 : 감히 감 | 與 : 더불어 여

貧交行

杜甫

翻手作雲覆手雨하니　　紛紛世事何須數하랴

君不見管鮑貧時交한가　　此道今人棄如土하네

가난할 때의 우정의 노래

손을 뒤집으면 구름이요 엎으면 비가 되니, 어수선한 세상사 어찌 일일이 헤아리랴

관중(管仲)과 포숙(鮑叔)의 가난할 때의 우정을 그대는 보지 못하는가, 이 우정을 지금 사람은 흙처럼 버리네

- 두보(712-770) : 성당(盛唐) 시인으로, 자는 자미(子美)이고 호는 소릉(小陵)이다. 중국 제일의 사회주의 시인으로 그를 시사(詩史) 또는 시성(詩聖)이라 부른다.

한자풀이

貧 : 가난할 빈 | 貧交(빈교) : 가난할 때의 우정.
行 : 시 이름 행 · 악부의 이름에 붙는 고유의 명칭
翻 : 뒤집을 번 | 覆 : 뒤집힐 복
紛 : 어지러울 분 | 紛紛(분분) : 번잡하고 많은 모양 | 世事(세사) : 세상살이 | 須 : 모름지기 수
管鮑(관포) : 춘추(春秋)시대 제(齊)나라의 관중(管仲)과 포숙(鮑叔)을 말한다. 이들은 서로 힘들고 어려울 때 지극한 우정을 이룬 것으로 유명하다.
棄 : 버릴 기

(3) 古詩

生年不滿百

生年不滿百하는데　　　　常懷千歲憂하네
晝短苦夜長하건만　　　　何不秉燭遊하는가
爲樂當及時하니　　　　　何能待來玆하리
愚者愛惜費하지만　　　　但爲後世嗤하리
仙人王子喬와　　　　　　難可與等期하는가

백 년도 못사는 인생

백 년도 못사는 인생, 언제나 천 년의 근심
낮은 짧고 고통스러운 밤은 길건만, 왜 불 밝히고 놀지 않는가
즐거움을 누릴 때는 마땅히 때가 있는 법, 내일을 어찌 기약하리
어리석은 이 쓰는 걸 아까워하지만, 뒷날 웃음거리만 될 뿐
신선이 된 왕자 교와 더불어 영생을 기약할 수도 없지 않은가

* 고시(古詩) : 당대(唐代)의 근체시(近體詩)가 성립되기 이전의 보다 자유로운 형식의 시를 말한다.

한자풀이

秉 : 잡을 병
嗤 : 웃음거리 치
王子喬(왕자교) : 주(周)나라 영왕(靈王)의 태자 진(晉)으로, 생(笙)을 잘 불어 봉황새가 따라 울 정도였다고 한다. 후에 도사(道士)를 따라 신선이 되었다는 전설이 있음.

七哀詩

曹植

明月照高樓하고　　流光正徘徊하네
上有愁思婦한데　　悲歎有餘哀하네
借問歎者誰하니　　言是宕子妻라하네
君行踰十年하여　　孤妾常獨棲하지요
君若淸路塵하면　　妾若濁水泥지요
浮沈各異勢하니　　會合何時諧하런지
願爲西南風하여　　長逝入君懷하고파
君懷良不開하면　　賤妾當何依하리요

칠애시

밝은 달 높은 누대 비추고, 흐르는 달빛은 물빛처럼 빛나네
누대 위 수심 겨운 여인, 슬픈 한숨에 애달픔 넘치네
한숨짓는 이 누구냐 물었더니, 집 떠난 방랑자의 아내라 말하네
그대 떠난 지 십 년이 넘어, 외로운 저는 늘 홀로 지내지요
그대가 길 위의 맑은 먼지라면, 저는 물속의 더러운 진흙이지요
날리고 가라앉는 그 형편 서로 다르니, 언제쯤 다시 만나 행복할 수 있을지
소망컨대 서남풍 되어, 영원히 그대 품에 날아들고 싶어라
그대 품이 진정 열리지 않는다면, 가엾은 저는 어디에 기대야 하리오

■ 조식(192-232) : 위(魏)나라 문제(文帝)가 된 조비(曹丕)의 동생으로, 자가 자건(子建)이다. 그의 일생은 조비가 황제가 된 시기를 기점으로 크게 두 부분으로 나누어진다. 아버지 조조(曹操)의 사랑을 받으며 화려한 생활을 했던 공자(公子) 시기는 사교적이며 문학도 낭만적이었다. 그러나 후계 상속 후에 조비에게 압박과 견제를 받은 시기는 암울한 그의 운명을 반영하듯 자유를 추구하는 심정이 그의 시 창작의 기본이 되었다. 이 시기에 나온 시가 그의 대표작이 되고 있다.

한자풀이

七哀(칠애) : 원래 악부(樂府)의 옛 제목이다
流光(유광) : 물처럼 흐르는 달빛
宕子(탕자) : 집 떠나 오랫동안 돌아오지 않는 사람 즉, 임을 말함. '객자(客子)'라고도 함

君行踰十年(군행유십년) : 이하의 구절은 여인의 하소연임 | 踰 : 넘다·지나다 유
塵 : 먼지 진 | 泥 : 진흙 니
淸路塵(청로진)·濁水泥(탁수니) : 맑은 길(淸路)과 더러운 물(濁水)로 서로 헤어져 있는 다른 환경을, 먼지(塵)와 진흙(泥)은 본래 동일한 물질로 부부의 성질을 설명한다. 길 위의 먼지처럼 떠도는 남자와 물속의 진흙처럼 처져서 고향에 남아 있는 여인을 비유하고 있음
浮沈(부침) : 뜨고 가라앉음
諧 : 화합할 해
逝 : 가다·떠나다 서

雜詩

陶潛

人生無根蒂하여　　飄如陌上塵하네
分散隨風轉하니　　此已非常身하네
落地成兄弟이니　　何必骨肉親하리
得歡當作樂하니　　斗酒聚比鄰하세
盛年不重來하고　　一日難再晨하네
及時當勉勵하리　　歲月不待人하니

잡시

정처 없는 인생, 떠도는 길 위의 먼지 같아라

바람 따라 나부꼈다 흩어지는, 이 내 신세 이미 영원한 존재가 아니네

세상에 태어나면 모두가 한 형제, 피붙이만 따질 일 뭐 있으리

기쁜 일 있을 땐 즐겨야 하니, 말술을 내어 이웃들 불러 모으세

청춘은 두 번 다시 오지 않고, 하루에 새벽도 한 번뿐

때를 잃지 말고 노력해야 하리, 세월은 사람을 기다려 주지 않으니

■ 도잠(372-427) : 동진(東晉) 사람으로, 자가 연명(淵明) 또는 원량(元亮)이라고 하며 호는 오류선생(五柳先生)이다. 자연주의적인 인생관을 지녔으며 벼슬보다는 전원(田園)에서의 생활을 좋아해, 직접 노동을 경험하며 전원생활을 노래한 중국 제일의 전원시인이며 농민시인이다.

[한자풀이]

根 : 뿌리 근 | 蒂 : 꼭지 체 | 根蒂(근체) : 확실히 잡아맨 곳을 비유
飄 : 회오리바람 표 | 陌 : 길 맥 | 塵 : 먼지 진
常 : 항상 상 | 常身(상신) : 영원한 존재

落 : 떨어질 락 | 落地(낙지) : 땅에 떨어지다, 즉 세상에 태어난다는 의미
骨肉親(골육친) : 혈연에 얽매인 부모·형제 사이
斗 : 말 두 | 斗酒(두주) : 말술, 즉 많은 술 | 比 : 이웃 비 | 鄰 : 이웃 린
比鄰(비린) : 이웃 사람
盛 : 성할 성 | 盛年(성년) : 젊은 시절·한창때
勉 : 힘 쓸 면 | 勵 : 권장할 려 | 勉勵(면려) : 힘써 노력하다

(4) 五言絕句

樂遊原

李商隱

向晚意不適이라 　　驅車登古原하였네
夕陽無限好하건만 　　只是近黃昏이네

낙유원에 올라

해 질 녘 마음이 편치 않아, 수레 몰아 낙유원에 올랐네
노을은 한없이 좋건만, 벌써 황혼에 가까워졌네

* 절구(絕句) : 근체시(近體詩) 형식의 일종으로, 한 작품이 네 개의 구(句)로 이루어진 시를 말한다. 이는 한 구가 다섯 자로 된 오언절구(五言絕句)와 일곱 자로 된 칠언절구(七言絕句)로 분류된다.

■ 이상은(812-858) : 만당(晚唐)시인으로 자가 의산(義山)이며 호는 옥계생(玉谿生)이다. 당시의 사회상을 반영한 비애적인 감상시(感傷詩)와 애정시를 많이 쓴 유미주의(唯美主義) 시인이다.

한자풀이

樂遊原(낙유원) : 장안(長安)의 남쪽에 있는 제일 높은 언덕으로, 사방이 넓게 트여 한(漢)나라 때부터 유원지였던 장소이다
晚 : 저물 만 | 適 : 마음에 들 적
驅 : 말 달리게 할 구

梅花

王安石

牆角數枝梅가 　　凌寒獨自開하네
遙知不是雪이 　　爲有暗香來하네

매화

담 모퉁이 매화나무 몇 가지가, 추위에도 끄떡없이 홀로 피었네
멀찍이 봐도 눈은 아닌 것이, 그윽한 향기 풍겨 오네

■ 왕안석(1021-1086) : 북송(北宋)의 정치가이며 문학가로, 자는 개보(介甫)고 호는 반산(半山)이다. 신법(新法)을 주장하여 부국강병의 정책을 썼고 문장에도 능하여 당송팔대가(唐宋八大家)에 속했다.

한자풀이

牆 : 담 장 | 角 : 모퉁이 각
凌 : 능가할 능
暗 : 몰래 암 | 暗香(암향) : 그윽한 향기

(5) 五言律詩

山居秋暝

王維

空山新雨後에   天氣晚來秋하네
明月松間照하고   淸泉石上流하네
竹喧歸浣女하고   蓮動下漁舟하네
隨意春芳歇하나   王孫自可留하네

산속의 가을 저녁

텅 빈 산 새로 비 내린 뒤, 날씨는 저녁 되자 가을 같아라
밝은 달빛 솔나무 사이로 비추고, 맑은 샘물 바위 위로 흐르네
대숲 요란한 건 빨래하던 아낙들 돌아가는 소리, 연잎 흔들리는 건 고깃배 내려가기 때문
계절 따라 봄풀들 시들어 버려도, 그대여 그런대로 머물 만하다네

■ 왕유(701-761) : 성당(盛唐)시인으로 자가 마힐(摩詰)이고, 자연시파의 대표적인 인물이다. 그는 한적한 생활을 좋아하여 전원생활과 산수풍경을 소재로 한 시를 많이 썼으며, 선리(禪理)에 정통하여 불가어(佛家語)를 시에 운용하였고, 시 속에 화경(畵境)을 넣어 채색과 공간 및 동작의 활용에 노력하였다.

한자풀이

暝 : 저녁 · 해 저물 명
喧 : 떠들썩할 훤, 여기에서는 대나무가 시끄럽게 흔들리는 모습을 말함 | 浣 : 씻을 완

隨 : 따를 수 | 隨意(수의) : 자연의 섭리에 따라 | 歇 : 시들·없어질 헐
王孫(왕손) : 왕의 자손, 여기에서는 자연을 사랑하는 사람을 말함

送友人

李白

靑山橫北郭하고　　白水遶東城이네
此地一爲別하면　　孤蓬萬里征하는데
浮雲遊子意이고　　落日故人情이네
揮手自茲去하니　　蕭蕭班馬鳴이네

친구를 떠나 보내며

마을 북쪽엔 푸른 산 펼쳐져 있고, 성 동쪽엔 흰 물결 돌아 흐르네
이곳에서 헤어지면, 외로운 신세로 만 리 길 떠도는데
뜬구름은 나그네 마음 같고, 지는 해는 친구의 정과 같네
손 흔들며 이제 떠나니, 말도 서글픈 듯 슬피 우네

* 율시(律詩) : 근체시 형식의 일종으로, 한 작품이 여덟 개의 구로 이루어진 시를 말한다. 율시는 한 구가 다섯 자로 된 오언율시와 일곱 자로 된 칠언율시가 있다.
■ 이백(701-762) : 성당(盛唐)시인으로 자가 태백(太白)이고 호는 청련(靑蓮)이다. 중국 제일의 낭만주의 시인이며 천재시인으로, 그를 시선(詩仙)이라고도 부른다.

한자풀이

橫 : 가로놓일 횡 | 郭 : 성곽 곽
遶 : 두를 요
蓬 : 쑥 봉 | 孤蓬(고봉) : 외롭게 나부끼는 쑥, 즉 유랑하는 나그네를 비유
揮 : 휘두를 휘 | 揮手(휘수) : 손을 흔드는 이별의 손짓 | 茲(자) : 이곳 자
蕭蕭(소소) : 말의 서글픈 울음소리 | 班 : 이별할 반 | 班馬(반마) : 떠나가는 말

(6) 七言絶句

對酒

白居易

蝸牛角上爭何事인가　　石火光中寄此身하거늘

隨富隨貧且歡樂하니　　不開口笑是癡人이네

술을 앞에 두고
달팽이 뿔 같이 좁은 이 세상 무엇을 다투는가. 부싯돌 불꽃처럼 짧은 순간에 이 내 몸 깃들어 살거늘 잘살든 가난하든 즐겁게 살아야 하거니, 입 벌려 웃을 줄 모른다면 그는 바보라네
- 백거이(772-846) : 중당(中唐)시인이며 신악부(新樂府)운동의 선구자로, 자가 낙천(樂天)이다. 현실적이고 사실적인 문학을 추구했으며, 형식을 반대하고 내용 위주의 문학관을 주장했다.

한자풀이
蝸 : 달팽이 와 ｜ 角 : 뿔 각
蝸牛角上(와우각상) : 달팽이 뿔 위란 의미로 인간세상의 작음을 비유
石火光(석화광) : 부싯돌의 불꽃처럼 아주 짧은 시간을 말함
癡 : 어리석을 치 ｜ 癡人(치인) : 바보·어리석은 사람

淸明

杜牧

淸明時節雨紛紛하니　　路上行人欲斷魂하네
借問酒家何處有하니　　牧童遙指杏花村하네

청명절에
청명절 좋은 날에 비가 주룩주룩 내리니, 길 가던 나그네 심란하기만 하네
주막이 어디쯤인가 물어보았더니, 목동은 저 멀리 살구꽃 핀 마을을 가리키네
- 두목(803-852) : 만당(晩唐)시인으로 자는 목지(牧之)이다. 그는 일생 동안 풍류를 즐기며 지내며 술과 여자에 대한 시를 많이 썼는데, 죽기 전에 거의 불태워 버렸다 한다. 특히 절구(絶句)에 뛰어나며, 두보(杜甫)를 '대두(大杜)'라 하고 그를 '소두(小杜)'라고 부른다.

한자풀이
淸明(청명) : 24절기의 하나로, 양력 4월 5·6일경을 말한다
紛 : 어지러워질 분 ｜ 紛紛(분분) : 많고 번잡한 모양, 즉 비가 주룩주룩 내리는 모양
斷 : 끊길 단 ｜ 魂 : 넋·마음 혼 ｜ 斷魂(단혼) : 마음이 슬프고 괴로운 모양
遙 : 멀 요 ｜ 杏花(행화) : 살구꽃
杏花村(행한촌) : 귀지현(貴池縣) 성 서편에 있는 술 생산지로 유명한 마을

洗兒

蘇軾

人皆望子成聰明하나 　　我被聰明吾一生하였네
惟願吾兒愚且魯하여 　　無災無難到公卿하였으면

아이를 씻기며

사람들은 다들 자식이 총명하길 바라지만, 나는 총명하여 일생을 그르쳤네
내 자식은 다만 어수룩하고 둔하여, 재앙도 없고 어려움도 없이 벼슬이나 했으면

■ 소식(1037-1101) : 북송(北宋)의 정치가며 문장가로, 자는 자첨(子瞻)이고 호는 동파(東坡)다. 당송팔대가(唐宋八大家) 중 가장 뛰어난 작가이고, 사(詞)에 있어서도 호방한 기풍을 추구한 위대한 문학가이다.

한자풀이

被 : 당할 피(피동태)
愚 : 어리석을 우 ｜ 魯 : 노둔할 노
公 : 제후 공 ｜ 卿 : 벼슬 경 ｜ 公卿(공경) : 벼슬아치

(7) 七言律詩

黃鶴樓

崔顥

昔人已乘黃鶴去하여 　　此地空餘黃鶴樓하네
黃鶴一去不復返하는데 　白雲千載空悠悠하네
晴川歷歷漢陽樹하고 　　芳草萋萋鸚鵡洲하네
日暮鄕關何處是인가 　　煙波江上使人愁하네

황학루

옛 선인은 황학을 타고 예전에 날아가 버려, 여기엔 그저 텅 빈 황학루만 남아 있네
황학은 한번 간 뒤 다시 올 줄 모르는데, 흰 구름은 천년토록 여전히 떠 있네
맑게 갠 강물엔 한양 거리 나무들 선명히 비치고, 향긋한 풀들 앵무주에 무성도 하네
해는 저무는데 고향은 어디멘가, 강 위에 서린 물안개는 시름만 부추기네

- 최호(704-754) : 성당(盛唐) 시인으로, 현존하는 43수의 시에는 기상이 웅혼한 변새시(邊塞詩)·호방한 영회시(詠懷詩)·애정시가 있다.

한자풀이

黃鶴樓 : 중국 호북성(湖北省) 무창현(武昌縣) 서남쪽에 있는 누각으로, 옛날에 신선이 노란 학을 타고 하늘로 올라갔다는 데서 붙여진 이름
載 : 해 재 | 千載(천재) : 천 년 동안 | 悠悠(유유) : 흘러가는 모양
晴 : 갤 청 | 歷歷(역력) : 뚜렷한 모양
漢陽(한양) : 지금의 호북성(湖北省) 한양현(漢陽縣)을 말함
萋 : 풀 무성히 우거진 모양 처 | 萋萋(처처) : 풀이 무성히 우거진 모양
鸚鵡洲(앵무주) : 호북성 무창현 서남쪽에 있는 장강(長江) 가운데의 섬
鄕 : 고향 향 | 關 : 관문 관 | 鄕關(향관) : 고향
使 : 하여금 사(사역형) | 愁 : 근심 수

登高

杜甫

風急天高猿嘯哀하고　　渚清沙白鳥飛廻하네
無邊落木蕭蕭下하고　　不盡長江滾滾來하네
萬里悲秋常作客하고　　百年多病獨登臺하네
艱難苦恨繁霜鬢한데　　潦倒新停濁酒杯하네

높은 곳에 올라

세찬 바람 드높은 하늘 슬피 울부짖는 잣나비, 맑은 물가 흰 모래사장 빙빙 돌며 나는 새
끝없는 숲에는 낙엽이 쓸쓸히 지고, 한없는 장강은 넘실넘실 흐르네
만리타향 애달픈 가을날 언제나 나그네 신세로, 한평생 병 많은 몸 홀로 누대에 오르네
가난에 시달려 허옇게 센머리도 원망스럽건만, 늙어 버린 요새는 탁주마저 못 마시네

- 두보(712-770) : 성당(盛唐) 시인으로, 자는 자미(子美)이고 호는 소릉(小陵)이다. 중국 제일의 사회주의 시인으로 그를 시사(詩史) 또는 시성(詩聖)이라 부른다.

한자풀이

登高(등고) : 중국에는 음력 9월 9일 중양절(重陽節)이 되면 가까운 이들과 높은 곳에 올라 주연(酒宴)을 열며 액땜하는 풍습이 있다
嘯 : 울부짖을 소
渚 : 물가 저 | 廻 : 빙빙 돌 회 | 飛廻(비회) : 빙빙 돌며 날다
邊 : 가장자리 변 | 蕭蕭(소소) : 쓸쓸히 낙엽이 떨어지는 모습

長江(장강) : 양자강(揚子江)의 다른 이름 | 滾 : 물이 세차게 흐를 곤
滾滾(곤곤) : 넘실넘실 세차게 흐르는 모습
百年(백년) : 한평생을 말함 | 臺 : 높고 평평한 곳 대
艱 : 괴로울 간 | 難 : 어려울 난 | 艱難(간난) : 괴롭고 힘듦 | 霜 : 서리 상
鬢 : 귀밑털 빈 | 霜鬢(상빈) : 서리처럼 하얗게 센머리
潦倒(료도) : 노쇠한 모양 | 停 : 멈출 정 | 杯 : 술잔 배

觀易吟

邵康節

一物由來有一身하니　一身還有一乾坤하네
能知萬物備於我하니　肯把三才別立根하네
天向一中分造化하고　人於心上起經綸하네
天人焉有兩般義하리　道不虛行只在人할뿐

주역을 보고 읊음

한 물건 안에는 한 몸이 있으니, 한 몸은 한 세상과 같다네
온갖 것이 내 몸에 갖추어 있는 걸 알았으니, 하늘과 땅과 사람 삼재(三才)를 가지고 이치를 세우네
하늘은 하나 가운데서 조화를 이루고, 사람은 마음 안에서 일을 처리하네
하늘과 사람이 어찌 서로 다른 이치가 있으리, 도는 헛되이 행해지지 못하는 법 오직 사람에게 달렸을 뿐

- 소강절(1011-1077) : 송대의 유학자로, 이름은 옹(雍)이고 자는 요부(堯夫)이며 강절(康節)은 시호이다.

한자풀이

由來(유래) : 생긴 까닭
乾 : 하늘 건 | 坤 : 땅 곤 | 乾坤(건곤) : 하늘과 땅·음양
備 : 갖출 비
肯 : 기꺼이 긍 | 把 : 잡을 파 | 三才(삼재) : 하늘(天)·땅(地)·사람(人)
經綸(경륜) : 모든 일을 경영하여 꾸미는 것
焉 : 어찌 언 | 兩般(양반) : 두 가지
虛 : 빌 허 | 虛行(허행) : 목적을 이루지 못하고 헛되이 행하는 것

04 散文 읽기

기초 한자와 한문 익히기

1) 韓國篇

(1) 崔致遠의 博學

致遠은 字가 孤雲으로 沙梁部人이다. 美風儀하고 少精敏好學하였다. 年十二에 隨海舶入唐求學하였다. 其父가 曰：「十年不第하면 非吾子也」라. 致遠이 至唐하여 尋師力學하니 乾符元年에 禮部侍郞裵瓚下에서 一擧及第하여 調宣州溧水縣尉하고 考績爲承務郞侍御史內供奉하였다. 時에 黃巢叛하니 高騈이 爲諸道兵馬都統이 되어 計之하였는데 辟致遠하여 爲從事로 삼고 委以書記하니 表狀書啓徵兵告檄이 皆出其手하였다. 其檄巢文에 「有不惟天下之人이 皆思顯戮할뿐 아니라 抑亦地中之鬼도 已議陰誅之語」라 함에 巢가 不覺下床하였다 한다. 由是로 名震天下라. 至是에 年二十八으로 有歸寧之志하여서 奉詔還하였다. 王이 留라 하고 爲侍讀兼翰林學士兵部侍郞知瑞書監事하였다. 致遠之還할 때 同年顧雲이 賦孤雲篇하면서 以送之하며 云하기를 「引風離海上하여 伴月到人間하였네 徘徊不可從하더니 漫漫又東還」하였구나 又曰：「十二乘舟渡海來하여 文章撼動中華國하고 十八橫行戰詞苑하며 一箭射破金門策」이라 하였다. 致遠亦自敍하

며 云하기를 「巫峽重峰之歲에 絲入中華하였다가 銀河列宿之年에 錦還東國」이라 하였다. 盖以十二歲入唐하고 二十八而還也이니라. 致遠은 自以西學多所得하였기에 及來하여 將行己志하고자 하였으나 而衰季多疑忌하여 不能容하였기 때문에 尋出爲太山郡太守라. (安鼎福·『東史綱目』)

한자풀이

致遠(치원) : 신라 말의 학자인 최치원(857-?)으로, 호는 고운(孤雲) 또는 해운(海運)이다.
『東史綱目』(동사강목) : 조선 숙종 때의 학자 안정복(安鼎福)이 저술한 역사책으로, 고조선부터 고려까지의 역사를 서술하였다.
精敏(정민) : 사리에 정통하고 재지(才智)가 예민함. 학식이 많고 재주가 있음
辟(벽) : 부르다
黃巢(황소) : 唐나라 사람으로 왕선지(王仙芝)가 일으킨 반란에 동조했다가, 그가 죽은 뒤 우두머리도 추대됨.
表(표) : 군주에게 올리는 서장(書狀)
狀(장) : 문서
書(서) : 편지
啓(계) : 아뢰는 글
徵兵(징병) : 병사를 모집함
高騈(고병) : 중국 唐나라의 무장
戮(육) : 죽이다
中華(중화) : 중국
銀河列宿(은하열수) : 28宿(수)이니 곧 28세를 뜻한다
巫峽重峰(무협중봉) : 무협은 12봉이니 곧 12세를 뜻한다
容(용) : 받아들여지다
太山郡(태산군) : 현재 전라북도 정읍시 태인면

해석

최치원의 자는 고운으로 사량부 사람이다. 풍채가 잘 생기고 어려서부터 정민하여 학문을 좋아하였다. 12세에 배를 타고 당나라로 건너가 공부하였다. 떠날 적에 그의 아버지가 "10년 안에 급제를 하지 못하면 내 아들이 아니다."라고 하였다. 최치원이 당나라에 도착하여 스승을 찾아 학문에 힘써서, 건부 원년(경문왕 14년; 874년)에 예부시랑 배찬의 방하에 급제하여 선주의 율수현위에 임명되었으며, 치적에 의하여 승무랑 시어사 내공봉에 진급되었다. 이때 황소가 반란을 일으켜 고병이 제도병마도통이 되어 토벌하였는데, 치원을 불러 종사로 삼고 서기의 일을 맡기니, 표장서계 징병고격이 모두 그의 손에서 나왔다. 치원이 황소에게 보낸 격문에 "천하의 사람이 다 너를 죽일

것을 생각할 뿐 아니라, 또한 땅속의 귀신들도 이미 은밀히 죽일 것을 의논한다."라는 말이 있었는데, 황소가 이를 읽다가 그만 저도 모르게 걸상에서 떨어졌다고 한다. 이로부터 그의 명성이 천하에 떨쳤다.

치원의 나이 28세 때 부모를 뵈러 고국에 돌아올 뜻이 있어서 황제의 조명을 가지고 신라에 돌아왔다. 왕이 그를 머물러 있게 하고 시독 겸 한림학사 병부시랑 지서서감사로 삼았다. 치원이 돌아올 때 같은 해 급제했던 고운이 고운편을 지어서 전송하며, "바람을 이끌고 바다를 달려, 달을 짝하여 인간세상에 이르네. 배회하며 쫓아갈 수 없더니, 만만하게 동쪽으로 돌아가네." 하였고, 또 "열두 살에 배타고 건너와, 문장이 중국을 뒤흔들고, 열여덟 살에 사원을 누비며, 화살 한 개로 금문책을 깨뜨렸네."라 하였다. 치원도 자서하기를, "무협 중봉의 해에 무명옷 입고 중국에 들어갔다가, 은하 열수의 해에 비단옷 입고 우리나라에 돌아왔네."라고 하였다. 이는 12세에 당나라에 건너가서 28세에 신라로 돌아왔음을 말한 것이다. 치원은 중국에 유학하여 얻은 것이 많았으므로 본국에 돌아와서 자기의 뜻을 이루려 하였으나, 국운이 쇠퇴한 말기가 되어 의심하고 시기하는 자가 많아서 잘 받아들여지지 않았기 때문에 얼마 있다가 태산군 태수로 나갔다.

(2) 崔瑩의 淸廉

崔瑩이 年十六에 父臨終하면서 戒之하며 曰:「汝當見金如石하라」하였다. 瑩佩服하여 不事産業하였다. 居第甚隘陋하여도 處之怡然하였으며 服食儉素하였으나 屢至空匱라. 見乘肥衣輕者하면 不啻如犬豕하였다. 雖身都將相하여 久典兵權하였으나 關節不到하니 世服其淸하였다. 務持大體하여서 不究細理하였다. 終身將兵하였으나 麾下士卒 가운데 所識面者가 不過數十이라. 在鞍馬閒하면서도 往往賦詠爲樂이라. 一夕에 與諸相歌하고 聯句할 때 慶復興이 唱하며 云하기를 「天是古天이로되 人不古」라 하니 瑩이 對하며 云하기를 「月爲明月이로되 相無明」이라 하였다. 見人不義하면 必深惡痛斥하였다. 仁任과 堅味가 提調政房이 되어 專權自恣하였는데 安烈等이 同心用事하였다. 有人이 求官하자 瑩이 曰:「汝學工商하면 自可得官하리라」하였으니 盖譏秉政者가 用行賄輩也함이라.(『高麗史』)

[한자풀이]

崔瑩(최영) : 고려의 명장으로 수차례에 걸쳐 왜군을 처부쉈으며, 원나라의 침입을 물리쳤다. 고려 유신의 대표적인 인물로 이성계와 대결하여 고려를 지키려 한 용감하고 청렴한 장군이었다.
佩服(패복) : 깊이 마음속에 느낌
怡然(이연) : 기뻐하는 모양, 즐거워하는 모양
匱(궤) : 함, 다하여 없어지다
不啻(불시) : 그뿐만이 아니라
將相(장상) : 장수(將帥)와 재상(宰相)
賦詠(부영) : 시가 등을 지음
仁任(인임) : 고려 때의 권신 이인임(李仁任)으로, 1359년(공민왕 8년) 홍건적의 1·2차 침입 때 공을 세워 1등 공신에 올랐다. 1374년 공민왕이 살해되어 후사 문제가 일어나자 경복흥(慶復興) 등의 주장을 꺾고 우왕(禑王)을 추대하였으며, 왕의 신임으로 정권을 잡고 친원정책을 견지하여 친명정책을 주장하던 신하들을 추방하였다. 그리고 임견미와 같은 측근을 요직에 앉히는 등 전횡을 일삼다가, 1388년 최영·이성계에게 살해되었다.
堅味(견미) : 고려 때 권신 임견미로, 수차례에 걸쳐 홍건적과 왜구를 물리쳤다. 1380년 이인임과 함께 경복흥(慶復興)과 그 일당을 숙청, 1383년 수문하시중(守門下侍中)으로 정방제조(政房提調)를 겸임, 이듬해 문하시중(門下侍中)이 되어 이인임 등과 함께 전횡을 일삼다가 1388년 최영·이성계에게 살해되었다.
賄(회) : 뇌물, 재물

[해석]

최영의 나이 16세에 부친이 임종하면서 경계하기를 "너는 황금 보기를 돌과 같이 하라."라고 하였다. 영이 명심하여 집안 살림을 돌보지 않아 사는 집이 매우 누추하여도 편안하게 처하였으며, 검소하게 의복을 입고 아껴서 음식을 먹었으나 자주 떨어지곤 하였다. 살찐 말을 타고 좋은 옷을 입은 자를 보면 개나 돼지보다 못하게 여겼다. 몸이 비록 장상을 겸하여 오랫동안 병권을 잡았으나, 뇌물을 받지 않으니 세상 사람들이 그 청백함에 탄복하였다. 大體를 위주로 하여 사소한 일은 도모하지도 않았다. 죽을 때까지 군사를 거느렸지만, 부하 병사들 가운데 얼굴을 아는 자가 수십 명에 지나지 않았다. 병영에 있으면서도 때때로 글을 짓고 시 읊기를 즐겨 하였다.

어느 날 저녁에 여러 재상들과 더불어 술을 마시고 글귀를 읊을 때 경복흥이 "하늘은 옛 하늘이 아니로되, 사람은 옛사람이 아니다." 하니, 영이 대를 맞추기를 "달은 명월이로되, 재상은 밝음이 없도다."라고 하였다. 타인들의 불의를 보면 몹시 미워하고 통렬하게 배척하였다. 이인임과 임견미가 정방의 제조가 되어 권세를 마음대로 하고 방자하였는데, 안열 등이 뜻을 같이하여 일을 하였다. 어떤 사람이 벼슬을 구하고자 하자, 영이 "네가 장사와 장인의 일을 배우면 벼슬을 얻을 것이다."라 하였으니, 이것은 정권을 잡은 자들이 모두 뇌물을 받는 무리들임을 비웃은 것이다.

(3) 報恩

金盖仁은 居寧縣人也라. 畜一狗하는데 甚怜하였다. 嘗一日出行하는데 狗亦隨之하였다. 盖仁이 醉臥道周而睡하는데 野燒將及하였다. 狗乃濡身于傍川하여서 來往環繞以潤著草茅하고 令絶火道하고는 氣盡乃斃하였다. 盖仁旣醒하고는 見狗迹悲感하여 作歌寫哀하여서 起墳以葬하고 植杖以誌之하였다. 杖成樹하니 因名其地爲獒樹라. 樂譜中有犬墳曲是也라. 後有人作詩云하니, "人恥呼爲畜하지만 公然負大恩한다네 主危身不死하지 않으면 安足犬同論하리요? 晉陽公이 命門客作傳記行於世하였으니 意欲使世之受恩者에게 知有以報也이니라.(『補閑集』)

한자풀이

『補閑集』(보한집) : 고려 고종 때, 최자(崔滋)가 이인로(李仁老)의 『破閑集』(파한집)을 본떠서 지은 책으로 야사나 기녀들의 이야기를 모아 엮은 책이다.
怜(영) : 영리하다, 불쌍히 여기다
濡(유) : 젖다
斃(폐) : 넘어지다, 넘어져 죽다
晉陽公(진양공) : 고려 고종(高宗)때 권신(權臣)으로 본래 최우(崔瑀)였는데 후에 이(怡)로 이름을 고쳤다. 몽고병이 침입하자 고종을 설득하여 강화도에 천도하도록 하였다.

해석

김개인은 거현령 사람이다. 개 한 마리를 길렀는데 몹시 영리하였다. 어느 날 외출하는데 개도 따라나섰다. 술에 취해서 길가에 누워 자는데, 들판에 불이 나서 점차 번져 오고 있었다. 개는 곧 옆에 있는 시냇물에 들어가 몸을 적시어 주인이 누워있는 주변을 빙빙 돌면서 풀을 적시어 불길을 막고 나서는 기운이 다하여 죽었다. 개인이 잠에서 깨어 개가 죽은 상황을 보고, 슬프게 여기고 노래를 지어 이 슬픈 정을 표현하였다. 무덤을 만들어 장사를 지내 주고, 지팡이를 꽂아 그곳을 표지하였다. 그런데 그 지팡이가 나무가 되었으므로, 그 땅을 오수라고 이름을 지었다. 악보 가운데 견분곡이 이것이다. 훗날 어떤 사람이 다음과 같은 시를 지었다. "사람은 짐승이라 불리는 것을 부끄러워하지만, 공공연히 큰 은혜를 저버린다네. 사람으로서 주인 위해 죽지 않으면, 개보다 나을 것이 무엇이겠나?" 진양공이 문객들에게 그 전기를 지어 세상에 행해지도록 하였으니, 세상의 은혜를 받은 사람들에게 갚을 줄 알도록 하기 위한 것이다.

(4) 師弟之道

> 夫師資之道는 實爲不易라 汝知之乎아? 嘗試言之하리라 其爲師也함에 得其道而處其位하면 實而非濫也며 失其道而竊其名하면 濫而非實也이니라. 其爲資也함에 稟其訓而行其事하면 義而非諂也며 取其法而背其恩하면 諂而非義也이니라. 濫而又諂은 君子恥之이니 吾若誘汝以濫한다면 則吾誑汝也요 汝若求吾以諂한다면 則汝誑吾也이니라. 世人但識師資之名하지 而不知師資之實者가 往往有之이니라. 苟或師資不以其道한다면 則佛祖之敎가 依何而行하겠으며 後之爲師者가 從何而立이리오? 道之不行함은 職由斯也한 까닭이니라. 鳴呼라! 吾也汝也가 濫乎諂乎함은 盡俟衆人訂之이니 汝其識之하라. (義天·『大覺國師文集』)

한자풀이

大覺國師(대각국사) : 고려 문종의 넷째 아들로 이름은 후(煦)이고 자(字)는 의천(義天)이다. 고려 천태종(天台宗)을 처음 열었으며, 시호(諡號)는 대각(大覺)이다
師資(사자) : 스승과 학문을 하는데 도움이 되는 것, 스승과 제자 혹은 사제의 관계
濫(람) : 탐하다, 넘치다, 훔치다
稟(품) : 받다
諂(첨) : 아첨하다
俟(사) : 기다리다

해석

대개 스승과 제자 사이의 도는 실로 쉬운 것이 아니니, 그대는 아는가? 시험 삼아 말해 보리라. 스승이 됨에 그 도를 얻고 그 자리에 있으면 그것은 진실이요 참람이 아니며, 그 도를 잃고 그 이름만 훔치면 그것은 참람이요 진실이 아니다. 또 그 제자가 가르침을 받고 그것을 행하면 그것은 의리요 아첨이 아니며, 그 법만 취하고 그 은혜를 저버린다면 그것은 아첨이지 의리가 아니다.

참람과 아첨은 군자가 부끄러워하는 바이니, 내가 그대를 참람으로써 인도한다면 그것은 내가 그대를 속이는 것이요, 그대가 내가 아첨으로써 구한다면 그것은 그대가 나를 속이는 것이다. 그런데 세상 사람들 중에는 다만 스승과 제자라는 이름만 알고 그 진심을 알지 못하는 자가 흔히 있다. 진실로 스승과 제자가 그 도로써 행하지 않는다면 석가의 가르침은 무엇을 의지해 행해지겠으며,

뒷날에 스승 되는 사람이 무엇을 본받아 그 자리에 서겠는가? 도가 행해지지 않음은 진실로 이 때문이다. 아아! 나나 그대가 참람한가 아첨하는가는 다 후세 사람의 비판을 기다릴 뿐이니, 그대는 그런 줄 알아라.

(5) 騎牛說

> 友人李公周道가 家居平海하면서 每月夜携酒騎牛하고서 遊於山水之間하였다. 平海號稱形勝하니 其遊觀之樂을 李君能盡得古人所不知妙也라. 凡寓目於物者는 疾則粗하지만 遲則盡得其妙하다. 馬疾牛遲한 것이기에 騎牛欲其遲也함이다. 想하건데 夫明月在天하고 山高水闊하니 上下一色이라. 仰俯無垠함에 等萬事於浮雲이라 여기고 寄高嘯於淸風하고 縱牛所如하면서 隨意自酌하면 胸次悠然이되어 自有其樂이니라. 此豈拘於私累者所能爲也하랴! 古之人亦有能得此樂者乎아? 坡公赤壁之遊가 殆庶幾矣라. 然乘舟危는 則不若牛背之安也하고 無酒無肴이 歸而謀婦함은 則不若自携之易也라. 桂棹蘭槳은 不旣煩矣乎하고 捨舟而山은 不旣勞矣乎아? 騎牛之樂을 人孰知之하랴! 及於聖人之門한다면 其見喟然之歎이 無疑也라. (權近·『陽村集』)

한자풀이

『陽村集』(양촌집) : 조선 초의 학자 권근(權近)의 시문집
携(휴) : 손에 가지다
形勝(형승) : 지세가 뛰어남
疾(질) : 빠르다
粗(조) : 거칠다
遲(지) : 늦다
胸次(흉차) : 가슴속, 심중
累(루) : 메이다
坡公(파공) : 당송 팔대가의 한사람인 소식(蘇軾). 소식의 字(자)는 子瞻(자첨)이고 호(號)는 동파(東坡)이다
赤壁(적벽) : 중국 호북성(湖北省)에 있는 명승지

蘭漿(난장) : 목란(木蘭)으로 만든 배의 노
喟然(위연) : 탄식하는 모양 ｜ 喟(위) : 한숨, 탄식

[해석]

나의 벗 이도주가 평해에 살면서, 매양 달밤이면 술을 가지고 소를 타고서 산수 사이에서 놀았다. 평해는 명승지로 일컫는 곳이니, 이군은 옛사람이 미처 알지 못한 유람의 묘한 즐거움을 다 알았을 것이다. 무릇 물체를 볼 때 빨리 보면 정밀하지 못하지만 천천히 보면 그 묘한 것을 다 볼 수 있다. 말은 빠르고 소는 더딘 것이라 소를 타는 것은 곧 더디고자 함이다. 생각건대 밝은 달이 하늘에 있고 산은 높고 물은 넓어 상하가 한 빛이라 굽어보나 쳐다보나 끝이 없음에, 만사를 뜬구름 같이 여기고 긴 휘파람을 맑은 바람에 보내며, 소를 놓아 가는 대로 따르고 생각나는 대로 스스로 술을 부어 마시면 가슴이 확 틔어 스스로 그 낙이 있을 것이다. 이 어찌 사사로움에 매인 자가 능히 할 바이랴! 옛사람이 또한 이 즐거움을 얻은 자가 있었던가? 소동파의 적벽의 놀이가 거의 비슷할 것이다. 그러나 동파가 배를 탄 위태로움은 소등의 안전함만 같지 못하고, 술도 안주도 없이 집에 돌아가 아내에게 의논함은 스스로 휴대함의 편리함만 못하다. 계도와 난장은 이미 번거로운 일이고, 배를 버리고 산으로 오르는 것은 이미 수고로운 일이 아닌가? 소를 타는 즐거움을 누가 알랴! 성인의 문하에 있었더라면 위연히 탄식함을 보았을 것이 의심되지 않는다.

(6) 自警文

心定者는 言寡니 定心은 自寡言始니라. 每事가 至若可爲之事면 則盡誠爲之하라, 先須大其志하여 以聖人으로 爲準則하여 一毫라도 不及聖人이면 則吾事가 未了니라. 時然後에 言이면 則言不得不簡이니라. 常以戒懼謹獨意思로 存諸心中하여 念念不忘이면 則一切邪念이 自然不起니라. 曉起하여 思朝之所爲之事하고 食後에 思量之所爲之事하고 就寢時에 思明日所爲之事하라.(李珥·『栗谷集』)

[한자풀이]

『栗谷集』(율곡집) : 조선 중기의 대학자 율곡(栗谷) 이이(李珥 1536~1584)가 지은 책이다.
自警文(자경문) : 스스로 경계삼는 글
心定者(심정자) : 마음이 안정된 사람
大其志(대기지) : 그 뜻을 크게 함
不得不簡(부득불간) : 간략하지 않을 수 없음(이중부정을 통한 강한 긍정)

戒懼(계구) : 경계하고 두려워함
謹獨(근독) : 홀로 있을 때 언행을 삼감
一切(일체) : 모든

[해석]

마음이 안정된 사람은 말이 적으니, 마음을 안정시키는 것은 말을 적게 하는 것으로부터 시작된다. 모든 일이 할 만한 듯한 일에 이르게 되면, 정성을 다해서 하여라. 우선 반드시 그 뜻을 크게 하여 성인으로 법을 삼아 털끝만이라도 성인에 미치지 못하면, 곧 나의 일이 끝나지 않은 것이니라. 때가 된 연후에 말한다면, 말이 어쩔 수 없이 간결해지지 않을 수 없느니라. 항상 경계하고 두려워하며 홀로 있을 때 언행을 삼가려는 생각을 마음속에 간직하여 생각하고 또 생각하면서 잊지 않으면, 곧 모든 간사한 생각이 일어나지 않게 된다. 새벽에 일어나서는 아침에 할 일을 생각하고, 밥 먹은 뒤에는 곧 낮에 할 일을 생각하고, 잠자리에 들었을 때에는 내일 할 일을 생각하라.

2) 中國篇

(1) 漁父辭

屈原이 旣放에 遊於江潭하고 行吟澤畔할새 顏色이 憔悴하고 形容枯槁하거늘 漁父見而問之하여曰:「子非三閭大夫與아? 何故至於斯리오.?」 屈原이 曰「擧世皆濁에 我獨淸하고 衆人皆醉에 我獨醒이라. 是以로 見放이라.」 漁父가 曰「聖人은 不凝滯於物하고 而能與世推移하니 世人이 皆濁이어든 何不淈其泥而揚其波리오? 衆人이 皆醉이어든 何不餔其糟而歠其醨리오? 何故로 深思高擧하여 自令放爲오?」 屈原이 曰「吾聞之하니 新浴者는 必彈冠하고 新浴者는 必振衣라. 安能以身之察察로 受物之汶汶者乎아? 寧赴湘流하고 葬於江魚之腹中이언정 安能以皓皓之白으로 而蒙世俗之塵埃乎아?」 漁父가 莞爾而笑하고 鼓枻而去하며 乃歌하며 曰「滄浪之水淸兮어든 可以濯吾纓이요 滄浪之水濁兮어든 可以濯吾足이라.」 遂去하고 不復與言하다.

한자풀이

漁父辭(어부사) : 사(辭)는 문체(文體) 가운데 하나이다. 산문(散文)과 운문(韻文)의 중간 형식이다.
屈原(굴원) : 중국 전국시대(戰國時代) 초(楚)나라의 시인. 회왕(懷王)·경양왕(頃襄王)을 섬겨 벼슬했고, 간신들의 모략에 빠져 방랑생활을 하다가 멱라강(汨羅江)에 빠져 죽었다. 그의 작품으로 『離騷』가 유명하다
與(여) : 의문어기조사로 歟(여)와 같음
放(방) : 죄를 입어 방축(放逐)되는 것
行吟(행음) : 방랑해 다니면서 시를 읊음
憔悴(초췌) : 수척하다
枯槁(고고) : 사람이 마른 나뭇가지처럼 야윔
三閭大夫(삼려대부) : 초(楚)의 왕족인 삼족삼가(三族三家)를 삼려(三閭)라 하며, 이를 다스리는 벼슬
見放(견방) : 쫓기다 ㅣ 견(見) : '당하다'라는 피동보조어간
凝滯(응체) : 막혀 융통성이 없는 모습
淈(굴) : 흐리게 하다
餔(포) : 먹다
歠(철) : 마시다
醨(리) : 묽은 술
令(령) : 사역보조어간
安能(안능) : 어찌 ~할 수 있겠는가?
察察(찰찰) : 깨끗한 모습
汶汶(문문) : 흐리고 너러운 모습
寧(녕) : 차라리
湘(상) : 동정호(洞庭湖)로 흐르는 상수(湘水)
皓皓(호호) : 희고 깨끗한 모습
蒙(몽) : 덮어쓰다
莞爾(완이) : 빙그레 웃는 모습
枻(예) : 노·삿대
滄浪(창랑) : 한수(漢水) 하류의 이름
兮(혜) : 초사체(楚辭體)에 자주 쓰이는 어조사

해석

굴원이 이미 쫓겨나 상강의 못에서 노닐며 못가에서 읊조리고 다니는데, 얼굴빛은 초췌하고 모습은 수척했다. 어부가 그를 보고 묻기를 "그대는 삼려대부가 아니십니까? 무슨 까닭으로 이 지경에 이르셨습니까?"라 하였다. 굴원이 말하기를 "온 세상이 다 흐려 있는데 나만 홀로 맑고, 모든 사람이 다 취해 있는데 나만 홀로 깨어 있네. 이런 까닭으로 쫓겨나게 되었소."라 하였다. 어부는 "성인은 사물에 막히어 얽매이지 않고, 세상과 더불어 변화할 수 있으니 세상 사람이 모두 혼탁하면 어찌하여 그 진흙을 휘저어 그 물결을 일으키지 않고, 세상 사람이 다 취했다면 어찌하여 그 술지게미를 먹고 묽은 술을 마시지 않고, 무슨 까닭으로 깊이 생각하고 높이 행동하다가 스스로 쫓겨나게 했습니까?"라고 하였다. 굴원은 "내가 들으니, '새로 머리를 감은 사람은 반드시 갓을

털고, 새로 몸을 씻은 사람은 반드시 옷을 턴다'고 하니, 어찌 깨끗한 몸으로써 더러운 사물을 받을 수 있겠는가? 차라리 상강에 뛰어들어 강의 물고기 뱃속에서 장사를 지낼지언정, 어찌 결백한 몸으로써 세속의 티끌과 먼지를 뒤집어쓸 수 있겠는가?"라고 하였다. 어부가 빙그레 웃으면서 뱃전을 두드리며 떠났다. 이에 노래하기를 "창랑의 물이 맑으면 내 갓끈을 씻고, 창랑의 물이 흐리면 내 발을 씻으리라"하고, 마침내 떠나가서는 다시는 더불어 말하지 않았다.

(2) 筆論

> 書者는 散也라. 欲書先散懷抱하면 任情恣性하여 然後에 書之라. 若迫于事하면 雖中山兎毫라도 不能佳也라. 夫書함에는 先黙坐靜思하고 隨意所適하되 言不出口하고 氣不盈息하며 沉密神彩하라. 如對至尊하면 則無不善矣라. 爲書之體는 須入其形한듯 若坐若行한듯 若飛若動한듯 若往若來한듯 若臥若起한듯 若愁若喜한듯 若蟲食木葉한듯 若利劍長戈한듯 若强弓硬矢한듯 若水火한듯 若雲霧한듯 若日月하여서 縱橫有可象者하여야 方得謂之書矣라. (蔡邕·『墨池篇』)

한자풀이

蔡邕(채옹): 동한말(東漢末)의 문학가이자 서예가. 어려서부터 박학하였으며 문장을 좋아하고 음률에 정통하였다. 서예로는 전서와 예서에 뛰어났으며, 비백(飛白)이란 서체를 창조하여 후세에 큰 영향을 끼쳤다.
散(산): 한산함
迫(박): 궁색해지다
中山兎毫(중산토호): 중산의 토끼털로 만든 붓으로, 명필을 지칭한다.
盈息(영식): 숨을 넘치게 쉬다
無不善矣(무불선의): 좋지 아니할 수 없다
象(상): 모양, 그림

해석

'서'라는 것은 산(한산함)이다. 먼저 생각을 한산하게 하고 싶으면, 정에 임하여 성정을 마음대로 하게 한 이후에 붓을 놀린다. 만약 일에 궁색해지면, 비록 중산의 좋은 붓이라 할지라도 훌륭한 작품을 쓸 수 없다. 무릇 글을 쓸 때에는 먼저 고요히 앉아 조용히 생각하고, 뜻의 적합함에 따르되 말을 하지 않고, 숨을 넘치지 않게 쉬며 정신과 안색을 침착하고 조용하게 한다. 마치 지존을 대하는 것처럼 하면 작품이 좋지 아니할 수가 없다. 서의 체를 위해서는 반드시 그 형체에 들어감이 앉아 있는 듯 가는 듯하고, 나는 듯 움직이는 듯하며, 가는 듯 오는 듯, 누워 있는 듯 일어난 듯, 근심에 젖은 듯 기쁨에 젖은 듯, 벌레가 나뭇잎을 먹는 듯, 예리한 칼과 긴 창인 듯, 강한 화살인 듯, 물과 불인 듯, 구름과 안개인 듯, 해와 달인 듯해야 하며, 종회에 가히 모양(그림)이 있어야 비로소 글을 썼다고 말할 수 있는 것이다.

(3) 春夜宴桃李園序

夫天地者는 萬物之逆旅요. 光陰者는 百代之過客이라. 而浮生若夢하니, 爲歡이 幾何오 古人秉燭夜遊는 郞有以也로다. 況陽春이 召我以煙景하고 大塊가 假我以文章이라. 會桃李之芳園하여 序天倫之樂事하니 群季俊秀하여, 皆爲惠連이나 吾人詠歌만이 獨慚康樂? 이로다. 幽賞未已하고 高談轉淸하여 開瓊筵以坐花하고 飛羽觴而醉月하니 不有佳作, 何伸雅懷? 如詩不成하면 罰依金谷酒數하리라.(李白)

한자풀이

序(서) : 연회(宴會(연회))와 송별석상(送別席上)에서 지은 시를 모아 시집을 만들고, 여기에 서문을 붙인 것
李白(이백 701~762) : 자(字)는 태백(太白)이며 시성(詩聖) 두보(杜甫)와 더불어 시선(詩仙)으로 불리는 중국 최고의 시인이다. 호방한 성격에서 나오는 자유분방한 시 세계를 개척하였으며, 특히 감각이나 직관에서 나오는 독보적인 시의 경지를 이룩했다.
逆旅(역려) : 객사, 숙소
光陰(광음) : 세월, 시간
浮生(부생) : 덧없는 인생
秉燭夜遊(병촉야유) : 촛불을 켜고 밤에 논다
郞有以也(낭유이야) : 참으로 까닭이 있다
況(황) : 하물며
煙景(연경) : 안개가 낀 봄 경치
大塊(대괴) : 조물주
序(서) : 쓰다
天倫(천륜) : 하늘이 정해준 관계로, 여기서는 형제를 가리킴
群季(군계) : 여러 아우
惠連(혜련) : 남조(南朝)시대 송(宋)나라의 시인 사혜련(謝惠連). 어릴 때부터 문재(文才)가 뛰어나 그의 형인 사령운(謝靈運)의 각별한 사랑을 받았다 함
康樂(강락) : 남조(南朝)시대 송(宋)나라의 산수시인 사령운(謝靈運)의 자(字). 이백(李白)은 그

의 시풍을 흠모했다
幽賞(유상) : 조용히 자연을 깊이 감상함
瓊筵(경연) : 옥 같이 아름다운 자리. 여기에서는 호화로운 연회석을 말함
羽觴(우상) : 날갯죽지 모양의 술잔
雅懷(아회) : 고상하고 품위있는 생각
金谷酒數(금곡주수) : 진(晋)의 석숭(石崇)이 금곡원(金谷園)에서 연회를 베풀었을 때, 시를 짓지 못하는 사람에게 벌주(罰酒)로 술 석 잔을 마시게 한 그 술잔 수. 현재 하남성(河南省) 낙양현(洛陽縣) 서쪽에 있다

[해석]

무릇 천지는 만물이 머물다 가는 곳(여관)이요, 세월은 영원한 나그네이다. 덧없는 인생이 꿈과 같으니 기쁨을 누림이 그 얼마인가? 옛사람이 촛불을 잡고 밤놀이 한 것이 진실로 까닭이 있었다. 하물며 따뜻한 봄이 아지랑이 피어오르는 봄의 경치로 나를 부르며, 천지는 나에게 글재주를 빌려 주었음에랴! 복숭아꽃 오얏꽃 핀 향기로운 정원에 모여 형제의 즐거운 일을 벌이니, 여러 동생들의 빼어남은 모두 사혜련이 되었으니, 나의 노래가 홀로 강락에게 부끄러울까? 그윽한 감상이 끝나지 않아 고상한 이야기는 더욱 맑아져서 옥 같은 자리를 펴고 꽃그늘에 앉아 술잔을 돌리며 달빛에 취하니, 좋은 작품이 있지 않다면 어찌 고상한 회포를 펴겠는가? 만일 시가 이루어지지 않는다면 금곡의 술잔 수로 벌하리라.

(4) 雜說

世有伯樂하고 然後有千里馬하니 千里馬는 常有로되 而伯樂은 不常有라. 故로 雖有名馬라도 祗辱於奴隷人之手하고 騈死於槽櫪之間하여 不以千里稱也라. 馬之千里者는 一食에 或盡粟一石이니 食馬者가 不知其能千里而食也라. 是馬也가 雖有千里之能이나 食不飽하여 力不足하여 才美不外見하니 且欲與常馬等이라도 不可得이라. 安求其能千里也리요 策之하여도 不以其道하지 않고 食之하는데도 不能盡其材하며 鳴之하여도 不能通其意하면서 執策而臨之하여 曰 天下無良馬라. 嗚呼아! 其眞無馬邪인가? 其眞不識馬邪인가? (韓愈)

[한자풀이]

雜說(잡설) : 특정한 제명(題名)이 붙지 않은 수필을 말함. 여기에서 소개한 雜說(잡설)은 4首

가운데 네 번째에 해당함
伯樂(백락) : 중국 진(秦)나라 손양(孫陽)으로, 말의 감정을 잘 하여서 널리 말에 관한 일에 밝은 사람으로 쓰임
千里馬(천리마) : 매우 훌륭한 말. 여기에서는 뛰어난 재능을 갖춘 인재를 말함
駢死(병사) : 머리를 가지런히 하고 죽다
槽櫪(조력) : 마굿간
一石(일석) : 껍질 있는 곡식의 총칭. 一石은 십두(十斗)
食馬(식마) : 말을 먹여 키우다
才美(재미) : 재능
安求其能千里也(안구기능천리야) : 어찌 그가 천리의 길을 뛸 훌륭한 재능을 발휘할 수 있기를 바랄 것이냐?
策之不以其道(책지불이기도) : 올바른 도리가 아닌 나쁜 학대로써 채찍질만 한다
邪(사) : 의문어기조사

[해석]

세상이 백락과 같은 사람이 있은 후에야 천리마가 있게 된다. 천리마는 항상 있으나, 백락과 같은 이는 항상 있는 것이 아니다. 그러므로 훌륭한 말이 있다 하더라도, 노예의 손에서 욕을 당하며 말 구유에서 보통 말들과 나란히 죽어 버리고 마니, 천리마라고 인정받지 못하고 만다. 하루에 천 리를 달릴 수 있는 말은 한 번에 곡식 한 섬을 먹어치우는데, 말 먹이는 사람은 하루에 친 리를 달릴 수 있는 능력을 알지 못하고 먹이를 준다. 그러니 비록 이 말이 하루에 천 리를 달릴 수 있는 능력이 있을지라도, 배불리 먹지 못해 힘이 부족하게 되어 재능을 나타내지 못한다. 또 평범한 말과 같아지려고 하나, 같아질 수도 없다. 이래서야 어찌 그 말이 천 리를 달리도록 할 수 있겠는가? 채찍질을 하는 데도 알맞은 방법으로 하지 않고 먹이는 데도 그 재능을 다할 수 없게 먹이며, 울어도 그 뜻을 알아듣지 못하면서 채찍질하는 자는 "천하에 훌륭한 말이 없구나"라고 말한다. 아! 슬프도다. 정말로 훌륭한 말이 없는가? 아니면 정말로 천리마를 알아보지 못하는 것인가?

(5) 陋室銘

山不在高하며 有僊則名이요 水在不深하되 有龍則靈이라. 斯是陋室은 惟吾德馨이라. 苔痕은 上堦綠이요 艸色은 入簾靑이라. 談笑有鴻儒요 往來無白丁이라. 加以調素琴하고 閱金經이며 無絲竹之亂耳하고 無案牘之勞形이라. 南陽諸葛盧이오 西蜀子雲亭이로다. 孔子가 云하되 何陋之有리오? (劉禹錫)

[한자풀이]
陋室(누실) : 작가가 자기의 서실을 누추하다고 겸손하게 부른 명칭
劉禹錫(유우석 772~842) : 자(字)는 몽득(夢得)으로 유종원(柳宗元)과 함께 왕숙문(王叔文)의 집정(執政)을 도와 혁신정치를 꾀하려다 실패하여 20년 동안이나 유배생활을 했다.
僊(僊) : 불로장생의 선술(仙術)을 익힌 선인(仙人)
苔痕(태흔) : 얼룩진 이끼
上堦綠(상계록) : 섬돌에 이끼가 푸르다
鴻儒(홍유) : 대학자
調素琴(조소금) : 장식 없이 흰 나무로 만든 거문고를 타다
南陽諸葛盧(남양제갈로) : 제갈공명(諸葛孔明)이 살던 하남성(河南省) 남양현(南陽縣)에 있는 초가집
西蜀子雲亭(서촉자운정) : 옛 촉(蜀)나라의 서쪽 즉 현재 사천성(四川省) 성도(成都)에 살고 있던 漢代의 문인 揚雄(號가 子雲)의 정자
何陋之有(하루지유) : (덕 있는 군자가 살면 집이나 방이 아무리 나빠도) 그 무슨 누추할 것이 있느냐?

[해석]
산이 높다고 해서 명산이 아니라, 신선이 살고 있으면 명산이다. 물이 깊다고 해서 신령한 것이 아니라, 용이 살고 있으면 신령한 물이다. 이 방이 비록 누추하기는 하지만 나의 덕망은 향기롭다. 이끼는 기어올라 계단까지 푸르고, 풀빛은 발 아래로 비쳐들어 푸르다. 담소를 나누는 사람들은 모두 훌륭한 대학자이고, 오가는 사람 중에 속인이 없다. 장식하지 않은 거문고를 타고 성인의 경전을 읽을 만하다. 음악 소리가 귀를 어지럽히지 않고 공문서가 몸을 피곤하게 하는 일이 없다. 마치 남양 제갈량의 초가집이나, 서촉에 양웅의 정자와도 같도다. 공자께서도 말씀하셨다. "더러운 곳이라도, 군자가 살며 어찌 더럽다 하겠는가?"

(6) 愛蓮說

水陸草木之花가 可愛者甚蕃하니 晋陶淵明은 獨愛菊하고 自李唐來로 世人이 甚愛牧丹이나 子獨愛蓮之出於游泥而不染하고 濯清漣而不妖하고 中通外直하며 不蔓不枝하고 香遠益清하며 亭亭淨植하여 可遠觀이로되 而不可褻翫이로다. 子謂하건대 菊은 花之隱逸者也요 牧丹은 花之富貴者也요 蓮은 花之君子者也라. 噫라! 菊之愛는 陶後鮮有聞이요 蓮之愛는 同予者가 何人고? 牧丹之愛는 宜乎衆矣로다.(朱敦頤)

[한자풀이]

朱敦頤(주돈이) : 북송 理學家인 동시에 문학가로 자는 茂叔(무숙)이다.
甚蕃(심번) : 매우 많음
陶淵明(도연명) : 동진의 전원시인으로 술과 국화를 매우 좋아하였다
自李唐來(자이당래) : 이씨의 당나라 이래로, 당은 이연(李淵)이 건국하였다.
漣(연) : 출렁이다
中通外直(중통외직) : 속은 비었고 밖은 곧다
益(익) : ~할수록
亭亭(정정) : 우뚝 솟은 모양
褻翫(설완) : 가까이 두고 감상함
陶後(도후) : 도연명 이후

[해석]

물과 뭍의 초목의 꽃은 사랑할 만한 것이 매우 많다. 진나라 도연명은 유독 국화를 사랑하였고, 당나라 이래로 세상 사람들은 모란을 매우 좋아하였다. 나는 유독 연꽃이 진흙에서 나왔으나 물들지 않고, 맑고 출렁이는 물에 씻겼으나 요염하지 않고, 속은 비었고 밖은 곧으며, 덩굴은 뻗지 않고 가지를 치지 아니하며, 향기는 멀리 있을수록 더욱 맑고, 꼿꼿하고 깨끗이 서 있어 멀리서 바라볼 수는 있으나 업신여기고 놀 수 없음을 사랑한다. 내가 말하건대 국화는 꽃 가운데 세상을 피해 숨어 사는 자요, 모란은 꽃 가운데 부귀한 자요, 연꽃은 꽃 가운데 군자이다. 아! 국화를 사랑하는 이는 도연명 이후로 들어본 일이 드물고, 연꽃을 사랑하는 이는 나와 함께 할 사람이 몇인가? 모란을 사랑하는 이는 응당 많을 것이다.

참고문헌

사광휘 주편, 상용한자도해, 북경, 북경대학출판사, 1997.
홍 희 역, 중국고대사회, 동문선, 1993.
김언종 외, 한자의 역사, 학민사, 2001.
고인덕 역, 한자의 세계, 솔출판사, 2008.
김언종 역, 한자의 역사, 학민사, 1999.
심경호 역, 한자 백가지 이야기, 황소자리, 2005.
김경일, 갑골문이야기, 바다출판사, 1999.
하영삼, 한자의 세계, 신아사, 2013.
강창구, 한문의 세계, 한울아카데미, 2001.
심경호, 한학입문, 황소자리, 2007.
심재동, 한문해석법, 운주사, 1999.
이종한 역, 한문문법의 분석적 이해. 계명대학출판부, 2001.
김도련 외, 한문이란 무엇인가, 전통문화연구회, 1996.
윤화중, 중국문언문법, 청년사, 1989.
김해수, 교양한문특강, 신원문화사, 1998.
홍순석, 한문의 이해, 한국문화사, 1996.
최상익, 한문해석강화, 한울아카데미, 1997.
이종한, 당송산문선, 계명대학교 출판사, 2003.
지영재 역, 중국시가선, 을유문화사, 1973.
한자교육활성화추진회 편, 한자교육신강, 전통문화연구회, 1998.
고재완, 재미있는 한자여행, seri.org. 2008.
naver.com. 사전.
동아일보.

기초 한자와 한문
익히기

오 길 용

- 전북대학교 중어중문학과 졸업
- 전남대학교 대학원 문학석·박사
- 현 군산대학교 중어중문학과 교수

기초 한자와 한문 익히기

초판인쇄 2014년 2월 19일
초판발행 2014년 2월 27일

저 자 오 길 용
발 행 인 윤 석 현
발 행 처 제이앤씨
책임편집 최인노·김선은
등록번호 제7-220호

우편주소 ㉾ 132-702 서울시 도봉구 창동 624-1
　　　　　　북한산 현대홈시티 102-1106
대표전화 02) 992 / 3253
전　　송 02) 991 / 1285
홈페이지 http://www.jncbms.co.kr
전자우편 jncbook@hanmail.net

ⓒ 오길용 2014 All rights reserved. Printed in KOREA

ISBN 978-89-5668-693-6　13720　　　정가 15,000원

* 이 책의 내용을 사전 허가 없이 전재하거나 복제할 경우
　법적인 제재를 받게 됨을 알려드립니다.
** 잘못된 책은 구입하신 서점이나 본사에서 교환해 드립니다.